我们在满洲做了什么

——侵华日本战犯忏悔录

◎〔日〕岛村三郎 等著

公文逸 编

群众出版社

·北京·

图书在版编目（CIP）数据

我们在满洲做了什么：侵华日本战犯忏悔录 / 公文逸编．—北京：群众出版社，2016. 10

ISBN 978 - 7 - 5014 - 5562 - 1

Ⅰ．①我…　Ⅱ．①公…　Ⅲ．①纪实文学—日本—现代　Ⅳ．①I313. 55

中国版本图书馆 CIP 数据核字（2016）第 193747 号

我们在满洲做了什么

公文逸　编

出版发行：群众出版社

地　　址：北京市丰台区方庄芳星园三区 15 号楼

邮政编码：100078

经　　销：新华书店

印　　刷：北京普瑞德印刷厂

版　　次：2016 年 12 月第 1 版

印　　次：2016 年 12 月第 1 次

印　　张：10. 25

开　　本：880 毫米 × 1230 毫米　1/32

字　　数：266 千字

书　　号：ISBN 978 - 7 - 5014 - 5562 - 1

定　　价：36. 00 元

网　　址：www. qzcbs. com

电子邮箱：exiaoxiaohong@ hotmail. com

营销中心电话：010 - 83903254

读者服务部电话（门市）：010 - 83903257

警官读者俱乐部电话（网购、邮购）：010 - 83903253

文艺分社电话：010 - 83901730　010 - 83903973

出版说明

为了纪念抗日战争的伟大胜利，深切缅怀那些为国捐躯的抗日英烈们，深刻揭露日本帝国主义在我国东北所犯下的滔天罪行，群众出版社决定出版《我们在满洲做了什么——侵华日本战犯忏悔录》一书。

该书系根据近年新发现的公安部有关部门所存档案资料整理而成，是一九五五年至一九五六年期间被关押在东北的日本战犯亲笔所书忏悔录。书稿除前言和结语外，共分三十四个部分。这些忏悔录的供述者既有侵华日军军官，也有在伪满洲国任职的各级日本人行政官员，包括副县长、参事官、警察官员等。

众所周知，日本侵略者在一九三一年蓄意制造了九一八事变，攻打驻守沈阳的中国军队，并于次日侵占沈阳。半年之内，东北全境沦陷于日军铁蹄之下。一九三二年三月一日，日本侵略者扶持爱新觉罗·溥仪在东北地区建立了伪满洲国，溥仪任“执政”，一九三四年三月一日改称“皇帝”。日本侵略者通过此傀儡政权在我国东北三省全境、内蒙古东部及河北北部地区实行奴役和殖民统治长达十四年之久。这些供述材料涉及日本侵略者在伪满洲国统治时期行政的方方面面，正是其所犯罪行的最有力证明。本书真实而详尽地记录了日本侵略者是如何阴谋发动九一八事变，在建立伪满洲国过程中日军高层的步骤与方略，以及如何通过大讨伐、治安肃清、成立开拓团与矫正辅导院等手段以实现对伪满洲国的长期统治，等等。总之，日本侵略者将满洲沦为日本经济的附庸，疯狂掠夺资源，肆意屠杀中国人，在政治、经济、思想上对当地人民实行极其残酷血腥的统治，使该地区同胞饱受了当亡国奴的痛苦滋味。在铁的事实与证据面前，日本侵华历史事实绝不容歪曲和篡改，日军所犯下的滔天罪行绝不容否认！

本书的出版对历史学家研究日本侵华史和中国人民抗日战争史提供了来自对方供述、堪称珍贵的第一手资料，也将帮助更多的人尤其是年轻人更加深入地了解那段历史，唤起每一个善良的人对和平的向往和坚守，从而更加珍视来之不易的世界和平。

群众出版社

二〇一六年二月

目　录

前 言

日本的资本主义，先天就具有国内资源匮乏且国内市场狭小的缺陷。日本资本主义形成之际，正值世界范围内殖民地势力已基本分割完毕，在日本看来，除用战争掠夺市场之外，没有更好的殖民方法。在日中（中日甲午战争）、日俄两次战争中，日本先是初步地建立了侵略中国的基础，之后又利用第一次世界大战使西欧帝国主义疲于战争无暇顾及亚洲的机会，乘虚而入掠夺东方市场，并疯狂地扩充了生产能力。但在大战结束后，随着西方帝国主义恢复势力，对于充斥于市场的以廉价工资制造的廉价日本商品，西方帝国主义在殖民势力范围内设立了关税障壁，挂起了禁止日本商品进入的牌子。

在上述情况下，日本的垄断资本家们企图制造能突破上述关税障壁的更廉价的商品。为此，他们进一步降低了工人的工资并实行了所谓“产业合理化”的举措。但此举使大量工人被抛至街头，加剧了阶级斗争，直接引发了社会的动荡。西欧的关税障壁阻止了日本商品的销路，囤积滞销的商品堆满了仓库，这一问题至今仍未解决。

日本在中国的情况也大同小异。中国在很早以前（特别是自一九一九年五四运动以来）就开始了“排斥日货运动”，日本商品在华也受到排挤。于是，从世界市场被排斥出来的日本帝国主义开始厚颜无耻地称中国的“满蒙”为日本的“生命线”，他们想要把资本主义固有结构所产生的国内外的矛盾用“掠夺满蒙”的办法来解决。

一九三一年九月十八日，关东军制造了柳条沟事件，并在蒋介石的绝对不抵抗主义下完全占领了东北。

从占领东北起，在满洲干尽坏事的副县长的罪恶史就开始了。

占领了东北的关东军，佯装满足中国人民的要求的姿态，炮制了所谓“满洲国”的傀儡政权，并以溥仪作为“皇帝”。于是，在所谓的“中央政府”设立了国务院、监察院和立法院的三院。在国务院之下，设立了军事、民政、财政、经济、文教、司法等各部，分别委任汉奸大臣。在地方上设立了滨江、吉林、奉天、热河等省①，委任汉奸省长，按照地方的特殊情况，指使其配合侵略统治。在省之下，伪满洲国境内设有一百六十二个县、旗，同样委任汉奸县、旗长，指使其执行县、旗的行政。关东军在这些汉奸之下，委任有日系的部的次长、省的次长；在县、旗设有副县长及旗参事官。关东军始终没有忘掉要把中国人官吏变成傀儡。

从以上的行政组织中很明显地可以看出：伪满洲国中央政府及相关省担当着计划、统辖和领导的职责，具体执行机关则为县、旗。当然，在县的层面，也有所谓街、村公所及警察署的基层组织，副县长管辖这些组织，并强制其执行中央政府及省所计划的帝国主义的侵略政策。因此，如果从伪满洲国的统治系统来说，副县长正是日本帝国主义的先锋队长、镇压人民的执行机关长。换言之也意味着，凡是日

① 鉴于伪满洲国的特殊性，下文在论述三江省、滨江省等省名时，一律不再加“伪”字样，如“伪三江省”，直接简称为“三江省”。——编者注

本帝国主义在伪满洲国的罪行，可以说没有一件不与副县长有关。

虽然在矿业、邮政、金融、军事等方面，似乎与副县长没有直接关系，不过，这些部门在当地的执行业务，如果没有副县长的协助是难以实现的。

副县长的名称，在伪满洲国成立之初并没有。一九三一年十一月在奉天设立了“自治指导部”，在该机关的指挥命令下，侵入各县的日本人官吏自称“自治指导员”，从一九三二年六月开始，在奉天省都自称为“参事”“副参事”。不过几个月后，自该年的秋季起，实行了县、旗官制，以县、旗参事官的资格进入当地机构之内，被定位为管理“参与县、旗的事务”。在上述参事官制度实施期间，初步完成了伪满洲国政府的行政基础，“治安”上也有了一定程度的恢复。随着一九三七年改正了县、旗官制，副县长这一职务则被规定为“执行县的事务”了。

但是，因为蒙旗的社会制度，尚存有很多的封建阶级关系，从外国人不适合担任本旗人职务的角度考虑，于是使旗的官制仍同从前，称为“旗参事官”。

最初为什么要称作“自治指导员”？如前所述，始终是为回避世界舆论的攻击，有意作出欺骗的表象。亦即这个“国家”是根据中国人自己的“要求”由中国人自己建立的，日本人只不过是帮助建立了这个“国家”而已。因而在表面上，给人一种日本人处在县行政机构之外的印象，好像在中国人完全确立了自治目标后，这些指导员将迅速撤退而去帮助另一次的“建国”似的。

从中国国内的实际情况来说，也要求传递给占领区民众上述印象。当时起来反抗关东军侵略的中国爱国者遍及全东北，武装起来的爱国军都在坚定地反抗着日本帝国主义的侵略统治。想要履职各县的自治指导员，其到县城就任本身已经属于有生命危险的事情。该时期自治指导员的任务是“确保占领区的治安”和“对爱国者的武力镇压”。处在这样无从下手、连自己的生命都处在危险状态中的自治指导员们，为了缓和中国人民的反抗，为了使人们不注意到自己的日本人身份，因而采取欺骗的政策，采用上述的组织和名称也是必要的。

一九三二年三月制定了县、旗官制，在初步完成了现代的行政组织系统后，关于自治指导员的待遇发生了问题。缘于关东军并不想让这些自治指导员处于半死不活的尴尬地位，总想使这些人进入县、旗行政组织里面，于是把这些人作为县、旗参事官，从指导的立场上，参与“县务”。但在当时的客观形势下，如果把这一官制骤然拿到当地去，无疑会遭到中国人民更加强烈的反抗，所以需要再等待一些时间。

在等待期间，一些在很早以前侵入县里的自治指导员，在铁路发达、靠近日军驻扎地带的奉天省各县，率先使用了参事、副参事的名称。

参事官在名义上，好像是对县务做工作，但实际上则与此完全相反：在指挥着县警察队配合日本军，专门从事血腥的讨伐勾当。这个所谓“由中国人自身来建立独立自治国家”的大义名分，乃是一种“用中国人打中国人”的必需武器。在这样的气氛中自然产生了所谓“参事官的思想意识”。乍看，这些参事官好像是在献出哪怕生命为了东北农民的自治而斗争，具有崇高的思想意识似的，自己同时以“农本主义”“牧民政治”“哲人行政”等粉饰自己，但在实质上，如下文所述，乃是一种最狡猾、最阴险的帝国主义的侵略思想。

施行县、旗官制以后，中国民众开始知道：以各县爱国者的零星反抗运动，去和持有优良武器的有组织的日本军从事武力战斗是极为不利的。于是自一九三六年一月以后，在中国共产党的领导下，在抗日联军组织集结下，以长白山系和完达山系等根据地为中心，转变为采用有效的游击战的战略方式。亦即停止了在平原地区的武装斗争，而变为更巧妙的地下工作。这一形势的变化，使各县、旗的占领统治形式也发生了重大的变化。与以特务警察镇压爱国者的地下活动作为主体相比，同时并进的一般行政则从思想上、经济上进行欺骗掠夺，这成为参事官们的主要业务了。

在参事官的生命危险逐渐减弱的时候，关东军毅然地扔掉了戴着的假面具，即自己以往鼓吹过的“王道乐土”的理想国家，要由中国人自己来建立，日本人的作用不过是援助与指导。但现在把参事官名称改为副县长，置于县行政机构之内，无疑把日本人也作为伪满洲国的一员，而使其直接插手县的事务。

在颁布了副县长制度的伪满洲国，概略与日本政府同样，具备了现代资本主义的行政制度。副县长在这一机构里，以关东军的武力为背景，以县长为傀儡，自己掌握县行政的实权，依照现代化的事务系统，运用法律这一阶级的侵略武器，开始了对当地人民的搜刮。

在此时期，关东军开始在苏联国境线构筑庞大的阵地，开始对苏联作新的侵略准备。在副县长及旗参事官方面，被增加了一个“劳工供出”的新任务。有很多的劳工，在黑河、东宁、虎林、满洲里方面，在恶劣的劳务管理环境下，在现场日本人监督的残酷鞭笞下，被虐杀了。不久，自一九四一年年末起，进入了太平洋战争的年代，形势骤然一变。日本从亚洲的全地域，赶走了美、英、法帝国主义，开始了想要奴隶全亚洲民族攫取最大利润的典型的重新分割殖民地的战争。伪满洲国在日本这一自负满满地进行侵略战争的时期，就不得不担负起后方基地的任务。我们这些副县长们，就按照这一侵略任务的路线，从供出干草和猪开始，直至进行了掠夺大量粮食的严重犯罪，而强夺了中国人民的财富。尤其是在物资不足的最后挣扎时期，实行了战时经济统治，不仅不给中国人以盐、油和砂糖，甚至把大米也作为日本人的专用食品，实行了彻底露骨的差别待遇。伴随着战时经济统治而制订的劳工动员计划，除现有的向军用工程提供劳工之外，更加重了对煤矿、开垦、修筑道路等的劳工供出，实行了真是不能用言语来形容的虐政。

由于中国的爱国者们不能忍受副县长这样的虐政，在各地进行了有组织的反抗。副县长则一方面配合关东军的武力镇压，一方面动员特务警察进行大镇压，突出事例为：自一九四一年开始在热河省对共产党地下组织的大镇压；一九四三年在北满对共产党地下组织八百余名成员的大逮捕（巴木东事件）；更有继续到年底的一直对国民党地下工作者的大逮捕，范围波及全东北的各县，其人数实达三千名以上。

在初期，对执行伪满洲国政府罪恶政策的副县长（参事官）们进行思想方面指导的，是臭名昭著的笠木良明。他的思想，直至伪满洲国末期，仍在支配着副县长们的思想。他是“大亚洲主义”的首倡者，由于一九三二年政治状况的突变而被赶出东北。在笠木良明回东京后，他的部下蛸井元义、泽井铁马、坂田修一、宫崎专一等与日本的法西斯团体——“黑龙会”和“玄洋社”等相勾结，更与大川周明密切联系，继续鼓吹极端的国粹思想“大亚洲主义”。

被上述国粹思想影响着的副县长和旗参事官，不论他们对这一问题是否理解，但都能记住“哲人政治”“牧民政治”等高谈阔论，这就是参事官当时的思想意识。副县长的这些“牧民政治”“哲人政治”的封建政治思想，有很多部分其实是受到全体主义哲学主要构成要素的“指导者原理”的影响。当时的纳粹主义者正在猛烈地宣传由这一原理随意捏造出来的侵略理论，如“民族须由最优秀的民族，社会须由最优秀的天才者来指导，只有这样，才能使全人类、全民族得到最大的幸福”。所谓“牧民政治”“哲人政治”，一般说来，容易被看成是一种非常优秀的指导者对于人民施行了令人讴歌的“善政”，但这样看那就大错特错了。所谓“牧民”，正如字面的意义那样，是把人民当作家畜一类的东西来看待，而要对他们实行“牧”的潜台词。再没有比这句话更轻视人民的了。

在阶级社会里的所谓仁政，乃是统治阶级为了保护和扩充自己的利益的一种最有效果的手段，乃是麻痹人民的最狡猾的伪装。即使在自己国家里，阶级的统治也是现今灾难的根源，这也是不用多说的。事实既然是这样，那么从侵占他国强盗们的口中，说什么仁政呀、牧民呀，又是哲人政治呀，等等，这完全是一种不值一谈的呓语！

所以，副县长们施行的所谓“仁政”，就是杀害中国的爱国者；抢光中国农民所耕种的粮食；把中国人奴役在矿山和构筑阵地上，役使之后便加以杀害。无论他们嘴上怎样说，所有的副县长绝不是什么“哲人”或是“牧民官”，而是丑恶的帝国主义侵略者！这一“仁政”只能保证他们自己的飞黄腾达和华衣美食；只是养肥了他们的阴险贪婪的主子——天皇及其周围的一小撮统治者而已。

副县长们更在省会的所在地及长春，设有兴亚塾①这样的集会所。所有的副县长（旗参事官）和以前当过副县长（旗参事官）的官吏拿出了相当多的款项来维持这个组织，从这一款项中每年拿出相当多的钱供给这一组织的背后拉线人——笠木良明。所以他们操办的《大亚洲主义》杂志，就成了副县长集团的机关杂志，无偿地分配给大家看。

笠木在这一杂志中，以狭隘的民族主义为基础，极力把掠夺亚洲全土说成是正当的，是一件“圣业”，并且他鼓吹说：“副县长（笠木是赞美参事官制度而反对副县长制度的）的使命，是来促进亚洲民族的觉醒，是极为崇高的使命，副县长都应该为了天皇而挺身赴难。”

那些真正接受了笠木这一主张的副县长（旗参事官）们，自以为是地认为，亚洲的指导民族是日本民族，只有从亚洲地域赶走西欧资本主义的势力，亚洲由亚洲人来统一、团结起来，在天皇的“仁

---

① 初期是参事官自治会馆，到了后期它的一部分被用作官吏会馆。——编者注

政”之下，才能得到幸福的生活。他们甚至更自负地认为，第一步就是建立伪满洲国，如果在这里能建立起很好的理想国家，那么，全亚洲民族就将自然而然地被吸引过来。自己的任务真是“圣业”啊！

但是，这种自负的妄想，是多么糊涂的一种想法，从“八一五战败”的事实中，就很清楚地作了证明了。优秀的“指导民族”一被打败，这个道理也就讲不通了。从后述的罪行事实中，也清楚地证明，那是什么样的“指导民族”啊！真是一个残忍的吸血鬼啊！

日本民族，本来就不是什么亚洲的救世主。我们这些副县长们，就是说干了嗓子，高喊着是在挽救亚洲民族，但是听到这些话的所有亚洲的人们，总是像恨蛇蝎那样来恨日本帝国主义，骂日本帝国主义而拒绝它的援助。听从我们副县长的话的人，只有极少数的卖国贼！从这一点来看，日本民族的“亲切”内容是怎样一种东西也就很明显了。

在兴亚塾的一间屋子里，挂着死去的参事官、副县长的相片，设有佛坛。在这里住的官吏，每天早上都要集合，敲着大鼓，跪在相片的前面诵读“参事官誓愿文”。誓愿文是由笠木的部下蛸井执笔，写了一些很深奥的词句，一般人并不容易懂，正因为不容易懂，所以才有它的魅力。我们一边在念叨着，一边在心里发誓说：“我们一定要为你们报仇！更大胆地去掠夺，更残酷地去杀害中国的爱国者，挺身去夺取全亚洲来献给天皇！”

现在以前曾经当过副县长或是旗参事官的人或是与副县长协力而犯下罪行的人集聚在一起，就是想要通过坦白我们的罪行来揭露我们是怎样地虚伪：

——借口为了亚洲民族的自由与发展，而实际在杀害亚洲人；

——嘴里说着指导亚洲人，而实际在奴役亚洲人；

——宣传着要使亚洲人富裕，而实际在掠夺他们的财富！

进而，我们反省到：我们副县长这一集团，在中国的领土东北，作为侵略者有力的帮凶，做了多么残酷不法的事情！我们衷心地忏悔所犯下的罪行，向中国人民低头谢罪，拿出勇气负起自己罪行的责任！

我们发誓要成为一个真正的人，认清人类的敌人——日本帝国主义的实质，只要我们一息尚存，就要和帝国主义进行斗争！

本书全体撰述人
一九五六年十二月

供述一　掠夺东北的阴谋与侵略统治的开始

掠夺东北的阴谋

伪满洲国奉天省邮电局局长　岐部与平

日本帝国主义的掠夺东北，是臭名远扬的田中奏折“占领中国计划”的具体组成部分。当时驻扎在旅顺的关东军，把东北地域当作俎上之肉，以夺取东北作为自己当然的任务，经常在研究作战，经常在进行阴谋活动。我记得在我任关东厅理事官的青年时代，关东厅的干部官吏和关东军的首脑们，在宴会前后的闲谈时，经常地以“怎样来夺取满洲”作为话题。这个问题，也是当时在东北居住的所有日本人想的一件事情。第一次世界大战结束后，在日本人中间，流行着一种“中国人可怕”的论调，对于中国人民觉醒起来的力量产生了恐惧的感觉。尤其是在张作霖被炸死以后，中日关系变得险恶，已到了一触即发的程度了。当时的日本人都会感觉到“就要发生什么事情”了。旁若无人的日本帝国主义，认为要对中国实行自己的野蛮侵略，在自己愿意的时间、愿意的地点，怎样做都可以办到，并且实际上也是这样做的。

在炸死张作霖以后，张学良知道了谁是杀死他父亲的凶手后而怨恨日本，在他不听从日本帝国主义的指示时，关东军就策划了九一八事变，从而想要一举夺取东北。

此前，在关东军策划上述阴谋时，最得力的帮手，就是日本南满洲铁道株式会社（简称满铁）。满铁在世界上是发了大财的一个会社，它用金钱的力量，在资金援助或情报搜集上，对关东军做了很大的贡献。

满铁所进行的阴谋，是比较能公然地做的。它在东北满铁附属地（城市）各地，吸收了一部分民间人士参加，组织了一个范围广泛的思想、政治团体——满洲青年联盟。这个联盟是以各地的满铁社员为中心，设立在安东、奉天、长春、辽阳、营口、大连等地，其中也包括若干的地方人士。

作为它的附属机构，有个叫“拟国会”的组织，时常开会，主要是谈论侵略东北。各地的小报纸就把它当作好像是实在的国会新闻那样，在报纸上登载，广为宣传。这个满洲青年联盟，是在一九二六年至一九二七年间产生的，一直存在到一九三一年的九一八事变。这一组织在九一八事变的时候，以及伪满洲国成立的当初，曾帮助关东军担任了重要角色。关东军依靠这一组织，从这一方面录用了很多的行政工作人员。

九一八事变当时的满洲青年联盟的指导者，是满铁本社的金井章二（卫生科科长）、结城清太郎等人。关东军在密谋柳条沟阴谋并发动九一八事变时，就利用了满洲青年联盟，使其进行组织治安维持会及其他的行政、经济工作。金井章二住在奉天的大和旅馆，已经不做满铁的事情，而专门针对占领后的行政工作向关东军提出建议。关东军方面，高级参谋板垣征四郎住在“沈阳馆”内，直接对金井章二作着指示。从一九三二年成立的伪满洲国政府当初的主要人事安排来看，绝大多数都是满洲青年联盟的关系，亦即满铁社员占据了大部分职务。

在这一时期，关东军和东北各地特务机关的年轻军官们，像口头禅那样夸耀并愤慨地说：“占领中国是不成问题的。只要取到‘点’（城市）和‘线’（铁路）以后，扔下不管，它也会垮掉的。遗憾的是，日本的外务省胆小怕事，真没办法！”

而且军方和领事之间的感情是不好的。因而年轻军官又说：“要整治外务省的胆小怕事，只有搞些阴谋出来，只要用阴谋制造出事件来，外务省的官员们就是不愿意也不得不跟着干！”

以上的话是在九一八事变前夕，在奉天特务机关服务的花谷正少佐（以后他当了陆军中将，任师团长，曾在山西地区犯下严重罪行）的谈话。但是，不管是军方还是外务省，它们都是一丘之貉，打架的原因，无非是这个要露骨地干，那个要狡猾地干而已，虽然意见不一致，但都不是什么好东西！

柳条沟铁路的炸毁，明明是关东军的阴谋，是由当时的奉天守备队长岛本正一中佐制造出来的。我当时是奉天邮电局局长，确信这是一起阴谋事件。奉天守备队和我的宿舍约有五百米的距离，所以我比较能够知道守备队的事情。在九一八事变前约六个月，在奉天守备队里，极秘密地安置了一门重炮。当时我就感到很奇怪：守备队有什么必要装备重炮呢？其实是日本帝国主义从此时起，已怀有攻击奉天北大营的意图了。

事实是这样的：我在一九三一年九月十八日那天，在奉天大和旅馆参加完宴会后，在旅馆的客厅与岛本队长谈话，这时岛本装作没事人似的。但是在九点钟散会后，经过一个小时，这门重炮就轰的一声响起来了。柳条沟事件被说成是：中国北大营的士兵炸毁了通过该地附近的满铁本线。这完全是一种毫无根据的捏造，日本帝国主义任意制造了这一借口，没有任何理由，就突然袭击了北大营。

路轨并没有被炸坏。这件事情从守备队所发表的时间来看，在这一时间以后的三十分钟，由长春开往大连的快车安然地通过了这一地点，从这个事实就暴露出此系捏造。李顿的国际联盟调查团基于此点做出对日本方面不利的结论，也是极其自然的事情。

我自己在事变的三天以后，在奉天宪兵队许可之下，到这个场地作了视察。这个地点在北大营西侧数十米，正是铁路拐弯的地方。在我所看到的被称作炸毁地点的地方，仅看到有若干的新土，除此以外，没有任何改样，无论怎样想，也不能看成是被炸毁的。只是在附近土堤的草丛中，有一具中国士兵的尸体躺在那里。我们一行人中所有的人都面面相觑、茫然若失。

这就是所谓日本军部的阴谋。愤恨日本军部的阴谋和奉天守备的野蛮行为的东北政权，企图加以反击，但是蒋介石政府严命以绝对不抵抗主义，眼看着吉林以南大部分的地域仅仅在几天之内就被侵入的关东军占领了。

九一八事变的中心地——奉天的治安维持会的初任会长袁金铠，乃是由当时奉天特务机关长土肥原贤二所推荐的。当时，奉天省省长臧式毅，在事变以前，日本方面称他是东北政权中的一个硬骨头的汉子，对他的怀柔成功，大家都说是由于土肥原的手腕高超。

把伪满洲国皇帝从天津引诱来这件事，据说也是土肥原干的。土肥原被称作是日本陆军军部中数一数二的阴谋家，在此以前，他想把亲英美派的吴佩孚拉到日本方面来，曾见了吴佩孚，做了种种工作，这也是一个有名的传说。中国军阀中有名的人物和在东北的汉奸，据说鲜有不被土肥原操纵过的。

九一八事变当时的关东军的人事配置是：

司令官——本庄繁中将

参谋长——三宅光治少将

高级参谋——板垣征四郎大佐

次级参谋——石原莞尔中佐

参谋部副官——中野中尉

参谋——片仓衷大尉

在几个月以后，增添了花谷正（少佐）和知鹰雄（少佐）。

九一八事变是关东军制造出来的

伪满洲国辽宁省海城县宪兵分遣队队长　筑谷章造

一九三一年九月十八日柳条沟阴谋事件发生的前夕，正是爱护祖国的独立与和平的中国人民对于日本帝国主义在东北的蛮横不法行径的烈火般的愤恨达到最高潮的时期。我当时任辽宁省海城县的日本宪兵分遣队队长，驻扎在海城对中国人民进行镇压，当时中国人民的反抗斗争真是很激烈的。

对于中国人民的正义斗争，当时日本帝国主义的先锋——住在东北对中国人民进行榨取、奴役的日本人中最具有狭隘民族主义的人们，在日本帝国主义的唆使与支持下，狂言妄语着“民族的危机”“保护权利”到各地宣传，煽动侵入东北各地的所有日本人，于是两国间的矛盾更加尖锐化了。

当时的中国关东军司令官本庄繁刚接任菱刈隆的职务，因为新到任，所以历访了管辖各地的军队以及当地的日本机关。一九三一年八月十日，他来到海城县，举行了到任的履升宴。在这时，侵入海城居住的日本人猪武者（乃是极端赞成侵略的人）等几个人，要求和本庄会面。他们首先提出条件说：“在接受本庄阁下的招待以前，我们有一个条件，这个条件如不能解决，我们就不参加履升宴！”接着问：

“司令官对于现在在满的日本民族所处的地位是怎样的看法呢？我们想听一听司令官的明确方针！”本庄回答说：“各位的意见我很理解，日本军对于有关日本民族命运的问题是绝不能袖手旁观的，军方有军方的想法，请你们给我些时间。”

猪武他们对于这一回答表示认可，那天晚上的履升宴实现了野兽般的狂欢，非常盛大。

我当时心里想：“军方一定是在计划着什么吧？”又过了几天，我从满铁职员们那里听说：“奉天已经送来了重炮”“从奉天守备队到北大营的距离已经测量好了”……在有了这样情形的第九天以后，那个所谓柳条沟事件就爆发了。如果有人认为现在我们述说本庄在海城所说的话和柳条沟事件全无关系，那才真是个疯子呢！并且当时在海城居住的日本侵略者们，也都肯定这是有关联的。

我更在事件发生后的第三天即九月二十一日至奉天，看到了北大营兵舍被破坏的状况。兵舍大部分被破坏掉了，丝毫也看不出中国士兵有进行抵抗和反击的痕迹。当时东北军北大营部队的兵力和装备是超过驻扎在奉天的日本军数倍的，为什么会失败得这样悲惨，这说明什么问题呢？我现在清楚地看出，这乃是由于中国军受到日本军的突然袭击。柳条沟事件是本庄早就准备制造的，是一个阴谋。

我在该事件爆发的那天晚上，接到辽阳宪兵分队队长酒井周吉少佐的命令，让我坐最先开的火车到奉天去支援奉天宪兵分队。于是我坐了当晚开的，在二十日午前六时到奉天的火车。我赶到奉天宪兵分队里一看，这时在旅顺的关东军宪兵队本部的上自队长下至用人都搬来了，并已开始办理事务了。我对于他们这样异常迅速的行动感到吃惊，同时心里想：“这是有计划的行动啊！”尤其是在队长二宫健市少将领导之下，副官都向观三少佐向管辖下的各宪兵分队长，拿出标记有红色、蓝色粗线和圆圈符号的全东北地图说明了宪兵增援计划时，我更加深信了上述感觉，甚至想到了这一层：“这一事件并没有想要做当地局部的解决，而是要夺取全东北。这可好了！”

因为在那张地图上，不仅是在哈尔滨、吉林，就连黑河、齐齐哈尔、海拉尔、牡丹江等全东北的各个要点，都画上了红的、蓝的圆圈，并且把要配置的人员也都拟定好了。在事件发生后的第二天早上就能够做这样的计划，如果有人认为这不是事先准备好了的，那只能说他是没有常识的人了。

九一八事变发生的当晚，奉天城内张学良公馆里放有张作霖灵柩的那间房子，不知道被谁给破坏了。这一事件发生后，宪兵队方面认为这一定是日本军人由于个人英雄主义而干出来的把戏，带来了工兵队军官中的嫌疑人物开始调查。于是当时的奉天特务机关副官花谷正就来了，他向三谷宪兵分队长（少佐）要求停止搜查。但是三谷少佐因为接受了二宫少将的命令，而断然拒绝。由于该问题，使特务机关与宪兵队的感情对立起来，最终二宫少将被停职了。花谷当时问我（我当时是三谷的代理副官）：“究竟怎么办?”此后他用极为蛮横的态度斥骂我：“你这家伙竟然不知道对本事件的处理方针，岂有此理!”

本来这一事件已经清楚知道是工兵队干出来的，更了解到在它的背后是有特务机关在拉着线的，宪兵队方面也正在考虑怎样来处理这一问题，不过还没有决定，所以我回答花谷说：“这乃是队长的命令，别的我不知道。”

我现在确实认为，这一事件乃是日本特务机关为了惹起张学良军队的愤慨，使其因此而反抗，而要从中寻找扩大事件效果的一个阴谋。

我想在回顾当时的这些事情时，由于我拥护了日本帝国主义为了侵略东北而制造出来的这一事件，自此十三年来，给东北的中国人民，不，以东北为基地而给全中国、全亚洲的人民带来极大的灾难，夺去了很多人的生命，掠夺了很多的财富，为第二次世界大战日本的这一重大犯罪行为打下了基础。在从心里忏悔自己罪行的同时，我也决定拿出决心和勇气来把当时日本军部的阴谋揭露出来！

供述二　参事官制度的确立

伪满洲国政府成立的经过与驹井的政变

伪满洲国地政局事务官　大濑户权次郎

一九三一年日本帝国主义蛮横地发动了九一八事变后，关东军立即将司令部由旅顺移至奉天，为了给侵略全东北作好准备，于该年十月设立了统治部（于一九三二年一月改称特务部），任命曾当过满铁社员、现居东京的驹井德三为部长。当时的统治部设有行政课、法制课和交涉课三个课。行政课课长由关东军参谋（姓名忘记）兼任，法制课课长任命了松木侠（当时是满铁调查课课员），交涉课课长任命了中岛比多吉（当时是关东厅翻译官）。各课长手下的课员为：在松木手下有八名满铁社员，而在中岛手下派有八名关东厅官吏。

行政课是研究将来如何统治东北的问题；法制课是研究怎样来把这些方策法制化；而交涉课课长中岛比多吉，他原先是军方翻译官出身，又是当时关东军司令官本庄繁的旧相知，所以受到特聘，担任关东军司令官与在东北的中国人之间的翻译。

我那时是在奉天交易所里服务，由于我特别攀上了中岛的关系，所以自一九三二年一月八日起，开始帮助中岛翻译他所整理的汉文，半天到交易所去做事，半天到中岛那里干这些事，我那时正在热烈地盼望着能够找到一个好的职务。此外，统治部人员还有是安正利（满铁社员）等八个人，他们都是到占领地区去从事宣传工作的。

这些满铁社员及关东厅社员，仍在原单位保留原职，工资也从这里领，服务在大连或旅顺的人连旅费都得到保证。

另外，关东军让中国人组织东北治安维持会，任命袁金铠为会长。在一九三一年十月间，在其下设立了东北自治指导本部，以于冲汉为本部长。被任命为自治指导部本部员的还有：满铁社员结城清太郎（当时是鞍山制钢所庶务课课长）、甘粕正彦（前宪兵大尉）、中西敏宪（当时是满铁地方课课长）、金井章次（当时是满铁卫生课课长）、中野琥逸（奉天的律师）、笠木良明（当时是满铁养成所所长）。同时在各县设立了县自治指导部，向各县派去日本人二三名，这就是所谓的自治指导员，也就是以后的参事官、副县长的前身。当时派往各县担任自治指导员的主要人物有：开原县为蛸井元义（满铁公主岭农事试验所的人员）、拜泉县为宫崎专一（当时是奉天交易所职员）、梨树县为泽井铁马、铁岭县为甲斐政治、抚顺县为中村宁、锦州为庭川辰雄、新民县为解良武夫、营口县为都甲谦介、彰武县为西崎敏雄等。

我在这里不能不指出这样一个事实：在这些人中间，有着满洲青年联盟和大雄峰会两个集团，他们是在互相竞争着的，因为作为后者的大雄峰会的思想意识影响到以后的参事官和副县长，直至“八一五战败”为止，成为副县长集团犯罪的思想根源。

一九二七年，东北军阀张作霖从北京归来，在奉天满铁交叉线上，由于关东军的阴谋致其被炸死，其后嗣张学良于一九二八年进行了所谓“东北易帜”，将五色旗改变为青天白日旗。自此以后，张学良再也不甘听从日本军的指使了，于是将奉天省改称辽宁省，将奉天改称为沈阳。铺设满铁平行线，西为打通线（打虎山—通辽），东为沈吉线（沈阳—吉林）；建设出口港，开始了葫芦岛的建港。

因此，从来以大连港作为唯一出口港的东北物资，现在就大大减少，再无利用满铁和大连港的必要了。不仅如此，由于一九二〇年的第一次世界大战后的大恐慌，更加重了满铁的不景气（满铁的悲哀是不能获得最大利润的悲哀），其日益陷入苦境了。

为了挽救这一颓势，在满日本人组织了以满铁社员为中心的满洲青年联盟，向日本政府要求在满蒙采取积极政策，还派遣了“游说队”（即移动宣传队）到日本各地去，以煽动并利用日本舆论。不用说在这背后有军部在操纵，他们就是这样来欺骗日本人民的。关东军终于在一九三一年九月十八日，实施了柳条沟阴谋事件，开始了对全东北的侵略。

一九三一年十月，东北自治指导本部设立伊始，满洲青年联盟的干部——中西敏宪、金井章二等人就很快地来到了自治指导部，而且想控制该部。另外，通过大川周明并与关东军年轻的参谋们有交情的笠木良明，也参加了自治指导部。笠木把他在高等学校（仙台二高）的同学结城清太郎拉到自治指导部本部来，又把他的二高同学松木侠推荐为关东军统治部的法制课课长。

当时的实际情况是，中国人民的爱国运动非常高涨，奋起反对帝国主义的抗日武装部队遍布了东北的山野，当县自治指导员的人，如果不是个盲目崇拜天皇的人或是疯子那样的军人，是干不了的。因而当时的县自治指导员，多数是大川周明一派的人并且和笠木的思想是一致的。笠木纠结了这些年轻气盛的人，组织了大雄峰会而与满洲青年联盟对抗。大雄峰会的主要人物为：蛸井元义、宫崎专一、高木秀雄、泽井铁马、永警正、村田省三、稻津一雄、坂田修一、大德一雄、中村宁等。

到了一九三二年二月二十日，由于关东军的命令，为了进行建立伪满洲国的准备工作，关东军特务部员是安正利（满铁社员）带了几名满铁社员到长春去物色伪满洲国政府军部的办公楼，将当时的吉黑榷运署作为执政府，长春地方法院作为监察院并适当地给国务院各部分配了使用的官厅。于是决定在三月一日宣告“满洲国”成立而以溥仪为“执政”。三月九日在长春举行了伪满洲国建成庆典，发表了伪满洲国政府官吏的姓名。自此，将长春改称为新京了。

执政——溥仪

国务总理——郑孝胥

国务院总务长官——驹井德三（满铁社员）

秘书处处长——上野巍（大阪商大助教授）

主计处处长——村角克卫（满铁社员）

需要处处长——隅本昂

人事处处长——高野其（满铁社员）

人事科科长——江藤夏雄

给与科科长——宫崎专一

法制局局长——松木侠（满铁社员）

参事官——饭次重二、田村仙定（均为满铁社员）

资政局局长——笠木良明

民政部部长——臧式毅

民政部次长——葆康

总务司司长——中野琥逸（奉天的律师）

警务司司长——甘粕正彦（前宪兵大尉）

实业部部长——张燕卿

总务司司长——藤山一雄（福昌华工公司庶务科科长）

司法部部长——冯涵清

总务司司长——阿比留乾二（满铁社员）

法务司司长——栗山茂二（满铁社员）

军政部部长——马占山

外交部部长——谢介石

总务司司长——大桥忠一

财政部部长——熙洽

总务司司长——坂谷希一（大藏省）

税务司司长——源田松三（大藏省）

监察院院长——于仲汉

监察部部长——结城清太郎（满铁社员）

审计部部长——植田贡太郎（满铁社员）

立法院院长——赵欣伯

兴安总署署长——齐默特色木丕勒

总务司司长——菊竹实藏

这样的人事在三月十日发表以后，吃惊的是中国人，因为原先认为日本人也不过是个顾问资格，只有少数的人，没有想到重要的位置差不多都给日本人占去了。

派往县里的自治指导员，因为县官制已经制定，从此时起，改称为县参事官，其人数限为一名，此外的人则称为副参事官。但是实际上延至第二年的七月才开始实行。县参事官的人事，差不多都是由笠木良明和关东军参谋商讨之后决定的，因而这一方面有很多的大雄峰会会员参与进来，重要的位置也都被他们占据了，这样就自然使满洲青年联盟会员被推出门外，而自治指导部本部的职员完全归笠木良明所掌握了。因此，中西敏宪、金井章次、是安正利等满洲青年联盟的干部们即使心怀不满也只好回到满铁去了。

在这个组织建成以后，伪满洲国政府的人事，按照其组织系统，就归到国务院总务厅人事处所掌握而加以决定。但是，高野处长和江藤人事科科长，逢到有关参事官的人事，是必须和笠木良明商量才行的，因而使大雄峰会会员显著地增多起来。

我通过中岛比多吉恳求松木侠，于一九三二年三月被任命为土地局事务官（代理庶务科科长）。

日本当时对于侵略东北是狂热的。东北被宣传成好像满地都有黄金等人去捡似的。因而贪婪的人们，受着失业、痛苦的青年，热衷于侵略的人们，争先恐后地都跑到东北来了，于是在四月、五月间，有很多的青年被录用了。但是这些人事差不多都是由高野、江藤、笠木三个人所决定，总务长官驹井被当作局外人，更没把他放在眼里。对于这一情况怀抱不满的驹井于五月秘密地到了当时还在奉天的关东军司令部，和板垣高级参谋（当时是大佐）、片仓参谋（当时是大尉）商量好了之后，于六月五日在大和旅馆召集了日本人的主要人物，在这里突然地就把人事发表了。这就是人们所称的“驹井的政变”。

总务厅秘书处处长——皆川丰二

秘书官——上野巍

代理主计处处长——村角克卫（降格为总务科科长）

人事处处长——延喜平治

人事科科长——大迫幸雄

事务官——马边信一

给予科科长——王子宾

代理法制局局长——松木侠

监察部部长——结城清太郎

代理审计部部长——植田贡太郎

撤销了资政局，资政局局长笠木良明、人事处处长高野、人事科科长江藤、给予科科长宫崎以及坂田修一等大雄峰会的主要人物都被罢免了。

此外，与大雄峰会关系深的人们中，也有很多的人提出了辞职请求。对于这些退职的人，是满铁社员的人就回满铁，无条件地使他们各自回到原单位去了。退职金也是一样的，满铁社员为三百元，其他的人为六百元。

被这一政变驱逐的笠木一派的人，仍然在接受着笠木良明思想上、政治上的指导，顽强地留在东北，并和遗留在参事官位置上的人们进行联系，从外部来鼓吹参事官的思想意识（兴亚精神）。一九三三年春，蛸井、宫崎等人成为中心，开始了参事官集团的组织化，网罗了全东北的参事官，结成了“参事官自治会”，并在吉林、齐齐哈尔、奉天、锦州各地设立了省自治会馆。随着自治会馆在各省的设立，很多县用它作为联络本部并兼作参事官的宿舍。

参事官自治会的第一任会长为竹内节雄，第二任为龙本实春，第三任为大石义夫。以自治会为中心而团结起来的“参事官集团”，以后又为“副县长集团”所继承，在东北的日本侵略者中间具有潜在的势力，他们站在日本帝国主义侵略政策的第一线，名副其实地犯下了滔天的罪行。

以自治指导员名义派遣的北满救济员

伪满洲国民政部驻哈尔滨联络员办事所科员　三宅秀也

如上所述，一九三一年十月，在九一八事变以后，关东军在奉天设立了自治指导本部，又向奉天省的各县派遣了自治指导员，设立了县自治指导部，用各种欺骗宣传，并用武力镇压，借以压制手执武器起来挽救祖国危亡的爱国者的反抗，而企图整顿自己的侵略阵容。有很多的自治指导员就像在前言中所说的那样，都是一些极端崇拜天皇的人，盲目地认为侵略东北乃是自己所肩负的神圣任务，于是在日本军的援助和保护下侵入到中国爱国者游击队所在的各县里去。但是在实际上，有很多的自治指导员，在他们一步迈进县城以后，由于中国爱国者的活动极为活跃，使他们陷入手足无措，只好躲在伪满洲国县长的后面，将搜集到的爱国军的情报提供给日军，只不过是充当个间谍的角色而已。

第二年，即一九三二年五月，关东军基本上夺取了吉林、黑龙江两省，对这两省的各县也和对奉天省各县那样，打算派遣日本人自治指导员。但是当时的吉林省省长熙洽说："吉林省和奉天省不一样，文化进步，县政也能做到自治的地步，所以不需要自治指导员！"他不肯答应。关东军方面对此认为，伪满洲国政府的基础现尚薄弱，并且吉林省原来是由特务机关长大迫中佐说降了熙洽，不折一兵地掠夺到手的，由于这层关系，如果过于蛮干，反而不利。结果想出了一个办法：借口一九三一年水、旱灾严重，以救济难民的名义，决定向难民最多的吉黑两省的十二个县，派遣实质上的自治指导员。用救济难民的名义，熙洽也不能公然反对，因而也就无奈地答应了。

于是伪满洲国政府在一九三二年六月一日，任命了伪满洲国吉林省的滨江、双城、阿城、苇河、珠河、延寿、宾县等七个县及伪满洲国黑龙江省的呼兰、木兰、巴彦、通河、肇东等五个县共计十二个县的救济员。同时为了援助救济员到县里去和方便到了县里的救济员与伪满洲国民政部之间的联络，以及与驻扎在哈尔滨的日本侵略军有关机关之间的联络，在哈尔滨设立了伪满洲国民政部直接管辖的"民政部驻哈尔滨联络员办事所"。

各县救济员及办事员的姓名如下：

县名	救济员	副救济员
滨江县	蛸井元义	盛长次郎
双城县	蛸井元义	佐佐木尧
阿城县	蛸井元义	绪方义门
珠河县	泽井铁马	河源二郎（?）
苇河县	泽井铁马	稻津一穗（?）
延寿县	泽井铁马	大穗久雄（?）
木兰县	永相健尔	青木勇
通河县	永相健尔	小岛某
呼兰县	副岛种	泽田贞一
肇东县	村田源次郎	小林徹一
宾县	石川博见	樱警正尚
巴彦县	石川博见	石井贯一
民政部驻哈联络员办事所所长		石井静人
民政部驻哈联络员办事所总务科科长		中川胜
民政部驻哈联络员办事所科员		三宅秀也
民政部驻哈联络员办事所科员		本山忠义

以上的北满救济员，如上所述，和在奉天省的自治指导员无任何差别。他们是掌有县行政实权的人，在县里是日本侵略政策最忠实的组织者和执行者。

救济员虽然被任命了，但是受当时活跃在北满各县的抗日爱国者所组织的游击队的活动的影响，救济员不容易深入到县里去，即使得到日本侵略军的掩护进到县里去，但在侵略军撤退以后，县城也是不保险的。所以很多救济员，采取了在哈尔滨待命的态势，除了慢慢等待机会再到县里去是没有别的办法的。在哈尔滨待命的救济员整日里无所事事，以办事处长为中心集聚在一起，把高额的工资（兼任三县职务的救济员工资约达一千元）流水般地花费在舞场、妓院和咖啡馆里，在那里大发豪言壮语，自以为了不起似的。

在这样的情形下，有很多的救济员不能到县里去，而在哈尔滨过着淫荡的生活。在此时期，由于自六月以来在吉黑两省下了四十年一遇的大雨，连日的大雨导致松花江泛滥，七月十九日哈尔滨市傅家甸附近的大坝决提，瞬间傅家甸完全被水所淹，就连中央大街也都变成河了。难民塞满了以极乐寺为中心的许么路一带。于是待机中的救济员认为这个时候正是用小恩小惠来收买北满人心的好机会，就和日本特务机关联络，在几个地方搭上帐篷，穿起白衣裳，用一些黄碘、汪度丁几、达母膏、橡皮膏、克雷索多、阿司匹林等药品以及一知半解的卫生知识，来治疗受伤者和病人。他们使用了帝国主义的惯用手段——用虾钓鱼的欺骗做法。

木兰县的青木副救济员，在水灾以前，因事务联络来到了哈尔滨，在七月末他利用江防舰队下行的船，和冈上广吉乘该船要回县里去。但是在青木不在县城期间，县城已被爱国游击队给夺回去了，而两人并不知道。青木和冈上两个人一同划着小船，在因为松花江泛滥已经变成了河的县城外的田地里向着县城驶去，在中途受到埋伏的游击队的猛烈射击，青木腹部受了枪伤倒下去了。冈上吃了一惊，把船往回划，好不容易才被江防舰队所救，而青木则最终死去。

进入八月以后，黑龙江省的肇东县城也被游击队给夺回去了。救济员村田源次郎这个时候还在县城里鬼混着。前几天来到哈尔滨的副救济员小林徹一从日本特务机关的情报中知道了肇东县城的危险，于是急忙跑到安达，从那里用电话劝村田逃出来。村田一个人骑着马逃了出来，好不容易才捡了一条命。

吉林省双城县在九月上旬也险些被游击队夺回，驻扎在县城里的日本人在游击队袭击以前就得到了这个情报，因而在副救济员佐佐木尧的指挥下，从县城退到哈尔滨去避难。但是这些人乘坐的火车在西屯又被爱国游击队给袭击了，在侵略军的警备士兵和日本人乘客中也有不少死伤。佐佐木混进朝鲜人群里去才幸免于难。

救济员就是进到县城里去，在上述那样的治安状况下，所谓“救济”也是有名无实，仅是躲在县城里做些搜集情报的事情而已。送到驻哈办事所的报告，大部分是关于活跃在县内的爱国游击队的情报，至于对县里的财政情况、行政区域划分等的调查报告极少。

在这样的情况下，珠河县救济员泽井铁马怀柔了该县自卫团团长恩明山，把他带到哈尔滨，在办事所职员三宅秀也的帮助下，使他见到了特务机关长竹下义晴中佐，从第十师团司令部给恩明山提供武器弹药，使他从事积极讨伐游击队的活动。他们进行了这样的阴险说降工作。

由于日本侵略军的不断讨伐，游击队的数量逐渐减少，其活动范围也随之缩小。救济员在县里积极活动的可能性也逐渐增多。此时，救济员们考虑到，如果不做一些名义上的救济事业也不太好看，做一些救济还可以消除一些身边的危险，于是向伪满洲国民政部要求发给救济金。但是，关东军及伪满洲国政府派遣救济员的根本用意，正如上述那样，是要使日本人迅速进入县城，掌握县的实权，能够执行强有力的侵略政策。因而对于这十二个县，只不过给了五万元而已。

殖民主义者恬不知耻的欺骗政策，想仅仅用这五万元指使忠实的看门狗（救济员）冒着生命的危险，把北满十二个县的财富永久地掠夺过来。

这些北满救济员的部分活动（罪行），实在和当时在全东北的自治指导员所犯的罪行没有任何的不同。我在此陈述北满救济员的劣迹，用作揭露参事官的前身自治指导员的罪行！

关于所谓建国促进运动

伪满洲国奉天省自治指导部联络科雇员　今吉均

一九三二年二月二十七日，在当时的奉天开了所谓“建国促进地方代表大会”。地点是在张学良创办的同泽女中，在九一八事变后为日军占领，在此处设立了所谓的奉天省自治指导部。到会的有几百名地方代表，在此大会上，通过了《东北地方愿脱离中国独立建国》的决议。大会终了后，由在南满各县所搜罗的几千名汉奸和部分奉天市民举行了游行。所有参加游行的人都是日本军用刺刀搜罗出来的，是一种伪装，是想把日本侵略军掠夺东北的无可辩驳的事实装作是群众的要求而演的一出戏。

当天的奉天市内，贴满了“王道乐土”“建设道义国家”和“善政”等宣传单，散发了多得难以数计的传单。在南满各县城，也举行了规模大小不同的所谓建国促进运动。

这个运动，是将关东军的计划由奉天自治指导部来执行，而在各县是由县自治指导员实行的。在“建国促进地方代表大会”主席团的末席上，列席有穿着中国服装的当时的关东军主任参谋板垣征四郎大佐。在此时期，全东北已被日本军所占领，在南满各县称作指导员的日本人掌握着政权，到奉天来集合的所谓地方代表以及从地方上送来的几千名群众，都是在日本侵略军武力背景下被这些指导员给搜罗出来的。

事实上，我在一九三二年二月下旬，以奉天自治指导部联络科雇员的身份，为了援助双辽、洮南两县召开大会而出差到郑家屯、洮南去了。作为指导员的中尾优和佐藤虎雄分别驻扎在双城县与洮南县。两人都出身于满铁，他们夸耀说，准备工作都已经完成了。

参事官自治会的建立与自治会馆的设立

伪满洲国吉林省永吉县参事官　三宅秀也

自以为建设所谓“王道乐土的先驱者”的县参事官，把自己当作“是行政官而又不是行政官的一个实现王道的人”，将自己评价为高于一般官吏。不仅如此，他们感到自己有锻炼修养的必要，必须彼此忠告，交流一些能更巧妙地欺骗中国人民的方策。自一九三三年初，以吉林省额穆县参事官蛸井元义等人为中心，在“欲治人者必先自治”的口号下，以“修养锻炼团体”的名义要建立参事官自治会。但是他们真正的企图是想复活以前被排斥掉的笠木主义，加以保护培养，用以在参事官之间确立恶质的天皇教的法西斯主义，借此来扩充自己一派的势力，从而掌握伪满洲国政治的实权。

最先表示赞成的人，就是一些自命为笠木的党羽的人：梨树县参事官泽井铁马、锦县参事官上杉益喜、义县参事官解良武夫、禘泉县参事官岩崎久雄等。他们积极地成为促使这一运动的中心势力，开始四处活动。于是在一九三三年秋，伪满洲国吉林、奉天、黑龙江三省的县参事官代表，会集于奉天市，举行了关于建立参事官自治会的会议，审议决定了自治会规章，并通过了建立参事官自治会馆。参加这一会议的县参事官如下：

吉林省岭穆县参事官——蛸井元义

吉林省永吉县参事官——三宅秀也

奉天省锦县参事官——上杉益喜

奉天省义县参事官——解良武夫

奉天省沈阳县参事官——中山一情

奉天省镇东县参事官——稻津一穗

黑龙江省拜泉县参事官——岩崎久男

热河省朝阳办事所科员——岸要五郎

参事官自治会以县参事官和副参事官以及原先当过县参事官及副参事官的人为正会员，以赞同自治会的宗旨而入会的人作为客员。正会员每月缴纳一定的会费（设立的当时，参事官为十五元，副参事官为十元）。

自治会的业务，主要是管理自治会馆，在会员殉职和因其他原因而死亡时对其家属进行抚恤，通知会员的调动状况等。

此外，对于会员还无偿地每月分配以笠木良明所主办的杂志《大亚洲》，因而也从会费中每年给笠木以相当的金额（但是这件事情在当时是当作秘密的，我不知道，在“八一五战败”以后，在西伯利亚所说的并不确实）。从这些方面看来，可以说《大亚洲》杂志事实上是参事官集团的机关杂志。

自治会馆是参事官互相联络的地方，主要是依靠会费在各省公署的所在地及长春设立会馆。因事而到该地出差的参事官及副参事官，规定必须住在自治会馆里，其目的在于，在住宿期间要互相联络县政的状况，交流管理县政上的经验，密切参事官相互间的同志的联系，以巩固自己这一党派的存在。

在自治会馆，置有主事以下的人员担任管理，会馆所在地的参事官则对其指导与监督。

县参事官自治会是以笠木良明的“大亚洲主义”来统一县参事官的思想，使县参事官以实现“王道”为名，在中国确立日本天皇的统治，用作对中国人民进行彻底的榨取与掠夺的一个忠实工具。因而越是对侵略思想中了魔的人，越在自治会里吃得开。在自治会馆的一间称为所谓“道场”的屋子里，挂有“殉职参事官”的照片，在屋子的中央，挂有佛教信徒笠木的道友——日莲宗和尚藤井行胜所写的大条幅，每天早上敲着法华大鼓的主事支配着会馆里的一切。

被称为修养的“道场”实际上是欺骗人的自治会馆，是一个满足县参事官用的便宜旅馆；所谓“修养”，就是要成为一个最狠毒的侵略者，就是要把牺牲自己去效力于以天皇为中心的日本统治者们认为是一种名誉的事情。

总之，所谓参事官自治会实则是日本帝国主义侵略先锋的参事官集团的一个政治结社，是为了进行侵略统治而建立的法西斯组织。

第一届参事官会议

伪满洲国吉林省永吉县参事官　三宅秀也

自一九三二年末到一九三三年之间，伪满洲国境内各县参事官的配置基本上完成了。当时的参事官们认为：“国家的政治方针要在国民大众中实行，必须通过县的行政，因而国家的行政是否适合于伪满洲国的实际情况，唯有县、旗的参事官知道得最详细。无论是省或是中央政府，要实行适合于实际情况的政治，应该充分听取县、旗参事官的意见。因此中央政府应当仿效在省所举行的参事官会议，召开伪满洲国的参事官会议。由于中央政府不知道县的实际情况，从日本内地录用的官僚用日本式的想法来执行事务，所以有很多的政策不适合当地的情况，应当迅速改正而听取参事官的意见。”

上述意见是依据统治地位提出的。在这样的形势下，县参事官就通过省县务厅厅长提出要求召开伪满洲国参事官会议的意见，并直接向中央政府特别是向民政部总务司司长竹内德亥提出强硬的要求。

由于有县参事官上述的要求，另一个方面，为了扫清在参事官间自从笠木派被驱逐以来所流行的反中央政府的空气，中央政府于是和关东军商议之后，于一九三四年五月间，在新京召开了第一届伪满洲国县、旗参事官会议。会场设在敷岛高等女学校。

参加会议的有奉天、吉林、黑龙江三省的参事官代表上杉益喜、解良武夫、鎌仓山岩、蛸井元义、山崎诚、前岛昇、三宅秀也、岩崎久雄等二十多人。另有从热河省来的五岛德二郎及另一人作为旁听者参加。国务院方面有总务厅厅长远藤柳作、总务厅次长坂谷希一、主计处处长松田令辅、民政部总务司司长竹内德亥、人事科科长竹内节雄、经理科科长高仓正、民政部地方司财务科科长石井静人、调查科科长都甲谦介等人及关东军方面第三课课长原田熊吉大佐列席。

会议是在民政部总务司司长竹内德亥的主持下进行的，各部的政策指示不过是附带的，其主体是参事官各方面的情况报告和对中央政府提意见。县、旗参事官极为热心地做了情况报告，有的人占用了过长的时间，更由于有必要配合各省之间的发言顺序，于是推选了奉天省的解良武夫、吉林省的三宅秀也、黑龙江省的岩崎久雄三人为代表参事官主导发言的人。

本次会议上，参事官主张在伪满洲国实行的日本帝国主义侵略政策要适合当时实际情况，更狡猾、更有效地来镇压人民，并对中央政府的拙劣政策宣泄了不满。所以中央政府方面在召开了这第一次的参事官会议以后，就再也不想召开参事官会议了。当时的中央政府的官僚竟然具有这样的弱点，而另一方的参事官们在镇压人民方面则是很有自信的。自本次会议以后，中央政府的官僚积极注意掌握当地的实际情况，更加强了侵略统治。

供述三　伪满洲国大同学院的设立

伪满洲国大同学院总务部部长　三田正夫

伪满洲国大同学院的沿革

一九三一年九月十八日，日本帝国主义发动了九一八事变，进而开始侵略东北。当时在东北各地，旧东北军及其他地方的爱国部队和人民纷纷拿起武器，起来反抗。看到这一情况的关东军，为了确立其侵略统治，一方面要打击这些爱国者，另一方面利用亲日的中国人(汉奸)，炮制了“应民众的要求，改正旧政权的虐政”的借口，以袁金铠为中心在奉天设立了“地方自治委员会”，以平定东北占领地区的反抗运动。

该年的十一月十五日，解散了地方自治委员会，在奉天城内同泽女学校里设立了自治指导部，以于静远为部长并配置了从满铁、关东军、关东厅所选拔出来的日本人及中国人，称作指导地方自治，进而开始着手将东北的地方行政归入日本帝国主义统治之下的欺骗工作。自治指导部以进行指导地方的县行政为名，向各县派遣自治指导员（日本人、中国人、朝鲜人），在民众自治的假面具之下，将地方行政置于日本帝国主义掌握之中。

作为培养自治指导员的机关，于一九三二年一月，在奉天的自治指导部内，设立了自治训练所。自治训练所所长为于静远，学监为中野虎逸，第一期录用了二十人（日本人十二人、中国人七人、朝鲜人一人），训练以后派遣到地方的各县去了。

这个自治训练所，也就是设立大同学院的来源。在此以后，设立了大同学院，直至战争结束，不仅在思想上，还在所有的方面，将所谓“在明治大帝宏业之地的东北，冒着危险深入民众中去，扫除东北政权恶政的遗迹，而为民众建立自治的乐土，此乃我们的任务”这一毫无根据的欺世盗名的强盗思想——自治指导部精神，传授给大同学院的学生，以后又在县、旗参事官，后来在县副县长及参事官中间，作为所谓参事官的思想意识而被继承下来，犯下了数不清的残酷罪行。

一九三二年三月一日，日本帝国主义不顾全中国人民、全世界人民的强烈谴责建立了伪满洲国而膨胀了它的侵略野心，于是解散了自治指导部。在伪满洲国政府机构内，作为对地方行政指导和主要用作制定农本主义政策根本方针的机关，设立了直属于伪满洲国国务院的资政局。任命前满铁养成所所长笠木良明（是和日本国粹主义者头山满、大川周明一派的人物）为资政局局长。

笠木的意图是想建立资政院、国务院、监察院三个体系的机关，将资政院作为计划并决定国家根本政策的机关，而以农本主义作为国家的根本政策。他标榜兴亚精神，认为日本要想统治亚洲，必须先做好对于殖民地民族给予自治的伪装，日本人不要进到自治机构的内部，站在侧面的“指导立场”，用狡猾手段来实现日本帝国主义的野心，乃是统治广大亚洲民族的最好手段。他在这种主张之下，提倡设立资政院。但是他的这一意图最终破灭了，而是当了直属于国务院的资政局局长。

作为这个资政局的附属机关，于一九三二年三月十五日在奉天设立了资政局训练所。资政局训练所是担任培养在伪满洲国建成后用来代替自治指导员的县参事及副参事的（就是后来的县、旗参事官及副参事官）。以自治指导员的精神为基础，而培养能实现笠木的兴亚精神的地方行政指导员。其第一期生，是秉承了原有的自治指导训练所的第一期生。其第二期生，则在东京、京都和东北，由关东军花谷少佐、大川周明、东亚经济调查局理事佐藤贞次郎及其他人来评选，该年五月中旬，有九十七人入所。

在第一期生入所以后，这个资政局训练所即自奉天移至长春南岭旧东北军炮兵营的旧址。当时的资政局训练所所长由笠木兼任，总务科科长为伊东六十次郎，学监为多多良庸信。

伪满洲国大同学院的设立

一九三二年六月二十五日，由于伪满洲国总务长官驹井德三和资政局局长笠木良明关系的破裂，驹井德三在关东军的协力下，实行了内部政变，撤销了资政局，赶走了以资政局作为大本营的笠木一派，于是资政局训练所也被撤销了。

对于在所的九十七名学生，决定要在再度遴选之后，使他们进入用于替代资政局训练所而即将开设的大同学院。但是学生之中，有以岸要五郎为首的将近十名的笠木派的人，这些人说，在笠木已下台不能实行笠木方针的情况下，不想再留在伪满洲国，要为笠木而牺牲；

而大部分人认为无论怎样对伪满洲国实行侵略是必要的，为了一个人和一个派别而要离开伪满洲国是不正确的。这两者之间发生了激烈的对立，并接连引起争论、殴打等事件。最终使那些想离开伪满洲国抱着不再从事侵略东北观点的学员放弃了想法，全员都接受了大同学院一期生的评选而入所了。

这个对立很明显是侵略者内部互相倾轧的表现，要为笠木而牺牲的人和要留在东北继续侵略的人，都是从个人主义社会（私有财产制度的社会）的利己立场上，想要让别人夸自己是个好汉子，想要更快地飞黄腾达，这种自私自利犹如狗抢骨头一样。这种激烈的对立，正因为是从利己而来的，所以成为深刻的感情对立，戴着所谓“思想的对立”的假面具，沉迷幻想，而成为以后构成派别的基础。这种对立，随着目的的趋同虽然得到一些缓和，但是直至“八一五战败”仍继续存在着。我们现在回顾这件事情时，感到自己和帝国主义的丑恶真是令人切齿。

以后，大同学院就不是纯粹培养地方行政官的学校了，带有培养一般殖民地官吏学校的任务色彩，而思想方面，仍然是以笠木的思想作为基础。很多毕业生自己选择所希望去的地方，而到那里去进行对爱国者的血腥镇压。

直至“八一五战败”为止，学生及毕业生所唱的校歌是：

“广阔的满洲，碧空绿野三千里，席卷了兴安岭，渺茫无际。啊！这是人生的早晨，把自治从睡梦中唤醒起来，东方必定光明，永远的任务属于我们！”

这就是要把奴役他民族的丑恶，用“自治”的假面具加以隐蔽的骗人鬼话！

大同学院是以伪满洲国建国精神（民族协和、王道乐土、日满一心）及大同学院精神（挺身赴难、舍私为公），更以自治指导部精神（兴亚精神、农本主义），并用军队式的训练方法来进行教育的。

从这些指导精神及其目的就可以清楚地看出，大同学院是培养日本帝国主义忠实走狗的地方。教育学生以盲目地为天皇及其周围少数统治阶级的利益服务，教育以奴役、榨取中国人民和残酷杀害反对奴役的中国爱国者的思想和方法，进而教育只有这样做才能使自己飞黄腾达。副县长中的大部分人，都是大同学院出身的人，他们信服了这一欺骗教育，在实际上犯下了言语难以形容的罪行！

自一九三二年五月至一九三九年十月，主要培养了中央机关和地方各级的日本人、中国人、朝鲜人、蒙古人干部。一九四〇年三月以后，更培养了高等文官。其状况如下：

甲、第一部生（分为两种）

1. 从大学专门学校毕业生中直接录用者

每年一期，每期一百名（在最后的时期，增加了一些人数）。共计十四期，一千四百七十六名，其中日本人约一千二百一十名，其他约二百六十六名。

2. 从在职官吏中录用的学生

每年一期，每期约一百名，共计四期，四百名。

乙、第二部生

从中国人在职官吏中录用的学生。每期前半段时间约一百名，后半段时间约五十名，共计十期，七百名。

丙、第三部生

为日本人中的各县副县长、协和会①事务长、农事合作社理事长、特殊会社中坚干部。共计十三期，八百一十名。

这些各期毕业的学生，被分配到中央、地方的各行政机关（一部分在协和会），逐渐地使伪满洲国各机关、各部没有一个地方没有大同学院的毕业生了。

---

① 协和会是由在东北的一些日本法西斯分子组建的伪国家团体，隶属于关东军。——编者注

此外，这些毕业生不仅在同期学生间保有密切的联络，并团结在由全体毕业生所组成的大同学院同窗会周围，即在各机关内也有着显著的宗派活动。尤其是到了后来，大同学院的毕业生逐渐占据了中央机关的重要地位之后，更形成了如果不是大同学院的毕业生将来就不会有发展前途的事实。这本身可以证明，日本帝国主义在中国东北所犯罪行的大部分，都是由大同学院的毕业生所犯下的。

伪满洲国大同学院对县行政所作的“贡献”

大同学院的前身是自治训练所和资政局训练所，根据关东军的方针——为了巩固中央集权的殖民地行政，必须先在地方的县、旗完成不可动摇的占领体制，所以大同学院毕业的很多学生都被任命为地方行政官。如一九三二年的一期生，其中百分之九十都当了县、旗参事官或副参事官，以后各期的毕业生也有百分之六十以上的人被派到地方去了。

以自治指导部精神和笠木倡导的兴亚精神为基础的参事官思想意识，毫无例外地支配着进入了县、旗里的大同学院毕业生的头脑，由参事官所组织的参事官自治会，大同学院的毕业生也悉数入会。因而大同学院毕业生分布的地方越多，地方的县、旗参事官的势力也就愈加增强起来，由此而酿成中央与地方间的对立，也暴露出了侵略者的内部关系。支配着副县长思想的，还是封建的农本主义，与此相反，支配着中央官僚思想的，依然是近代资本主义的产物——自由主义思想。无论是哪一方面，都是不相上下的侵略思想，这也是不用多说的。在某一方面看来虽然是对立的，而其实质，则是在暗中气息相通的，因为都是在为天皇和统治阶级服务，都是要一滴不剩地吸取中国人民的膏血，不过是两个魔鬼的对立而已。

大同学院每年组织在院学生选择九台、德惠以及其他各县，每次组织约两百人进行县内农村经济实际情况的调查，成果用来刊登在《农村经济实际情况调查报告书》上。这一书籍不但被县、旗利用来作为实行搜刮人民福祉的政策，在中央方面也被利用为树立殖民政策的重要资料。

我听说大同学院毕业生（多数是副县长）中的很多人，在“八一五战败”以后巧妙地隐藏起来逃回日本，说些要“夺回满洲”的强盗式的梦话，并团结在一起，阴谋挑起战争。我在想到日本现内阁官房长官根本龙太郎和复员厅干部岁川满雄等人的存在时，不难想象在现在的日本，不论是个人方面或是有组织的方面，还在那里策动着重燃日本帝国主义侵略的死灰等罪恶活动。

我们对于这些人民的敌人，要坚决和他们进行斗争。我们在大同学院毕业的人们，绝对不容许再度出卖日本民族，再使和平人民受到苦难，并要意识到，现在的世界已进入不可能再做那样事情的时代了。我们宣誓：我们这一部分人，决心要认识真理，衷心忏悔过去的严重罪行，真诚地负起自己的罪行责任，向中国人民低头谢罪，并与想要再度挑起战争的过去的同学们进行坚决的斗争！

供述四　治安维持会的罪行

伪满洲国滨江省治安维持会及其罪行

伪满洲国滨江省治安维持会常任干事　筑谷章造

治安维持会，是在九一八事变以后，关东军在当地以伪满洲国县长及其他中国人（汉奸）为中心而设立的便于日本侵略军占领统治的军政组织。此后，由于各种占领机构的完备和行政体制得到稳固，最后发展成为以该地区的独立守备队队长为中心，并纠合县自治指导员以及其他直接与治安有关机关的负责人组成的从侧面进行“指导”的组织。这也就是关东军的所谓“内部指导”，很明显，这是以实力来建立统治权的。

一九三六年，当时的伪满洲国滨江省的治安维持会组织如下：

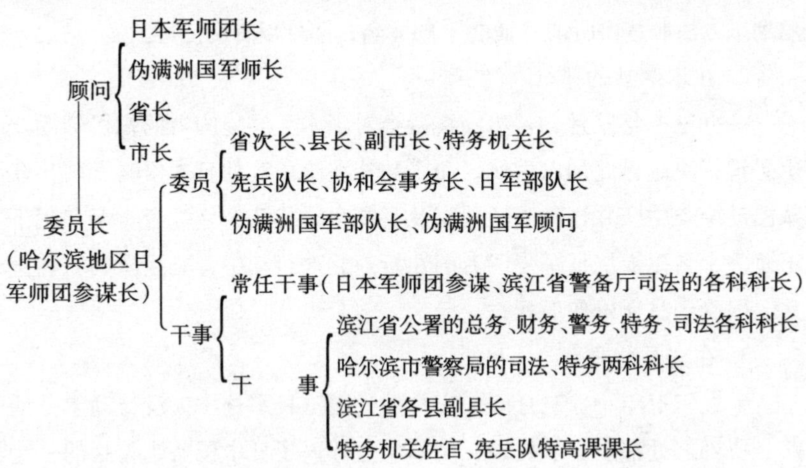

顾问在实际上不过是名义上的存在，实权归委员长（参谋长）所掌握，其运用方面由干事会担任。这个干事会，通常是称为“治安维持会”的。

该会在表面上好像是没有权力的一个商讨事情的组织，而事实完全与此相反，该会所商讨的事项，对于当地执行机关来说，就成为决议事项，成为军队绝对的命令事项。

因而该治安维持会是在全滨江省关于“治安维持”的总指挥部，是督促各县警察队的讨伐、严命各县特务镇压地下爱国者工作的机关。现举其二三例罪行来说明：

1. 在苇河县的罪行

一九三六年十一月间，省治安维持会决定进行苇河县的讨伐。根据这一决议，盘踞在五常县的日本独立守备队出动了，苇河县的警察讨伐队也与日军配合，袭击该县西部地区的村落，挨户做了盘问和搜查，逮捕了三名嫌疑者。本次行动是根据在苇河县西部地区的村落里潜伏有抗日军干部的情报而开始的。但是连一个爱国军干部也没有发现，却给和平居民带去很大的灾难和痛苦。对三名嫌疑者中的两名，用刑讯方法制造出所谓“通匪”的罪名，而处以有期徒刑。

2. 在木兰县的罪行

一九三七年三月，省治安维持会对于木兰县爱国者的积极活动产生恐惧，决定对此加以讨伐，命令驻扎在哈尔滨的日本侵略军骑兵联队出动两个中队并让伪满洲国军及县警察讨伐队与之配合，于是犯下了杀害十名以上抗日军爱国者的罪行。此次行动中，骑兵队的三名士兵，因受到贯通枪伤而死亡。

3. 在宾县的罪行

一九三七年一、二月间，宾县的爱国抗日军神出鬼没行动十分活跃，所到之处都取得了战果，例如完全歼灭了日本侵略军骑兵的一个小队等。省治安维持会决定对宾县进行大讨伐，命令延寿县警察队前往支援，以宾县警察讨伐队作为主力，并命令驻扎在宾县的日本侵略军也出动，进行了数次的激烈战斗。本次讨伐犯下了杀害很多爱国者的罪行，而另一方面，警察讨伐队也有很多伤亡。

关于治安维持会的“严重处分”

伪满洲国锦州省锦县警务指导官　引地章

自从伪满洲国成立直至一九三八年撤销治安法权为止的期间，可以说是完全实行了日本军的军政，因而治安维持会使用了完全独断的权力，而残酷地杀害中国爱国者。我自一九三四年到一九三八年期间在锦县，曾将十四名爱国者及和平居民以所谓“通匪”的罪名杀害，为了自己的飞黄腾达，被可耻的名誉心所驱使。

一九三六年六月，在锦州郊外杨兴屯这个地方，两名村公所的人员因愤恨村长的卖国卑鄙行为，反抗了这一卖国奴。于是，村长说出“我是和特务有联络的”的话，两名村公所人员感到“这可不得了”，于是将村公所持有的自卫团用的三支枪械藏在高粱地里打算逃到热河方面去。我接到村长的这个报告以后，就赶快让司法股员出动，并派几个人坐到火车里，逮捕了乘火车逃亡的上述两名爱国者和另一个人，施以刑讯，制造了无稽的审讯记录。

我又和村长共谋，强迫所有户长说他们是“难以保证将来的无赖汉”，并附以县参事官以及治安维持会委员们的联名书，请求许可杀害这些人。向治安维持会的省委员会提出的申请很快地得到了许可，于是我犯下了在锦县南山秘密将他们枪毙的罪行。

我就这样毫无理由地侵入中国、毫无理由地逮捕人民，对于被害者们不给以任何抗议和陈述理由的机会，运用县治安维持会委员的名义，接连残害了十四名爱国人士。虽然这种杀害是籍于县参事官及上级指导官的命令而犯的罪行，但也是我积极主动做出来的罪行，我痛感这一责任的严重性，在此向中国人民低头认罪。

集团部落的罪行

在柳河县集家工作的罪行

伪满洲国奉天省柳河县警务科首席指导官　鹿毛繁太

日本帝国主义在一九三一年制造了九一八事变，蛮横地掠夺了全东北。所有的中国人民都对此感到愤恨，拿起武器，组织了游击队，进行了勇猛的反抗。日本帝国主义侵略者日夜奔忙于应对游击队的反抗，如果用大军进攻，游击队就化整为零，无影无踪；如果以小部队做分散的行动，它就化零为整，而使我军经常蒙受很大损失。对于游击队的神出鬼没和其勇敢的行动感到束手无策的奉天省治安维持会，于一九三四年通过了卑鄙的“诱歼战法”，使各县的副县长实施集家工作。

游击队之所以能神出鬼没，是由于受到中国人民的绝对支持和有着密切联系才做得到的。于是治安维持会想把抗日军和民众隔离开来，努力做了宣传和安抚工作以欺骗人民，但是没有一个人被这样的欺骗宣传所引诱。于是使用了切实的方法孤立抗日军使其行动困难，亦即采用了断绝抗日军衣食住来源的方法——集家工作。日本侵略军对于中国民众由于集家工作会遭受到多么大的痛苦是丝毫不顾的。治安维持会下了这样的命令："有可能成为抗日游击队根据地的山里的小村落，要悉数撤出，造成无人区，零散的房舍要在一定的地点集家!"

一九三四年，柳河县当时的参事官叫作池内富美，他和驻扎在柳河的日军守备队商讨之后，开始了设立无人区的工作。其内容是：

1. 与兴金县、海龙县相连的山岳地带及山麓地带

2. 与金川县、通化县相连的山岳及山麓地带

3. 五道沟村河南地区

在这个范围内的所有居民，都要移至其他指定的地域去。他率领警察队和自卫团，对于所有居民不准他们说出一句不满意的话，强制他们搬走。在无人区的入口处挂上牌子，在上面写着："没有证明书而出入无人区的人，当作匪贼办理!"落款是日本军守备队长。侵略别人国家的强盗，称爱自己祖国的人们为"匪贼"，像这样不合理的事情能够公然做得出来的也只有帝国主义者们。人民要到自己的土地里去打柴，现在也需有警察署长的证明书；原先在自己居住地的附近种地的人，现在需要到很远的地方、有半日行程的地方去耕种。于是有很多的农民，不得不扔下土地不去种了。

一九三六年，我被任命为柳河县的警务指导官。我在任期间，曾以没有证明书为理由，逮捕了在无人区干活儿的善良民众，除杀害了五名之外，还与中山大尉等共谋又杀害了三名，我犯下了深重的

罪行。

柳河县自从一九三五年起，根据池内参事官的计划，决定将全县的九千户零散居民进行集家。在一九三六年七月我到任的时候，集家已经完成了三分之一以上。我刚一到任，池内就严命我："不论怎样，在高粱繁茂以前，一定要完成集家工作！"我于是召集村长、警察署署长开了会议，将这一工作的一切责任交给他们，命令他们订立计划并强制施行。

由于这个结果而产生的集家部落，都是设立在土豪劣绅们的住宅附近，而贫农都要远离自己的耕地。池内和我就这样和地主阶级勾结起来，骑在中国人民的头上吸取着他们的血汗。由于这一工作，警察署署长和村长从大地主、富农那里当然是要得到很多贿赂的，我们对于这一切不闻不问。

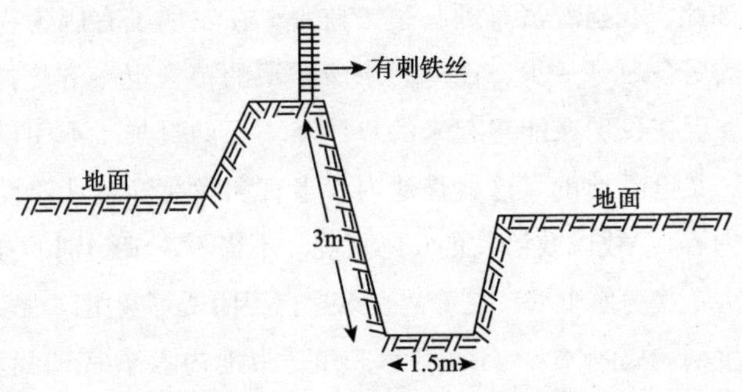

我们又在这一集家部落中，选择了重要的据点，建造了牢固的防卫部落。所谓防卫部落，是设有防卫工程具有武装力量的部落。在部落的周围，环绕以高达三米的土墙或设有如上图那样的壕，以刺铁丝或鹿砦围绕。除正门以外，其他地方都不可能出入。在四隅和正门旁边，设有带枪眼的监视哨所，这不仅是为了利用它来对抗日军进行防御和攻击，利用它来监视部落的民众也是极管用的。在此配置警察官四至五名、自卫团员十名左右的武装力量，而自卫团的经费则由部落居民全体来负担。

其他的部落，则仅是在一个地点把农户集结起来，因而该部落长负有很大的责任，威胁他假如发生事情须负连带责任。

在这种情况下，在我到任后的三个星期内，就强制迁移了五千至六千户的人家。迁徙的人们中，在自己住惯了的房子里有的最少住过二三十年的，长的有自祖先代代都住在这里的，而现在不得不自己亲手去毁坏它并且要到别的地方去另盖居所。柳河县很少平地，农户都是在山里零散地开垦着小块平地。有很多的农民现在从住处到自己的耕地去要走四五公里，所以就放弃了自己的耕地去当地主的雇农；有的就流浪到其他县去，这样的人是很多的。池内参事官和我认为这是应有的牺牲，是丝毫不必介意的。从自己的历代祖先起就在这里过着和平生活的农民，现在由于日本帝国主义的侵入，自己并没有犯下任何的罪恶，竟遭受如此灾难。

不仅如此，我坐着汽车到县里去监督，在发现了有因为在定期内未能移走的房舍时就放火，连屋内中所贮藏的粮食也一齐烧掉。像这样的罪行，仅在我现在能想起来的户数就不下两百户。不用说迁徙补助费等是一文也不给的。这就是池内参事官和我在柳河县建设“王道乐土”的内容、“牧民政治”的实际情况。不得不流浪到别的县里去的人，还要重新盖房修土墙、挖壕沟、承担自卫团费等费用，很多人忍受着穷困的生活。这所有一切的不幸，都是由池内参事官和我造成的，是治安维持会做出来的，是日本帝国主义的罪行。

在绥滨县实施集团部落的罪行

伪满洲国三江省绥滨县警察署警长　铃木太助

我在一九三八年任三江省绥滨县警察署警长时，将人口稀薄的管辖区内的所有农户实行集家管理，建立了二十二个集团部落，带给农民难以估计的痛苦和损失。当时县内有叫“中侠”“助国”的爱国者，领导东北抗日联军骑兵独立团约二三百人，受到县里人民的支持，通过征集土地税、牛马税、车税等，从爱国的民众那里得到了粮食、被服、军马等的支援，该部队曾干过袭击莲生堡警察署、解除了警察的武装等积极活动。

伪满洲国县政府对于该抗日军，以封锁其粮食、被服、经费和情报的来源并切断民众对它的支援为目的，实行所谓“匪民分离工作”，开始建设集团部落。

伪满洲国县长及副县长，于该年年初，再次召集县干部和全县的区长、村长和屯长等人开会，决定要在解冻至结冻期间，将全县所有的零散房舍悉数撤走，每隔七八华里的地点就建设一个集团部落。属于地主成分的区长、村长和屯长们，利用自己是有权者的地位，收买县干部，设法把集团部落建立在自己的房子附近，因此，原先就生活困难的贫农，被迫要拆毁自己住惯了的房子而迁至指定的地点重新建房。农民们对于日本帝国主义和地主们的残暴行为，在心中燃起了极度不满和反抗的情绪，但是由于当时的绥滨县仅伪满洲国军就有六个团（六千人）以上，所以未敢表露出来。

我在该年春天的播种完了后，即到管辖区内去视察，命令将零散民房悉数拆毁，在县所指定的地点建立大者七十至八十户、小者二十至三十户程度的集团部落，同时每天派遣两三名警察官到各部落去指导和监督建设。因此农民连铲倒房屋的工夫也没有，没办法利用自己被损毁房屋的原材料再运到别的地方重新建房，更得不到一文钱的补助。

在部落基本上建立起来以后，就开始建筑宽达三四尺、高达一丈的土墙。我奔走在各个部落，严厉责令他们一定要在十月以前完工，在四角上都设有炮台，在土墙外侧更挖出深四五尺、宽三四尺的壕，使部落里面的人能够利用它来对付抗日军。此外，部落和部落之间，建设了能走汽车的警备道路，在重要的部落里，架设警备用电话，配置警察官和自卫团，并给他们以步枪、洋炮等。并威胁群众说：如有通抗日军的人，全部落的人都要受到连坐处分。

全东北就是日本帝国主义的监狱，而集团部落正如监狱内的单人房，在这里的人民是没有丝毫自由的。

我就是这样地奴役着六万六千中国人民，建设了二十二个集团部落，强制把一千户共五千人迁移进来，更改建警备道路二十公里，奴役了六百人的人工。因而该年的田地里长满野草，到了秋天，差不多没有收获。我们犯的罪行之大，真是无法计算的。

我们的罪行还不止这些。在集团部落被基本建立起来以后，依照治安维持会的命令，藤尾廉三副县长亲自跑到各个集团部落颁布“通匪者自首名簿”，欺骗宣传说：“在过去援助过抗日军的就要老实自首，如果自首可以赦免。”在诚实的农民自首以后，我们这些特务们就按照名簿秘密调查，将其中十名主犯在第二年（一九三九年二月）加以逮捕，在刑讯调查以后，把其中的两名交给守备队了。

守备队队长田中中尉用这两个人“以儆效尤”，于是在街民环视之中，在松花江凿开冰窟窿，把这些活人扔到里面残酷杀害了。这就是“皇军”的本质，也是治安维持会的真正面目。哪能做到“以儆效尤”呢？只不过暴露出自己是残酷无比的魔鬼、没有一句真话的大谎言家、侵占别人的国家和人民财富的强盗而已。

思想方面的欺骗工作

伪满洲国滨江省肇州县副县长　岛村三郎

治安维持会把所谓“宣抚工作”这一思想上的欺骗工作和武力镇压同时进行，是统治占领区的最狡猾的手段。在初期是用各种药品（达母膏、眼药、胃肠药、克雷素多、阿司匹林等）来进行，在后期是与协和会合作进行了各种思想上的欺骗宣传工作。

我们想用分给很少药品的办法来窃取全东北的资源，装成是在为中国人民谋幸福，从而把中国人民的最后一滴血也要吸食干净，这就是我们的本质、天皇裕仁的真正面目。我们在这一时期，始终没有忘掉夸大吹嘘日本帝国主义军事力量的强大——乃是世界第一，也认为这是对中国人民最有效的威吓方法。然而遗憾得很，中国人民并没有受到我们的欺骗和威吓。我们在打开世界地图向群众讲解太平洋战争的进展时得意洋洋，地图到县署以后，立时就接到特务情报的报告说，有一农民说："给我看了世界地图我才知道日本真是太小了，它是连中国二十分之一也没有的一个小国。"

我们在喊干了嗓子，大力宣传在太平洋战争中的日军大获胜利后，接着得到的是对我们的嘲笑："既然得到那么大的胜利，那么就不需要再抢夺我们的粮食啰。"

事实胜于雄辩，他们剥掉了我们欺骗的假面具！

我在一九三五年十二月，约有十天的时间，和内务科的行政股长杨参札布到西部奈曼旗各村公所的所在地去视察。村公所因为在事前得到我们要去的电话，所以集合了附近的居民和区长们在那里等待我们。为了听我那语言无味、令人生厌的日本话，人们不得不在十二月的寒冷的早晨受着冻到村公所来等我。我在那里讲了约一小时的针对当时活跃在旗内的周永久军长的坏话和日本帝国主义的"强大"，但是人们丝毫也没有受到感动，毫无表情地散了。无论是在哪个村公所，到了晚上，我一定以村长为中心，召集区长、屯长们来，用从农民们（就是白天挨着冻面无表情地听我讲话的那些民众）那儿搜刮来的血税来买白酒开宴会，在村公所胡闹一阵儿。作为我们目标的"宣抚工作"的对象并不是目标中的这些农民们，而是地主阶级的土豪劣绅，真是可笑。

我在此以后，于一九四〇年九月，在白城县进行了宣抚工作。在该年的七月，白城县受到了大雹灾，农作物全都被毁掉了。于是我就以慰问难民为名义而深入县的各地，但是实际上我是到地主那里大吃大喝，除了给难民增加了负担以外，我没有干别的。我在警备所大吃大喝的所有费用，地主以后一定会多加几倍地摊派给部落的人（报人口来摊派）。我们对于这样的情形是十分熟悉的，认为这也不会给地主增添负担，于是就毫不客气地在地主的家里大吃大喝。

我的第三次宣抚工作是在一九四一年五月于肇州县进行的。肇州县在前一年有过抗日联军第二路军第十二支队队长徐泽民所领导的六百名爱国者的起义，而这时正是日本强盗军刚结束了对他们的大讨伐的时候。所以我就胡说一些“日满一德一心”会给中国农民带来怎样的幸福，并夸大宣传日本帝国主义军队是如何的强大来进行威胁。我所做的这些可耻的欺骗宣传，是绝不会打动对帝国主义抱有无比憎恨的中国农民的心的，而我这些强盗的无耻谰言，一定会给中国人民以不愉快的感觉。我在这个时候也没有忘记带着用税款买来的白酒去请村长和区长喝酒，以拉拢作为地主阶级的他们！

构筑警备道路

在临江县构筑警备道路的罪行

伪满洲国通化省临江县警务指导官　鹿毛繁太

所谓警备道路，是日本帝国主义为了保护其侵略中国所占领的地域，也就是对反抗日本侵略军的正义的抗日游击队增强攻击镇压的机动力并给以有效打击的军警专用道路；也是榨取农民、掠夺他们财富的动脉。

警备道路是以强夺中国人民的土地并奴役数十万人民建造起来的。然而这样建造起来的警备道路是不许中国民众的马车在上面走的，中国民众对不能利用这个原本是自己的土地并用自己的血汗建造起来的道路，却不得不在另一与之平行的极其凹凸不平、容易把车轮陷下去的不好的大车道路上行走感到愤愤不平。

警备道路是向着目的地选择了最短距离，由直线构成，因而它或从耕地的中央穿过，或从耕地的边缘穿过，以致剩余的耕地有不足一米因过于窄小而不能耕种。我们对这一问题是从不介意的。对于农民的租税，本应免除其为道路所占用的部分，但是我们对于这件事情也从未作考虑。有时在长形的耕地当中，贯穿以很长的道路，使耕地被切成两半，面积相当大的耕地被道路分割得七零八落。

我在一九三七年九月被任命为通化省临江县的首席警务指导官，在做履新视察时所视察的道路——自临江县城至长白县八道沟子约五十公里的长距离警备道路，是当时的副县长野泽正雄自一九三六年春直至我到任前为止所构筑的大工程。这条道路是通过白头山脉支脉高峻的石山中腹而沿鸭绿江奔向上流去的。这个地方由于是山岳地带，人口非常稀少，所以要从远隔一日或两日行程的农村中，用刺刀搜罗农民前来，住在山里的临时小房里，给他们吃些粗劣的食品役使他们而修筑起来的。

但是这样修筑起来的道路，究竟怎样来利用它呢？我在任约两年的期间，仅有十几辆汽车通过这里。而这一道路和农民的经济生活方面是没有任何联系的，所以农民一次也没有走过这条道路。野泽副县长之所以这样奴役、搜刮农民来建筑这一道路，只不过是为了“将来可能有用处”这一理由，从而夸耀自己做出了这样的成绩，在地图上画上警备道路的路线而想借此升官发财。

我在临江县的任内，接受松川副县长的命令，犯下了修筑从临江县城到大栗子沟间的警备道路的罪行。这里在以往曾有一条警备道路，但是这条道路是纯粹为治安用的，所以对汽车的行驶有一些不便。一九三八年六月，日本帝国主义为了继续进行侵略中国的战争，需要增加铁的生产，注意到大栗子沟有丰富而又质量好的铁矿，计划要掠夺这个铁矿，于是他们开始要建筑临江、大栗子沟间的产业道路以便运入各种建设材料，而建筑这一产业道路，如果由包工头承办的话，需要很大的费用。松川副县长认为这正是报效主人——垄断资本家的时机，用建设警备道路的名义，奴役农民把这条汽车道路建设起来。我依照松川副县长的命令，仅在三个星期的短时间内，就辟开了石山的山腰建设起道路。这条道路不是为农民建设的，是为了东边道开发株式会社的利润而役使了农民的这一事实是不用多说的。从这一件事情就可以清楚说明，松川副县长和我在中国所犯的罪行都是为谁干的。

在此以后我又从一九三八年九月起，用了约一个月的时间，犯下了建设自八道江街至金川县境大板子桥岭约八公里警备道路的罪行。这是为了攻击抗日游击队而建设的，除此以外，这条道路没有任何经济价值。这是由松川副县长计划，只是由八道江街向着高峻的山岳地带伸进了一条道路，在道路所指向的地方是一户人家也没有的，为了镇压中国的爱国者就役使中国农民来修路，这就是我们帝国主义的本质，也是惯常使用的手段。

如上述那样警备道路无偿地让农民提供土地，也不管是农忙期或是农闲期，以及农民们的情况怎样，只是在日本帝国主义者想起来的时候，在所想的地点用所想的方法而建筑。而且为了补修这条道路而把全部责任都加在沿路的农民身上，警察署长和村长经常役使农民进行补修，我们有时还到那里去叱骂农民，这样就使农民们赖以为生的农作物不能得到很好的侍弄。

除了这样的补修以外，还需农民承担扫雪工作。东边道的降雪量是很多的，更因为越过老岭的临江至通化街的道路是干线的关系，所以要役使农民做更繁重的扫雪工作。老岭在一昼夜就能积雪两尺，这是毫不稀奇的。在山岭、山间零下二三十度的严寒中扫雪，在寒风凛冽、渺无人烟的山沟里扫雪，这一痛苦是言语所不能形容的。而松川副县长和我却因为今天有守备队队长要来，今天有省公署的大官要来，或是我自己明天要通过那里，于是就役使农民扫雪。我现在想起这些事情时，感到自己是多么不是人，惭愧使我心如刀割。

在锦县构筑警备道路的罪行

伪满洲国锦州省锦县警务指导官　引地章

一九三二年十月末，我被任命为锦县警务指导官，担任警务局警务股副的职务，我主要管理的业务为建设警备道路和架设警备电话。这是省治安维持会所制定的《治安肃正要纲》中的“治本、治标、思想”三大政策中的治本工作之主要部分。

在锦县建设警备道路和架设警备电话的直接目的，是为了封锁在当时以锦县为中心而继续进行英勇斗争的抗日爱国者——平东赵荣久军、抗日义勇军谢朝品军；在义县地区活动着的仁义军和在从盘山县境到渤海方面活动着的海侠等的正义反抗。

县治安维持会副委员长、参事官上杉益喜（后来是解良武雄）和主席警务指导官冈本三代治（县治安维持会常任干事）等协商之后，制订了“治本工作三年计划”并命令我落实。按照这个计划，头一年先从县城到各警察署的所在地，第二年往警察署到警察分驻所的所在地，第三年从边境（县境）到海岸，而后再与邻县互相连接。采取了材料和人工全部都由当地负担、县当局一文也不拿的方针。

这条警备道路宽六米，在道路两侧各接有一米的水沟，路面较两侧的耕地为高，形成馒头形的倾斜，在路面不好的地方铺上大块碎石和小石子，这是需要很大的经费和劳力的。桥梁由木桥或用花岗石来架设，是能通过装载三吨以内货物的卡车的桥梁。

我把这个计划交给村长和警察署长，让他们负起全部责任。我整天在县内巡视着，督促这一工程，不管是农忙期也好，雨天也好，每天强制几百几千的男女农民来建筑，甚至对忍受着饥饿痛苦的农民也不放过。

在自石山站（前奉山线）至右屯卫（也称中屯卫）间的十八公里多的道路附近，是连一小块石头也没有的平原，从各屯分配给农民们一户要负担铺几十米石子的任务，于是农民就不能耕种，不得不走到五六十里以外很远的山里去采石头，把石头碎成小块儿再运回来，在所担任的道路上铺好。一九三四年锦县一带最初受到旱灾以后又遭到水灾，发生了严重的饥荒，因而右屯卫附近的柳树叶全被摘来当作粮食，摘野草吃的人布满了野外。面带菜色营养不良的农民们，疲惫不堪地在修着道路。靠近义县的葛玉牌及余石屯的两个警察署连老年人和妇女都驱赶来，让他们像在地狱里受折磨那样在道路上铺着石头。我从那些人旁边坐着卡车飞奔过来，怒斥他们说：“一会儿松井守备队长就要来了，快些干完！”我仅是为了能受到松井守备队长的夸奖，就给广大的农民苦上加苦。

在建造海岸线和边境道路的第三期计划时，我严命在地形许可的范围内尽量要做一直线的道路。因此不问是谁的土地，即使是仅有一亩地的贫农的土地也好，毫不顾忌，无偿地都拿来用作建造道路了。从西海口起经过山神庙、大凌河河口、右屯卫到盘山县月牙河附近的长达四十公里、宽有六米的大道路，乃是农民们根本不需要的道路，我不仅把它建造起来，并且还整天地督促补修。我曾在视察这一路线的最后一段——右屯卫至月牙河的道路时，发现道路为了避免一个被树林所围绕的坟地而转了个弯。于是我就把坟主叫来严命他把坟地迁到村里的公有地去，并威吓他说，如果不听从命令，就当作反满抗日分子来逮捕。这个农民气得嘴唇颤动，瞪起眼睛来看我，但他想到如果不这样办就要祸及家属，所以好不容易才抑制住心中怒火，一句话也没说就走了。

我在锦县如上述那样，在三年的期间犯下了：建造约二百六十八公里的警备道路，奴役人工三万七千九百人次，征用车马三千一百五十辆的重大罪行。但是我从事警备道路建造的罪行远不止于此，以后在密山县、依兰县也犯下了与此完全相同的罪行。

我之前一直认为只有杀害民众才是犯罪，但是现在我在反省修筑这些警备道路的罪行时，深刻感到我在东北的一举一动都是给中国民众带来深重灾难和痛苦的罪行。

掠夺民间武器的罪行

在锦县掠夺枪械的罪行

伪满洲国锦州省锦县警务指导官　引地章

一九三三年十月二十日，我由关东军的警察官被任命为伪满洲国的警务指导官到锦县上任。当时，正赶上县参事官上杉益喜和主席警务指导官冈本三代治两个人，和驻扎在锦州的独立守备队队长松井大久郎大佐、日本宪兵队队长萩条宽造中佐等人在锦县治安维持会的房间里，商讨着如何来掠夺民间枪械的问题。

我从到任的第二天起，以委员的资格参加这一会议，商讨了这个问题进行的办法。回收民间枪械的问题是关东军所指示的《治安肃正要纲》中三大政策之一——治本工作中最重要的一个实施项目。我们想要尽早地掠夺民间枪械，以便能够更平稳更狡猾地来榨取中国人民，这是我们最费脑筋的地方。

到了一九三四年初，我们就以县治安维持会委员长——县长冯广民的名义，向全县人民布告说：

“持有枪械的人要迅速报告领取许可证，在发现无许可证而持有枪械时，当处以严罚。”

并且还附有以保甲单位来负连坐罪的责任问题。这个布告发布后，县参事官上杉益喜即动员县协和会开始进行所谓枪械登记的欺骗宣传。在进行登记工作时，警察官有时放空枪来威吓人民。结果得到了步枪一千五百支、手枪八百支和洋炮四十七支的登记数字。伪满洲国县政府对于登记的人给以四份证明书（省、县、署、本人），随时由警察官进行检查而严加监视。这是为了让民众不堪骚扰而自动交出的一种狡猾的阴谋。

继而在一九三四年十二月下了多次的命令："枪械在每一个村作为自卫团用许可有二十支，财产有十万元以上的人可以有一支，此外全部没收。"于是，将以前发给许可证的枪械全部给掠夺了。帝国主义者的政策总是这样阴险、骗人，而这也是从县参事官、警务指导官的思想本质上产生出来的，并且连自卫团用的枪械到了一九三五年秋也全部加以掠夺了。

在此以后又把重点放在掠夺隐藏的枪械方面。我大声喊叫着说："现在还不算晚，只要能报名，就免予处分。"从而掠夺了步枪、手枪共五十支。

我们就是使用了这样欺骗的手段来封锁中国人民的爱国活动，把东北控制成一个能够很容易从这里搜刮租税和掠夺粮食的地方。

在肇州县掠夺枪械的罪行

伪满洲国滨江省肇州县副县长　岛村三郎

所谓掠夺民间枪械工作，是从中国人民手中没收其反抗日本侵略军的武器，用以巩固侵略统治的一种最狡猾的工作，也是治安维持会自成立之日起即大力实行的工作之一。

治安维持会命令警务机关对于掠夺来的一支枪械最多给五元程度的代价，用这点儿连车钱都不够的钱，在表面上作为收买来欺骗人。农民们就是把步枪拿到县公署里去，当天也只是收下那支枪，这个枪要送交中央的治安部，在这里经过漫长的评定后才能把钱寄来，本人要收到这个钱最少要半年以上的时间。仅仅为了要领五元或者三元钱，农民要走很远的路到县公署来，住在街上的旅馆还要花费十元、十五元的住宿费。这就是“收买”的真实写照。

抱有烈火般反抗心情的中国人民，并不受这一张布告的欺骗，所以掠夺枪械工作总是徒劳，做不到彻底。各种的枪械（主要是步枪、手枪）有的被抹在墙壁里，有的被用油纸包上埋在地里，准备着有朝一日起来反抗时使用。

我在一九四一年一月被任命为肇州县的副县长。该县这时正处在徐泽民（曾任肇州县永乐街的商务会会长）支队长领导六百名爱国者开展武装抗日运动，所以我到任后即督促县里的特务逮捕地下的爱国者，搜查与这些爱国者有关联的爱国者，将肇州县变成了名副其实的活地狱。我们不但进行了这样的正面攻击，还想狡猾地再来一次回收民间枪械的工作。但是这个县里的警察官们认为：从伪满洲国建立起，已经干过不止几十次的掠夺民间枪械工作，并且由于这次的运动，所有的隐藏武器差不多都被爱国军拿走，恐怕连一支也不会剩下吧？我用了这些并不真心想干的警察官去做这件事，所以这一工作完全是徒劳，连一支枪械也没有回收到手。

我有些着急了，竟然不顾警察官们的反对坚决要干。在八月的某一天，协和会事务长，姓柳的朝鲜人来到我的办公室。他说：“民间的枪械似乎是相当多的，但是因为害怕一旦拿来就会被当作反满抗日分子而受到严厉处分，所以农民们才迟疑不交啊！”他接着又说：“但是，另一方面，农民们现在如果被发现持有枪械那可了不得，所以他们也在为此担忧呢。”我当即决定，要让协和会去做这个掠夺枪械的工作。我和他约定：对于拿枪来的人当即给他十元钱和县长的奖状。此后过了几天，柳事务长东奔西走，用威胁利诱的手段终于使一个农民把一支步枪拿到我的面前来。我和董县长大为高兴，当即按照诺言给了十元钱和奖状，并欺骗他说：“要告诉你的亲戚和朋友，叫他们也拿来。”

在此以后，就收回了约一千两百支的步枪、洋炮和手枪。但是这些步枪、手枪都有某一个地方受到破坏，连一支能使用的枪也没有，所以这不过是等于收回废铁一样。这也证明了爱祖国的农民直至最后也不愿把武器提供给日本鬼子，这也表现了他们对日本帝国主义的反抗意志。

我就是这样用最狡猾的手段，拿从农民们那里掠夺的血税来当作我所给予的奖金，更从反面威胁“隐藏的人处以死刑”，而掠夺了中国民众的抗日武器。

关于禁止栽培高秆作物的罪行

伪满洲国滨江省肇州县副县长　岛村三郎

禁止栽培高秆作物，是在警备道路和铁路两侧一定的距离内禁止栽培如高粱、苞米等高秆作物。这主要是为了保护这一专用道路的日本帝国主义的生命线而由治安维持会所命令的。因而使中国人民不能种自己所愿意种的作物，而中国所特有的最好的轮作制也不能够实行了。

我任旗参事官或副县长时，受治安维持会的命令，在郭尔罗斯前旗、奈曼旗、阿鲁科尔沁旗、白城县、肇州县五个县、旗，对于栽培高秆作物的人加以残酷的镇压。

我在五月间，曾第一次派遣警察官到当地进行取缔，如有靠近道路种苞米的即加以禁止，而换以别的作物。到了七月间，我又派人做了第二次调查，在发现有违反禁令的人时，则将其作物全部割去。农民辛辛苦苦种的当年的庄稼，一下子就全完了。

特别是在肇州县时，对于自肇州到肇东车站去的公共汽车道路，我更加严厉地执行。这是由于我经常要到省公署和中央政府方面去出差，害怕有爱国者从高粱地中来狙击我。此外，中央政府或者省方面有长官来时，能够使他们的生命不受威胁，好让他们看到我干得不错而说“岛村能把中国人民镇压得这样彻底”，借此来保证我的升官发财。

就是这样为了我自身的利益，在广大的地域禁止农民栽培高秆作物，我真是一个没有一点儿良心的坏人！

供述五　侵略热河的罪行

伪满洲国热河省总务厅文书科科长　今吉均

由于美、英的暗中承认和蒋介石的放弃抗战而得意忘形的日本侵略军，在掠夺了辽宁省、吉林省、黑龙江省——东北三省以后，暂时养精蓄锐，到了一九三三年，就按照原计划，为获得来自鸦片的庞大利润，无任何理由地开始了侵略热河。

军事行动

自一九三二年末已在准备集结兵力的日本侵略军，在一九三三年三月一日开始了侵略热河的行动。以坂本政右卫门中将为师团长、以佐佐木正良大佐为参谋长的第六师团，由通辽直奔赤峰；而茂木谦之助少将所率的骑兵第四旅团，也由通辽向北方迂回进逼赤峰。第八师团采取了自锦州经过北票而向承德的前进路线，师团长为西义一中将，参谋长为久纳诚一大佐。西义一组成了以川原侃少将为队长的川原挺进队，利用这个挺进队来攻取汤玉麟的大本营——承德。更有以服部兵二郎少将所率领的第七师团而组成的混成旅团，自绥中县沿着青龙县和兴隆县而向马兰峪前进。

在不经意中受到日本侵略军千军万马进攻的汤玉麟，遵守蒋介石的不抵抗主义，扔下了热爱祖国的民众，匆匆地逃进关里去了。日本军自开始侵略进攻以来，仅用不足两星期，就占领了热河及周围地区，完全侵占了长城线以北。从此时起，居住在热河的中国人民就开始了他们的痛苦生活。

政治工作班的编制

日本侵略军为了用武力来整理在驱逐汤玉麟政权以后的热河地方和为了接收汤玉麟管辖下的地方政权，成立了“政治工作班”来承担这一任务。因此，首先在新京设立了以伪满洲国总务厅次长坂谷希一为委员长、以中央各部总务司长为委员的“热河处理委员会”，同时又成立了承德班、朝阳班、赤峰班三个政治工作班，随着作战军前进。又在锦州设立了中央的热河处理委员会的办事处，以担任当地与中央的联络。

三个政治工作班的任务是，除设立省公署以外，设立各县公署及其他行政机关也为其主要任务。因此，工作班在侵入当地的同时，要进行各种必要的调查并将此报告给中央，物色当地得力的汉奸作为县长，在其下再网罗一些县干部。我记忆中的政治工作班的编制如下：

锦州办事处处长——古海忠之

承德班班长——中野琥逸

承德班班员——江藤夏雄、庭川辰雄、安藤一郎、
竹内元平、井野野正治等

朝阳班班长——成识直亮

朝阳班班员——岸要五郎等

赤峰班班长——诹访武雄

赤峰班班员——及川三雄等

热河被侵略前后的惨状

由于投入了四万多的大军，用连续的突袭作战，用横冲直撞的行军来夺取重要地点，中国人民所受的损害真不能用言语来形容。当时正值播种期，农民由于战火不仅失去了农耕期，就连种子也全部被侵略军给吃光了。所有的城市都被侵略军掠夺一空，商店全部关门不能再做生意了。不仅如此，以往那一些越过长城线去和华北进行物资交流的人们现在也完全被封锁了，由于缺乏物资，四百五十万热河人民陷入极度的生活困难之中。流民充满了街头和农村，到处都能看到饿死的人。而日本商人乘机拿来高价的商品，获取一攫千金的巨大利润。

在一九三三年一月初，日本侵略军为了准备侵略热河，在各地强制征用马车。从辽宁省铁岭县、开原县、昌图县、梨树县等地方情况来看，每一县被命供出四百到六百辆马车。因为军方差不多不给任何代价的关系，各县农民均用摊派（一辆马车连车带人要受到不少于五百元的摊派）来供出。农民唯一的生产工具——马匹被牵走了，并且还要负担很多的钱，待他们知道这乃是用来帮助侵略自己的民族的时候，他们将要多么愤怒啊！这是不用说就可以知道的。

当时在热河省居住的蒙古人据说有九十万，由于国民党虐待少数民族，当地的蒙古人抱有不满，这一事实也就成为日本侵略军能利用

的良好条件。一九三三年六月，早已着眼于煽动的热河特务机关长松室政孝大佐召集了热河省的蒙古王公会议，宣称日本侵略军将坚决支持蒙古民族。

这件事情到了一九三五年就有了锦热蒙旗的成立，在此之前实行县制的热河现在改用了旗制。但是在大部分是“开放地”的汉民族占绝对多数的该地带，要让少数民族占统治地位，这件事情本身就过于勉强。以后这两个民族的对立，由于日本人的煽动而更加剧烈了。

对地方政权的强夺

随着军事行动告一段落，政治工作班的犯罪就开始了。政治工作班盘踞在承德、赤峰、朝阳，分热河省为三部分，以军事力量为背景，在各县设立治安维持会，进行战后对人民反抗的镇压工作。一九三三年五月二十五日，设立了伪满洲国热河省公署，以管辖热河省全部地域。同时赤峰、朝阳两个政治工作班也各改组为办事处，以担任县和省之间的联络。到了一九三四年十一月的最后一天，这个办事处制度也被取消了。

热河作战结束后，参事官所去的各县，只有承德、滦平、赤峰、朝阳、凌源、平泉。一九三三年十一月，因为大同学院第二期学生毕业，所以把他们很多的人送到这里来，在所有的县都配置了参事官。这些参事官们领导警察队，配合日本侵略军，对爱国者进行了血腥的镇压。在热河省所进行的镇压，因为人民反抗得激烈，所以镇压得也非常激烈。有很多的爱国者遭到日本军的残酷杀害，现在也没法儿找到这些材料，真是感到遗憾。当时的参事官，现在我能记得住的如下：

承德县参事官——近谷某

滦平县参事官——植田某

丰宁县参事官——尾田定显

隆化县参事官——川本定雄

青龙县参事官——津津见政俊

兴隆县参事官——增田进

平原县参事官——广濑洿

凌源县参事官——五岛德二郎

朝阳县参事官——水上健次

凌南县参事官——加藤任甲丸

建平县参事官——国泽健二郎

赤峰县参事官——名字忘记了

就这样，在整顿一般行政机关的同时，还设立了特殊行政机关——税务监督署、税关、专卖署等，而命令井野野正治、安藤一郎、竹内元平各负其责，开始了对中国人民的残酷掠夺。

供述六　移殖开拓团的罪行

开拓政策及其本质

伪满洲国总务厅次长　古海忠之

和鸦片政策并行的开拓政策，是在伪满洲国成立后，日本即时准备并开始着手的一个利用日本农民侵略东北的政策。在日本很早以前，尤其是在领导者阶层（统治阶级）中间，根深蒂固地存在着一种想法：日本国土狭小而人口过多，如果不向国外发展获得生存的空间，日本民族是不可能生存的。

这个日本民族生存的问题，在贪婪的帝国主义者们看来，除了用获得殖民地的方法，掠夺一定的土地而向那里移民以外，是不会有别的出路的。不过也有例外的事情，如向巴西移民的办法。这个巴西本是美帝国主义的殖民地，由于这里人口过于稀少，不能达到美国垄断资本所要获得的利润，所以不得已才欢迎日本移民去开发。但是这并没有持续多久，在美国感到日本帝国主义的势力带有危险性时，立刻就中断了日本向巴西的移民。所以日本帝国主义的巴西移民最终落得两手空空一无所得，以后也不想去仰美帝的鼻息了。

日本帝国主义最为关心的事情，就是所谓“满蒙移民”，在田中奏折以前已被提倡，以后更变为强烈的要求。但是由于被中国人民的强烈抵抗所阻止，因而长期未能得逞。

自大正末年（一九二〇年间），日本青年间流行着一首蔑视中国民众、狂热向中国满蒙发展、带有统治阶级毒辣阴谋的歌曲：“在狭小的日本已经住够了，友邦那里四亿的人们在等待着我们。”这就是统治者们驱使青年的心走向侵略中国的表现。在这样的时期里，关东军制造了九一八事变，而强夺了东北的广大土地，统治阶级的阴谋终于实现了。日本统治阶级的忠实走狗——积极主张开拓的人和拓务省的官僚们，认为不可错过这个好机会，和与自己是一丘之貉的军部勾结，准备向东北送出日本开拓团。

对于向东北移民的问题，被宣传为“为了国家”“为了日本民族”，而实际上是与日本军部的侵略苏联计划（在对苏作战时，要把日本侵略军的后方基地置于东北内部的意图）有关联的。所以在一九三二年末，由日本送来了第一批开拓团五百名成员，把他们移殖在关东军亲自用武力夺来的佳木斯周围。完全武装起来的所谓第一批武装移民团，由于受到中国爱国者（抗日联军）及当地居民的反抗，费了约三个月的时间才移殖进来，即使在移殖以后也时常发生战斗，好不容易才占据了北满的耕地。

关东军接着就命令第八师团（驻扎在佳木斯）帮日本移民掠夺土地，用刺刀逼迫着以极低的价格夺取了北满一带的土地。愤恨这一残暴行为的农民终于拿起武器起来反抗，以谢文东为首的农民义勇军头一个拿饭塚联队长开了刀，掀起了有名的土龙山事件。但是日本军并不吸取这一教训，于该年年中又将第二批武装移民团移殖到佳木斯周围地区。

第一批和第二批移民团清楚地说明了在东北的日本移民政策的本质，在以民族协和为招牌的伪满洲国，却用刺刀来夺取农民比自己生命还要贵重的土地，并且开拓团自身也武装起来，用枪口逼着中国农民实施入侵。这些事实说明什么问题呢？这一移民的目的，不是为了帮助东北农业的发展、增加生产，而是为了给关东军在侵略苏联时建立后方据点，这真是荒谬绝伦的事情。

钱是一时的，而土地是永久的，把农民费了多年的心血、通过耕种养肥了的土地用一文不值的价钱强夺过来，把农民从多年住惯了的故乡驱逐出去变成流浪者。对于这些被从土地上赶走的农民将来要遭到怎样的不幸，对所有这一切都漠不关心，这样的态度能说是“日满一德一心”或是“民族协和”吗？

日本缺少土地呀！关东军为了侵略苏联必须有一个巩固的后方据点呀！这就是日本帝国主义所认为的必要的而又充足的理由，这就是日本帝国主义的本质——魔鬼的真正面目。这个本质，与以后在东北不断扩张的开拓政策看来是一以贯之的。

当时，被称为所谓“开拓移民的活神仙”的侵略主义者加藤完治，他所主持的“内原训练所”是为了准备对满洲进行开拓，而在这里实施一年周期的“兵农训练”。自一九三七年起，与“成年移民”同时录用的“青少年移民”，即所谓青少年义勇队制度，是在义勇队训练的，用军队编制，实施三年时间的兵农训练。决定日本移民的移殖地，直至最后，都是属于关东军的重要的专管事项。日本移民以集团移民为原则，更采用“二人一枪主义”的武装移民的原则。日本的移民用地，从日本移民自身的经济理由上制定了开拓农场法，实行分散以防止中国农民的复归。这一连串的事实，清楚地证实了想把东北完全当作日本民族的私有物，所谓“五族协和”只是表面上的欺骗政策而已。

以后的日本武装移民团，按照日本政府的计划接连不断地移殖到东北。由于土龙山事件而感到棘手的关东军，在收买（掠夺）移民用地上，从表面上撤出手来，而把这件坏事交给伪满洲国机关来干。到了一九三六年，由于伪满洲国的基础逐渐稳固，印制统一，财政也上了轨道，治安基本稳定，进行侵略的阵势已布置好，所以不失时机地转入进行积极的侵略政策。

这时，日益法西斯化的日本爆发了二二六事件。负有整顿日本国内形势使命而成立的广田内阁想把人民的注意力引向国外，以掩盖其劳资间的矛盾，其手段之一即是着重于对东北的开拓事业，而这也是该内阁的重要国策之一。于是在八月的阁议上通过了“日本向满洲二十年移殖百万户的计划”。根据该计划，在当时日本五六十万户农户中，约占百分之二十五的土地不满五反步的贫农中的约百分之六十被送往东北，在二十年后将有五百万人，即二十年后的日本移民人数将占满洲总人口约百分之十，其主要的耕地为约一千万町步。此外，主要的荒地等约一千万町步（日本移民用地，原则上规定：每一户耕地十町步，荒地等十町步），是要以日本移民来占据共计两千万町步土地的庞大侵略计划。①

这件事情意味着将东北作为在大陆上完全的侵略据点和跳板，不仅是针对苏联，也是用作对中国以及亚洲各地的侵略基地。同时应对日本国内方面谋求巩固资产阶级的政治，将贫农在东北提升至地主和富农的地位，把他们编入本阶级的势力里来，用以担任侵略大陆的角色。

伪满洲国政府配合着日本内阁的这一决定，将“日本向满洲二十

---

① 本段提及的“反步”“町步”以及后文提及的“坪”均为日本土地面积计量单位，其中“坪”最常用。1 坪 = 3. 30579 平方米，1 亩 = 30 坪，1 反步 = 10 亩 = 300 坪，1 町步 = 10 反步。——编者注

年移民百万户的计划”作为伪满洲国政府的重要国策，在国务院会议上决定落实，以后该计划成为满洲开拓事业的根本方针。所有一切的施行方案，都是以此为基础而进行。作为第一期实行计划，于该年制订了第一批开拓五年计划并加以落实，要在五年期间内移殖十万户的计划，开拓团所需要的经费在原则上归日本和伪满洲国来对半负担。

获取移民用地，在当初（一九三六年）是由设立的满洲拓殖会社来承担，并用它的资金储备作为掠夺土地之用，但自一九三八年起，伪满洲国同意将这一负担由自己来承担。为了在尽可能的范围内减轻日本移民的负担，仍按以往那样坚持用低廉价格来夺取耕地的方针。

为了进行这一庞大的侵略工作，伪满洲国新设了开拓总局开拓事业特别会计，在财政所许可的范围内，决定采用在最快的期间内用最低廉的价格来夺取移民用地的方针。并指示：在获得移民用地时，根据“开拓荒地主义”，原则上对于熟地不进行掠夺，如在不得已而要加以掠夺时一定要给以交换土地。

为了减少由于掠夺熟地而带来的农民和其他民众的反抗，这种欺骗宣传是绝对必要的。首先，相对于两千几百万町步的开拓用地总面积，伪满洲国的耕地面积仅有一千八百万町步。姑且不谈其他的问题，光就这一点而言就不合逻辑。在收买这样庞大的土地时却说不去掠夺熟地，那是绝对不可能的，更何况这是用来作为关东军的后方据点的最重要地区呢！这当然要受到一定地域的限制。因而对于熟地的交换，不能再给熟地这件事情是当然的，用来交换的土地也只是些剩下的湿地或是沙荒地。

所以在此以后，一直是在毫不客气地夺取中国农民的熟地。不仅如此，就连那乍一看好像不错的开发荒地方针也带来了新的不幸，也就是说它是对中国农民的另一种侵略行为。为了得到大规模的耕地，这也是非要夺取熟地不可的。这件事情从一九四二年再次以长官名义下了不收买熟地的命令来看，就清楚地说明了这一点。

在这里所需要的巨大劳力，也是靠彻底榨取当地农民和其他人民的劳动力来完成的。在劳动条件和环境恶劣的当地状况下，给予农民和其他劳工的身体以极大的危害，甚至夺去他们的生命。这也是为了挽救在太平洋战争中日本粮食缺乏而计划的“紧急开拓耕地工作”的内容：将约二十五万町步的水田和旱田在两年内建成，在这里所生产的粮食全部送往日本。这里所使用的劳力总人数有一千万人，而这些人主要是各县所提供的劳工及勤劳奉公队，本质上就是由强制劳动的人来充当，通过役使而赶快完成的。

这些事情当然是在作为日本移民用地而收买的土地范围内来计划的。在这样的情况下，作为移民用地为伪满洲国政府所掠夺的总面积至“八一五战败”为止，已达到二千六百万町步的庞大数字；直接为日本移民所用的经费约三亿五千万元；收买（掠夺）土地所用的资金约五亿元，共计不少于八亿五千万元。

就这样用牺牲东北人民而榨取来的财政支出，实现了用日本移民来侵略满洲的政策。被日本移民政策的暴力所压迫蹂躏的几十万中国农民，他们遭到难以形容的灾难，怀有永世不忘的对日本帝国主义的憎恨。他们的土地被掠夺、生活被破坏，不得不流浪他乡。一想到这些，更觉得日本帝国主义的开拓工作真是罪孽深重。在日本战败时，很多被统治阶级和军阀欺骗而来满洲的日本移民丧失了生命或是破了产，这些更加深了开拓罪恶的严重性。

收买开拓用地

伪满洲国间岛省次长　岐部与平

由于土龙山事件的教训，关东军对于强制收买开拓用地的问题，开始采取了变换手法的方针。因为无条件地收买农民祖先传下来的土地必然要遭到农民强烈的反抗，所以想出了一个富于欺骗性的、容易愚弄淳朴农民的“买回制度”。

所谓“买回制度”乃是指将一个地方的土地一起收买，而将所有权收归官有，至日本开拓团移殖前来为止，这个土地仍和八年前一样归原有者使用，待至决定日本开拓团行将移殖前来时才命令现住地农民退出该地。不立即让土地所有者退出是比较容易被接受的，并且对于退出后所要前去的地方，不但给予和原有土地同样面积的荒地，还给予在同一县内的“买回地”，附带有这样的条件，所以农民就比较容易受骗了。

这种新形式的强制收买，在土龙山事件后，在密山县及虎林县开始实行。在密山县收买了全县耕地面积的八成，约二十万町步。

这个带有买回条件的收买，是伪满洲国最后的也是唯一的全县范围的收买方法。实行收买者是城市建设局副局长结城清太郎。结城清太郎在虎林县也收买了约三万町步的土地。结城在实行收买时，买通了密山县的地主，在密山县城给地主们以宅地等土地，使地主不但不受损害反而能得到利益，先使地主应允了带有买回条件的收买，继而又收买村长、屯长或者加以威胁，使其赞成土地的收买，以后再利用警察官收回全部农民的地照，猝不及防地一下子就把土地没收过来了。

就这样，在密山的土地上，有了第四批、第五批、第六批的十一个开拓团移殖进来了。为了日本开拓民的移殖进入而被命令退出的农民们所得到的“买回地”，是在完达山山脉的山林这样并不能从事耕种的地方，因而以后密山县土地的收买问题经常引起纠纷。

最为讽刺的事情是，尽管结城做了这样凶恶的土地收买的勾当，却在密山县城外建立了歌颂结城清太郎收买土地的颂德纪念碑，这实际是农民对结城仇恨的纪念塔、恶德碑，这个事实唯有中国农民才知道！

关于土龙山事件

伪满洲国吉林省永吉县参事官　三宅秀也

企图用一举两得的办法来解决日本农村人口过剩和加强对苏侵略作战基地建设的开拓政策的首倡者、实行者——关东军，在伪满洲国建立后的一九三二年秋，已计划让日本开拓民移殖进来，将最初的武装移民团集结于哈尔滨，施以移殖的必要训练，同时命令当时驻扎在北满地区的第十师团，使其令师团经理部在伪满洲国三江省直接掠夺开拓用地。

由师团派遣到当地的经理部员到了村公所，以武力为背景命令农民把地照拿来，当场就把农民的地照收走，一垧地仅给一元至二元的价钱加以“收买”，完全夺取了农民的土地所有权。

被掠夺了土地的农民的怨恨，变成了对侵略者激烈的反抗气势而充满全省，犹如充满了瓦斯的地方，一点就着。

在这样激昂的空气中，一九三四年三月，依兰县太平镇区的保长谢文东率领农民掀起了武装抗日斗争，农民的愤怒终于爆发了。参加反对万恶侵略者的正义斗争的农民日益增多，其人数已达三千名，以谢文东为司令，占据了依兰县土龙山地区。

日本侵略军虽然对于这一情况表现出了狼狈，但是轻侮农民力量的他们，对于全县民众、全省人民甚至全东北人民的“农民起义”是不抱有任何支持与同情的。

驻扎在佳木斯的饭塚联队长因接到讨伐命令，带领手头上的约两个中队，以侦察情况为目的向土龙山前进。早就得到这一情报的谢文东司令在附近农民的支持下，布置好了完全的包围圈，等待着饭塚部队的到来。侵略军终于落入了正义人民的天罗地网中，从四方受到了猛烈的包围攻击，饭塚大佐被打死，讨伐队损失了大半人员后逃回去了。

在此以后，谢文东任抗日联军第三路军第八军军长，活跃于以完达山系为中心的附近地区，直至一九三九年末为日军所欺骗、被诱降为止，他曾在长达五年的时间里领导了抗日斗争。

驻扎在虎林县的开拓团

伪满洲国东安省虎林县副县长　大濑户权次郎

一九三七年移殖到虎林黑嘴子地区的黑嘴子开拓团，得到了县里的援助，自一九四〇年十二月起，在虎林街北方约有五公里的集团部落和气屯附近，开始采伐木材，至一九四一年二月末，采伐了原木约两千根。采伐的劳工都是征用和气屯和其附近两三个村落的农民，我们这些日本人只不过是拿出监督的神气在旁边看着。当时的工资每天应是三元钱，由于县方的斡旋，只定为两元钱。

当时的虎林，仅在虎林街附近就驻扎有战时编制的善通寺第十一师团（师团长为牛岛满中将）和其他说不清的很多部队。木材对于军方和县方都非常需要，有多少要多少，顷刻之间就能卖掉。名目上说是为了建筑开拓团住宅和提供燃料所以才得到许可，其实不过是为了开拓团赚钱。

和气屯的农民们因为开拓团不给工资，怎样交涉也无效果，终于采取了最后的手段：将剩下的一百根木材当作抵押，搬到自己的家里去了。五月九日开拓团从县方接到木材的订货，在第二天命令三个开拓团人员到木材现场去看，但是原来应有的木材现在连影子都看不见了。这三个人认为：“一定是被搬到和气屯去了。”于是就到和气屯去看，果然在每户人家都发现木材被搬来一两根，于是就把靠近和气屯入口处住家的家主叫来，怒骂道：“这里的木材是怎么回事!”家主温和地回答：“因为你们不给工钱，所以把它们保管在这里。”三人接着骂道：“你们随意偷别人的东西，你们这些贼东西!”并且还打起人来，根本不听闻声前来劝解的人说和，竟不分是谁乱打一阵，村民不得已就把这三个人架到村子的栅栏外边去了。

这三个人反而怀恨在心，作了“被很多人殴打，木材也被盗走”的夸大的报告。于是这些素来被军方、县方吹捧成“不要忘掉自己是个骄傲的日本人”的开拓团员们就亢奋起来，认为：“日本人受满人的殴打，哪能袖手旁观!”于是集结了六七十人，有的人还拿着县里发给的枪支，打到和气屯来了。他们毁坏了和气屯六十户人家半数以上的房子，不分妇女、小孩儿，打伤了六七十人。在中国农民不得已为了自卫要把他们赶出去的时候，疯狂的开拓团员竟然开枪打死三名和平农民，并打伤了十名，其中三名受了重伤。

这就是负有给东北传授先进技术、以“指导民族”的资格来发展中国农业为使命的（自己是这样说的）日本开拓团的真正面目，借“五族协和”之名而要奴役其他四个民族的日本侵略者的本质。

开拓团在肇州县的罪行

伪满洲国滨江省肇州县副县长　岛村三郎

肇州县的日本开拓团用地是在县的东北一角，占有两个村的广大面积。在这个地区居住的中国农民，地照已经被满洲拓殖会社给掠夺去了，所以在一九四一年我进入该县的时候，他们已处在不得不去当会社雇农的地步。并且他们连房子带树木所有的一切都被掠夺干净了，处在只要开拓团一进来就要离开这里的不安状态。

满洲拓殖会社的支部设在临县的有车站的安达街，这是因为肇州县一直伸展到靠近安达街，而开拓用地又紧靠着安达街的关系。这个残忍的“地主”——满洲拓殖会社，用现代资本家的经营方式，对于雇农们都是照章办事，且冷酷无情，对此感到很不习惯的农民经常要被逼迫得流泪。

因为原先的旧地主固然榨取雇农很高的地租，但他们是封建的阶级关系，是同一民族的关系，在某种意义上还存有一些人情上的联系。在雇农家里发生不幸的时候，虽然是索取高利但还是肯借钱给他们的。固然这个借款成为雇农以后的痛苦的种子，长久在地主面前抬不起头来，然而总算是能借到钱，可以解救一时的燃眉之急。而满洲拓殖会社对于这种信用借款是绝对不做的，所以雇农们不得已只能去旧地主那里去借钱，但是和雇农已经不发生关系的旧地主，对于自己的前雇农的恳切要求，不是不加理睬就是要收惊人的高利才肯把钱借给他们。

此外，旧地主遇到雇农来缴纳地租时，总是留他住在家里的一个小屋子里招待他喝杯烧酒，即便是有什么遗漏，比如缺少一两斗粮，也只是约定他下次方便时再拿来，不作过苛的要求。满洲拓殖会社方面的地租固然是比较少一些，但是在缴纳地租时因在途中从口袋里漏失了一些粮食以致分量不足时，是不会被接收的。所以农民因为仅仅缺少一两升的粮食，就要走很远的路回去取来。此外，即使在缴纳了地租以后，也不会被请喝杯酒或是能得些给小孩儿带回去的玩具。缴纳地租的人一下子一齐来到这里，因而在当天不能被受理缴纳的时候，他们还要花很多的钱住在街上的旅馆里。

已没落到和雇农同样地位的地主们憎恨着满洲拓殖会社这样的做法，怀恋着以往的雇农们，他们团结在一起，经常与满洲拓殖会社发生冲突。在这样的时候，我们这些副县长总是站在满洲拓殖会社方面而去欺负弱小的农民们。

在我到任的一九四一年，已经有叫“紫”的开拓团——长野出身的开拓团——约一百名移殖者进来，赶走了中国农民而开始了耕种。因为他们刚移殖进来，没有能力耕种自己所拥有土地的全部，所以土地的大部分仍归原住农民来耕种，双方掺杂在一起耕种着，所不同的地方只是开拓团在使用着新式的犁杖。这个开拓团的人员是些比较温驯的青年们，所以和农民之间没有引起多大的纠纷，而到了第二年移殖前来的大阪开拓团就不是这样的情形了。

一九四二年在“紫”开拓团的旁边，有以大阪市失业者组成的特殊开拓团移殖进来了。这个团的人员由根本没有农业经验的人组成，团长据说曾是大阪的一个玻璃工厂主，由于破产而当了团长，是个一点儿亏也不吃的大阪人，软硬不吃的一个家伙。

在这个开拓团移殖来之前，我所犯的罪行首先是为了准备他们的住宅而把农民的房子给掠夺过来，把中国农民们辛辛苦苦建起来、长年住惯了的房子只用一道命令就给掠夺了；其次就是掠夺土地，对于一部分人曾给以湿地、砂地作为补偿，但是很多人因为那里是不毛之地不愿意去，导致一家离散变成了流浪人。我说：“像这样不听从县方的话的人，谁来管他！”于是就根本也不过问他们的事情了。不仅如此，我总是在严厉地督促着日系开拓股长，叫他把农民们赶快赶走。我对于肇州县内的日本人的增多感到非常高兴，在开拓团长或是团的干部前来的时候，我用从中国农民那里榨取来的血税大开宴会，喝得酩酊大醉。

移民们在进来的头一年，是不能耕种很多土地的，我就把县里苗圃的树苗无偿地给予他们，还给予改良的种子，像对自己的孩子那样来照顾他们，但是我对于中国农民却只是把他们当作牛马来奴役，叫他们拿出更多的粮食、更多的血税。

这个开拓团总是内部产生摩擦，干部相互之间闹不团结，由于这个原因，对于中国人也总是采取粗暴的态度，或者以无理的难题来欺侮中国人。我对于这样的事情，只要日本人不受到损害，我就装作没听见，不闻不问。

供述七　对蒙旗的政策

伪满洲国兴安西省阿鲁科尔沁旗参事官　岛村三郎

伪满洲国热河省赤峰县参事官　坂田义政

日本帝国主义在伪满洲国最露骨的侵略性民族政策，是对蒙旗的特殊行政。这个政策来源于日本帝国主义的侵略野心，因为蒙古民族的分布范围极为广大，远达新疆，想利用它来征服亚洲的屋脊借以君临世界。九一八事变当时的情况是：

1. 蒙古民族一直因土地问题（旗地开放的问题）与汉民族对立。当时的官僚军阀（如洮南的张海鹏）乘蒙古民族经济实力减弱之机自己想成为大地主（张海鹏在开通、洮南、白城一带拥有一望无边的土地），大力开放旗地（张海鹏是以屯垦军的形式来进行的），迫使蒙古族成为汉民族的农奴（在郭尔罗斯后旗和其他地方，由叫“揽头”的大地主经管着）从事开垦。被夺去了土地的蒙古民族，对此抱有极大的反感。

2. 对于这样的蒙古民族，使其抱有民族独立的幻想，欺骗以要把他们从汉民族的压迫下解放出来而使其配合日本帝国主义，这是实现自己侵略野心的最良好的条件。

3. 通过游牧生活被大自然力量所锻炼出来的蒙古民族擅长骑马，用同是“通古斯民族”① 的欺骗方法容易加以利用，并且从他们民族性格的彪悍和其分布地域的广大上来说其利用价值是极大的。

4. 除上述各条件之外，由于蒙古民族的生活方式比较单纯，通过喇嘛工作、保全旗地工作等，既简单而又经济地就可能收揽蒙古民心。

因而，在兴安蒙古颁布旗制，在长春设蒙政部（后改为兴安局）实行特殊行政。现将这一特殊行政的内容和旗参事官所犯的罪行陈述如下：

土地政策

蒙古经济的主要部分是游牧经济，农业基本没有发展起来，对于土地的私有观念也还没有产生。这个带有浓厚奴隶制社会性质的蒙古阶级社会，为先进社会制度（中国封建社会的上层建筑）所凌驾，成为一小撮的贵族——旗长（贾萨克）、协理、梅伦、喇嘛僧所统治的社会。而蒙古的土地，则是以旗为单位的旗人全体所有制。

对于蒙古，自清朝末期起，即开始了汉民族的“侵垦”。最初，是由于蒙古王公为了在北京过奢侈的生活，所以不顾清朝的严厉禁令，秘密地把汉民族的雇农引进蒙古，而从中吸取蒙租（即地租），是这样开始起来的。以后由于官僚军阀想独占这里的庞大土地，遂强制蒙旗开放了土地。

经济力量薄弱的蒙古民族，自己的土地由于被汉民族雇农进来耕

① 即通古斯人，是发源于贝加尔湖附近的一个古老的民族共同体。——编者注

种，遂逐渐被压迫到后方，其中也有失去了旗地的大部分的地方（锦州、热河省的蒙旗——以下简称锦热蒙旗），蒙古人民的生活就相当困苦了。从这个土地开放当中获得巨利的，是蒙古的王公贵族，是成了大地主的官僚军阀。然而蒙古的王公为了隐瞒自己的罪行，就大力在蒙古人民中间散布汉民族的坏话，用以逃避旗人对自己的反感。所以蒙古民族不知道这是官僚军阀和王公贵族们所玩弄的手段，而只知道一意地去憎恨汉民族。

关东军早在九一八事变的很早以前，就通过以郑家屯为中心进行蒙古民族工作的菊竹宝藏，给予蒙古民族以独立的空头支票并煽动其对汉民族的复仇心。诱使蒙古民族经过哲里木盟及照乌达盟的盟长会议决议，采取配合建立并参加伪满洲国的形式，而蒙古民族也是有着希望独立的自觉的。

当了第一任蒙政部次长的菊竹，就赶快颁发了敕令第十六号的“保全旗地条令”，到现在为止已被开放了的土地已是无法挽回，而今后绝对不再开放旗地。因而使汉民族绝对不能再“侵垦”未开放地，用以博取蒙古民族的欢心。

历任的蒙旗参事官中“蒙古通”是很多的。菊竹的思想意识抓住了所有侵略蒙古的参事官心理，成为感情上的反汉民族的意识。我从大同学院毕业后，即入蒙政部而出现在旗行政的方面，我也是“蒙古通”之一，实行了露骨的反汉民族的民族政策而犯下了罪行。

我在阿鲁科尔沁旗时，于一九三七年曾将进入未开放地耕种的开鲁县农民，以其违反“保全旗地条令”加以逮捕，在进行刑讯之后把他们驱逐了。更由于情形复杂，对于后来成为蒙古人的私用雇农而进来耕种的人课以重税，并且在三年后加以驱逐。因为我的关系而受苦难的农民已达数百名。我就这样无情地把中国农民往丧失土地和失业的死亡绝境里赶。

在各旗的参事官也都和我同样干了丝毫没有人性的事情，盲目地认为这是“善政”，在那里洋洋自得。这也是“牧民官的仁政”的荒谬绝顶的内容之一。

喇嘛工作

喇嘛工作是在一九三五年我在内务科任职时，受到当时奈曼旗参事官、现任日本内阁官房长官根本龙太郎的命令，而在奈曼旗初次实行的。并且这个计划的构想，完全是从根本的头脑中产生出来的。我在第二年转任阿鲁科尔沁旗代理参事官时，也效仿了奈曼旗的根本做法，组织了阿鲁科尔沁旗喇嘛委员会，以汉庙的大喇嘛为委员会，使其担任参事官工作的一部分。以后又把它发展成兴安西省全体的喇嘛委员会，最后更发展成全兴安省蒙古民族的委员会。

这个伪满洲国喇嘛委员会的委员长，乃是当时被蒙古民族所最尊敬的阿鲁科尔沁旗汉庙的察罕达尔汗，他在清朝时代是察哈尔以东的喇嘛僧的副总监。

这些喇嘛工作的目的，是由于考虑到蒙古民族最信仰喇嘛教，差不多到了绝对信赖的程度，所以对喇嘛僧进行工作，使其与日本帝国主义结合，用以怀柔蒙古民族而加强对他们的榨取，是彻头彻尾带有欺骗性的工作。在以后的实际工作中，虽未能充分达到所预期的效果，但是以此组织的本身来说，用来欺骗信仰喇嘛教最深的蒙古民族，也是起了相当作用的。我现在要说这个工作并没有获得所预期效果的理由，是由于日系参事官原来对于喇嘛教的教义丝毫不曾理解，所以没有能力加以积极利用从而扩大自己的罪行。

废止蒙租和设立蒙民祐生会

在蒙旗的开放地，存在着以往被称作蒙租权的特殊的蒙旗征租权。所谓蒙租权，乃是蒙旗有征收国税六成的权利，开放地的农民要把国税交纳给“县公署”和蒙旗所设的蒙租局这两个地方。蒙古的王公们把这个钱并不是作为行政费来使用，而是把它完全作为私有供他们自己奢侈生活的费用，这和一般封建社会的习惯相同，在此不用多说了。

原来所谓蒙旗开放的这件事情，并不是所有权的开放而是使用收益权的开放。所谓租，是地租的意思（封建社会的概念）。并且在开放地中，尚留有如湖泊、道路、湿地、森林、沙漠、河川等的未开放地。蒙旗的行政权，不仅能够在这里行使，并且对于当作未开放地以维持蒙古人生活的开放地内的蒙古人部落及喇嘛庙的土地，也依照封建阶级社会的概念，对于这些蒙古人的统治权，也是一种“属人政治”①，当作蒙旗的居民来进行管理的。

一九三五年，当时的长春县以及农安、九台、德惠、乾安等，皆为吉林省郭尔罗斯前旗的开放地。在长春的日本建筑包工头们，为采到长春城市建设所需要的伊通河的砂子，也必须得到郭尔罗斯王齐默特色木丕勒的许可。在我任郭尔罗斯前旗属官而做坏事的时候，旗的蒙租收入约有一百二十万元，而对于郭尔罗斯旗的租税则是一文钱也没拿到。

作为没有开放地的县的参事官，对于这种情况是不愉快的，其他县（旗）的行政机关到自己的县里来征税，蒙旗的“属人政治”延伸

① 与“属地政治”相对的名称，是指对少数民族的特殊政治。——编者注

到自己的县里来，对于不受县行政管辖的居民住在自己县里的这件事情，在没有资本主义现代行政经验的日系参事官来说是不能谅解而且感到生气的。于是这些开放地（主要是长春、农安、九台、德惠、乾安、怀德、梨树、大赉、泰来、镇东、彰武等各县以及兴安省内的林西、开鲁、通辽、醴泉各县）的副县长们掀起了强烈的反对运动，在一九三八年终于使中央政府接受了这些副县长的要求而废止了蒙租。

我当时任兴安西省的特务科科长，正埋头于对中国爱国者的镇压工作，得到这个消息后吃了一惊，于是号召蒙旗参事官，并与兴安局的竹村参事官联络，虽作了强烈的反对，但是我们的意见最终没被采纳。

蒙租被废止以后，一方面增加了对蒙旗的行政补助费，使政府对蒙民支出了约五百万元（欠准确）的资金，以此为基础而设立了蒙民祐生会。这个会是以对蒙民进行欺骗教育为基础任务的，其本部设在王爷庙。

掠取租税

以游牧经济为主体的蒙旗由于人口少因而税收来源也少。所以有很多的旗，在开支了人事费（庞大的警察人事费）以后，就连一点儿剩余也没有了。于是旗的参事官一再苦心思索怎样才能有效地掠取旗民的租税，做出显著的成绩来讨好上级。最初被发现的就是蒙古人所拥有的家畜，对此课以很高的家畜税从而搜刮财富。

其次发现的就是地租，旗地（未开放地）的蒙古人务农者极少，只有极少的人在做着“漫撒子”的原始耕种方法。所谓“漫撒子”耕种方法，乃是挑选草色长得好的草原，从外侧一圈一圈像旋涡形那样来种，之后也不加以整理，并且只撒播谷子（除此以外别的不种）。他们此后既不除草，也不牛耕，就将庄稼扔在那里，到了秋天就摘取谷穗作为收获。他们之所以不割谷草，据说是如果露出地皮，到了春初大风的时候，地就有变成沙漠的危险。

之所以采取这样的耕种方法，是因为旗地是全体旗民所有的关系，只要是个旗人，无论在何时何地，都可随意耕种，因而他们的农业是没有一定的土地限制的。他们也不做任何施肥，大概耕种了三年以后就移到另一个地方去。所以测量他们的土地面积而加以课税，是一件麻烦的事情，也是相当困难的。

于是，我们就对他们的犁杖加以课税。将犁杖区分为大、中、小三种，使其缴纳大垄犁杖二十元、中垄犁杖十五元、小垄犁杖十元的税款。对于外旗人（不是本旗人的蒙古人），则征收加倍的税款。

只要他们持有犁杖，不管他本人在这年是否耕种，是否马已死掉，是否减少了耕种面积，是否犁杖已卖掉，只要没有在旗公署登记都要被课以犁捐。

我们参事官就是这样被蒙古人民的膏血所养肥，骑在他们的头上而摆出“指导者”的面孔。这就是旗参事官在“牧民官”假面具之后的真魔鬼本质。

蒙盐的专卖

在兴安西省一带，一直从乌珠穆沁蒙古的达布索诺尔（盐湖）输进蒙盐。这个叫达布索诺尔的地方，在咫尺之间就能看到外蒙古。从地下涌出来的浓度极高的盐水，一遇到空气，由于温度和压力的变化，就有一部分盐分沉淀湖底，每年会积下约三寸厚的盐层。蒙古人民就在夏天采取这里的盐，装在手推车（轮是木制的车）上，多辆车一列地由骆驼拉着，越过兴安岭而南下，去到汉民族部落交换小米。所以吃这里的盐长大的蒙古人，总说海盐苦，不喜欢吃。

自伪满洲国建立之初，即将吉黑榷运所的专卖制度适用于全东北而获取巨利。但是不会运用现代资本主义行政制度来榨取人民的日本侵略者，竟认为只把蒙盐作为例外放在《专卖法》之外是不合理的，于是自一九三六年（月份记不明确）就把蒙盐也置于专卖之内了。

因而乌珠穆沁蒙古的人们，以前是用一车盐和一车小米作等价交换，而现在用卖给专卖署的钱来买小米，需要三车盐才能买到一车小米。另一方面兴安蒙古的蒙古人也是要卖了小米到专卖署去买盐，这样一来比以前得的盐要少（我现在对于这一比较数字记忆不清了）。这里所有的利润，当然是被日本这个帝国主义充作统治占领区的费用了。这就是叫嚣“王道乐土”，唤醒东北人民自治和谋求“民众的幸福”的“指导民族”所实行的政治。

不仅如此，在巴林左翼旗的林东街和林西县的林西街，设有专卖局收卖蒙盐，但是这里的手续是非常麻烦的，乌珠穆沁蒙古的人们要在街里的旅馆住上三四天，把卖盐的钱大部分花掉，才没精打采地转回家去。

我在巴林左翼旗的西邻——阿鲁科尔沁旗的时候，在每年来蒙盐的时候就派警察官站在街道的要塞，把盐车队往林东的专卖局那里赶。一旦发现有把盐偷偷地拿进部落里去“偷卖”的蒙古人，就立即逮捕并把他送进监狱去。

掠夺羊毛和皮革

伪满洲国热河省赤峰县参事官　坂田义政

赤峰早就是蒙旗内部地区的羊毛、皮革的集散和交易的地方，是因此得以发展起来的城镇。所以赤峰有二十几家的交易所，并且皮革、羊毛的加工业也很兴盛。随着日本帝国主义在各方面扩张了侵略的魔爪，作为军用物资的羊毛、皮革的需求也增大起来，进而开始感到这类物资人手的困难，于是日本的垄断资本家们便唆使关东军对伪满洲国皮革进行强力的统治，要加以控制。

关东军发出命令，让伪满洲国政府禁止一直以来的中国人所办理的交易业务，而是归日本郡商会一手包办。这个结果，导致以前的交易商号破产倒闭了。

不仅如此，对于囤积的羊毛、皮革，也以所谓官方价格加以强制收买。同时通过这一郡商会组织，根据行政命令在自己的行政区内进行收买，致使以前来赤峰的羊毛、皮革商人自此以后再也不来了。

郡商会用这样的办法，用强权来禁止中国商人的营业从而加以垄断，用低廉的官方价格来掠夺蒙古人民的皮革从而获得巨大的利润，这是不用多说的。而各旗的参事官，为了给他们的利润服务，也动员警察官对于“黑市买卖”（指郡商会以外的商人的买卖）进行了取缔。

但是在赤峰还有一件例外的事情，那就是让日本商人所经营的鲛岛洋行照常存在，让它为伪满洲国宫内府和其他的大官们制造地毯。禁止中国家庭手工业者生产手套、袜子、垫子（毡子）而使鲛岛洋行加以垄断的旗参事官，完全是人民的敌人，他们其实就是鲛岛洋行的一个经理。

我们对于日本商人在收买时严分等级做出种种刁难来减低价格的行为是一次也没有过问过的。这就是盘踞在赤峰作为参事官的我的本质，其他的县、旗的参事官、副县长也是同样的，我的前任、我的后任以及所有的人，不用说都和我如出一辙。

供述八　协和会与副县长

关于协和会

伪满洲国滨江省事务长　今吉均

一九三二年六月，伪满洲国成立了协和会。当时曾经有过这样的事，这年四月报上登载了“成立了协和党”的纪事，但当时就以关东军的命令而被取消了。

成立协和会的阴谋，是以板垣征四郎大佐和石原莞尔中佐为中心而进行的。起初，仅仅是在新京设立协和会中央事务局，在全伪满洲国主要地点设立事务处。当时的事务局局长是由总务厅次长板谷希一兼任，国都建设局总务处处长结城清太郎也以兼职的资格参与了这件事。十月里，中野琥逸辞去民政部总务司司长的职务，作为一个工作者加入了协和会。当时，协和会的预算为一百二十五万元。

设立协和会的目的就是在伪满洲国内成立日本党，由关东军把这个组织凭空地硬加在东北人民的头上。所以东北的人民不叫它协和会，而叫作协吓会。因为这两句话用中国语发音是相近的。因此协和会以后的运动一点儿也没有进展。在小矶参谋长时代完全成了有名无实的存在了。

一九三六年，根据植田的声明，计划强化和扩大协和会的组织，由满铁聘请平岛敏雄，以山口重次为中心，在坂田修一、永田正、明石胜利及高桥胜治等笠木一派的县参事官的参加下改组了机构，这是为了用满洲青年联盟体系的协和会和大雄峰会系统的参事官集团之间的联盟合作的力量来发展协和会。一九三七年关东军委派后台大老板——甘粕正彦为协和会的人事部部长，彻底地进行日系官吏的大交流，这样好不容易才把机构整备完毕。

一九三八年，协和会的预算达到一二百万元的庞大数字。太平洋战争开始的同时，它便揭开了假面具，完全变成了政府的御用机关，或掠夺农民的粮食，或提供劳工，奴役东北人民。

东京也设有协和会事务局，一九三八年，由浅原健三任该事务局局长。浅原是石原的心腹，东京事务局的预算为三十万元。东京事务局内设有中央委员，本庄繁、多田俊及石原莞尔充当该局委员。他们的意图似乎是要从东京领导东北，但是实际上并没有做到这一步。

协和会与副县长

伪满洲国滨江省肇州县副县长　岛村三郎

像后面过本所说的那样，创立协和会的满洲青年联盟的观点和确立参事官制度的大雄峰会的观点在统治殖民地的方法论上是不相同的。协和会要作为人民反抗运动和反抗感情的保险栓，更狡猾地进行对东北人民的镇压和榨取；参事官要直接地实行自命为“牧民政治”的专制政策，这个不同甚至发展成为感情上的对立。因而，在当地，协和会和参事官经常是水火不相容的。

参事官管协和会叫“红色的”，说它常挑参事官的毛病，说他们的坏话，骂它是想要把在满的日本帝国主义统治导向混乱的共产主义的阴谋团体。而协和会也不肯示弱，说参事官是不辨政治的暴君，是专制的君主，骂他们专门干使中国人民脱离日本人的事，是毫不知反省的浑虫。

这种倾向在小矶中将当参谋长的时代最为严重，参事官们以小矶的“协和会不要论”为后盾，洋洋自得地向协和会进攻。甚至在某地发生参事官指挥下的特务警察将协和会会员当作思想嫌疑犯而进行调查的事，实际上这时候有许多日本共产党的叛徒占据了协和会，他们仅仅在口头上空喊自己是工人、农民的朋友。

然而，这种倾向由于一九三六年的坂田声明“努力培育和强化协和会”而逐渐趋于缓和。尽管如此，双方之间的对立由于是属于个人主义者们丑恶的同室操戈，不是一朝一夕能去掉的，因此，在一个相当长的时期双方并没能实现关系融洽。

理由是，根据坂田声明改组机构，副县长当上了协和会副本部长，从此，副县长想要包揽协和会的一切，但由于事务长掌握着实际的事务，反倒经常成为傀儡了。对此怀抱不满的副县长虽然掌握着权力，但是，因为事务长是研究思想问题的，很能够讲一套歪理，嘴又能说，并没有败给副县长。到处可以看到县警察殴打协和会会员的情形。

但是，这个倾向在一九四一年太平洋战争开始的同时云消雾散了。从此协和会完全听从了副县长的指挥，变成了他们的爪牙。无论什么事只要说一声是“圣战”之需就算找到了借口，自此协和会公然地揭掉了一直戴到现在的面纱，露出了它的本来面目。

从这以后的协和会，通过青年训练、组织工作、成立奉公队以及强迫民众在节日持旗游行等活动或是为出荷①粮食、强抓劳工等进行欺瞒宣传，以协助日本帝国主义对中国人民的榨取。

我在白城县（一九四〇年一年中）和协和会事务长冲突得很厉害，遇事便相互对立起来。我因我的狂暴作风不被称赞而愤慨，事务长对我这个副县长的高压作风表示反抗。但是，从一九四一年起我被调至肇州县任事务长，我在这里驱使朝鲜人、中国人的事务长，狂暴肆虐。我和协和会沆瀣一气地压迫人民，强迫他们提供劳工、供应粮食及提供军用物资（马、猪、野草、干草等）等。

附录：关于机构改革②

伪满洲国协和会中央本部情报科科长　过本成行

这篇稿子是过本成行在一九五五年七月所写，不幸的是，他在撰稿的中途由于脑出血病逝了。过本在那个时候已经认识到他在东北所犯下的罪行是严重的而想站到人民的立场上去，真是抱着悔改的决心而写作的。他在这篇遗稿之中，尖锐地分析了协和会的本质，并把它的罪行给暴露出来。我（岛村）现在把他的遗稿“原封不动”地抄录在这里，想要把他向人民的忏悔在这里给呈现出来。

1. 电报

我进入协和会是在一九三六年的三月。我从学校毕业就考进了伪

① 出荷是日语词，为产品上市之意。伪满洲国政府和协和会开展的农产品出荷运动，是为满足日本扩大其侵略战争的物质需求，强迫农民按照官方超低价格出售农产品，对东北粮食进行殖民掠夺。

② 该附录系岛村三郎根据过本成行的遗稿整理而成。——编者注

满洲国的大同学院。我在大同学院里接受了“怎样才能使中国人民服从日本的统治”的教育，在大同学院毕业后就入了伍，和部队一起到满洲来，是在锦州退伍的。

我从大同学院的“老前辈”那里经常听到：“能当上县参事官，那才是真正值得一干的工作呢。”我复员之后立即回到原来工作的地方——齐齐哈尔，不久就当上了龙江省安广县的副参事官（属官）。

我去赴任的安广县，西面是白城县、洮南县；东面和大赉县交界，曾给伪满洲国皇帝溥仪当侍从武官长的张海鹏就曾长期地拿这个地方当作他的“地盘”——东辽七县中的一个县。当地碱性地带很多，更受到军阀的长期榨取和日本侵略者的残酷掠夺，再加上受着地主们的蛮横摧残，县内人民的生活一天天地陷于贫困之中。

约在两年之前，安广县好不容易通了火车，交通便利起来，但是县公署所在地的安广县城，离铁路还有二十公里的路程，在下了雨雪的时候，道路坏得不成个样子，不但是大卡车开不动，就是走到铁路沿线去也不是件容易的事情。那里的街市连一盏电灯也没有，更别说是娱乐场所了，真是一个僻陋的所在。

尽管如此，我因为终于当上了盼望已久的县参事官，简直得意忘形，整日心心念的就是，怎样做才能使县内居民对日本人的统治心悦诚服。

我到了该县以后，大约在过了六个月以后的九月半的某一天，王翻译走进来说：“副参事官，有电报。”

我于是放下正在看的文件，从他手中把那封电报一把夺了过来。我打开一看，大吃了一惊。这封电报是经过省公署从新京的总务厅来的，内容是：“关于人事调转事宜：因为要参加协和会，着令退职！”

王翻译看到我那副着慌的样子，很担心地问：“副参事官，怎么了？”我也不予回答，只是默默地把电报交到他的手中。王翻译像是一字都不放过似的在看，然后他问：“副参事官要到协和会去吗？为什么有了这样的电报来呢?”但是，这正是我要问的话。我对于这个“为什么我非到协和会去不可”的问题，是怎么也搞不明白。我感到眼前一片昏暗。当我想到我再也不能像现在这样地对县公署内的中国职员进行役使和抖威风时，就觉得万念俱灰。

我静静地考虑了两三天以后，为要质问一下为什么非让我到协和会去不可的理由，于是就到省公署去了。穿过旧式平房的中国式官厅的省公署的民政厅、业务厅的房子，从最后面的总务厅的中屋门走进了总务科科长室的时候，我就开门见山地说出了要问的事情：“科长，电报我收到了，但是无论如何我也弄不明白，为什么非让我到协和会去不可呢?”

皆川总务科科长是个在鼻子底下留有黑胡子的人，虽然不胖，但是两只眼睛却很有神，现在他已成为龙江省神尾总务厅厅长的一条臂膀，一切都归他说了算。这时，他仿佛正在看谁拿来的等候裁决的文书似的样子，听了我的话仿佛吃了一惊，于是朝向了我说：“啊，是你呀！什么事？为电报的事情吗?”他一边说着，一边走向待客椅。他劝气势汹汹地站在那里的我坐下来讲，然后他也一屁股坐了下来，待我面向他坐好之后，就微笑起来了。皆川是大同学院第一期的毕业生，对我说来，他是我的一个“老前辈”，我也曾依靠着他，并且也认为他能了解我的心情，所以我并没有做什么回答，而是采取了不满的态度。于是，他就对我说：“嗨，干吗这个样子呢？说老实话，我也没弄明白呢！这是出人意料的由中央来的电报。据说是这次协和会扩大并且加强了机构，从官吏之中特别是从县参事官中，要选拔几个人参加到协和会里头去。你原来也在其中啊！就拿我来说，忽然间把你调了去，也是很够呛的呀！不过，总之是有人推荐了你，所以我认为你还是参加协和会的好，你以为怎样呢?”

我听了皆川的话以后，甚至觉得对于推荐我的那个人感到了愤恨。我于是向他留下了一句“等把事情弄明白之后告诉我一声，在这期间，我在县内是不会动”的话，说完了我只得无精打采地回到县里来。

在过了约有两个星期的十月初，从省公署拍来了一封电报说是为了协和会的问题要开县参事官会议，叫我也去参加。我认为这正是一个好机会，在那里协和会里的负责人也许能来，对于协和会的事情也可以打听打听，于是就和最近才从新京的医院退院回来的宫内参事官商议了一番，就跟着他去出席了。

2. 阴谋

一九三六年六月中旬的一天，在关东军司令部内的参谋长室，板垣征四郎参谋长和第四课课长武藤①、第四课课员花谷、辻等三个参谋在一起，关于他在约一个月以前命令第四课加以研究的“加强协和会的机构问题”，正在进行协商。

在房间门口附近放着一张软软乎乎的能把身子都埋进去半截的沙发，板垣扑哧一屁股坐到那里。在一九三一年九一八事变进行侵略的时候，板垣就以关东军的高级参谋的资格帮助着三宅参谋长，“巧妙”地支使着作战主任参谋石原莞尔中佐和和知、片仓等青年参谋们，在短期内就侵占了全东北并制造出来伪满洲国的“始作俑者”中的一个。他是留有浓厚小胡子的一条大汉，由于他始终如一地屠杀着中国人，才爬到当时那种地位。

在他旁边坐着的武藤章大佐戴着一副近视眼镜，一望就知道他是个狡猾的人。今年春天，由于陆军省（陆军部）认识到了他的“政治”手腕，所以才让他担任伪满洲国幕后领导的第四课课长之职。

坐在武藤对面的花谷正中佐，他是在九一八事变当时就给那时的奉天特务机关长土肥原大佐当副官，那时他就已经成为一个臭名远扬的人，他是一个长着大嘴、看着有些令人厌恶的桀骜不驯的人。

---

① 这一点，大概辻本是认错了，当时武藤是第二课课长，第四课课长应是竹下大佐。——岛村注

在花谷旁边的下位上，稍稍把屁股从椅子上抬了起来，对草案作着说明的是辻政信大尉。在四个人之中，只有他没有挂参谋带，但他在陆军士官学校和陆军大学校内都有着杰出的“好成绩”，被认为在将来会成为一个日本军阀的后继者，其前辈以及同行们都这样期待着他。他是个不肯让人、脾气急躁的人，就是在会议当中，他的眼睛也是神经质地不住地眨着。

到了六月，新京的树叶已完全发绿了。从这扇早晨的太阳可以充分照射进来的关东军司令部正面二层楼的参谋长室玻璃窗望出去，可以看到那些翠绿的马路两旁的树木都被往来汽车所扬起来的街尘给染得变成发白的颜色了。这个像一座城门楼子的三层楼的关东军司令部，它就是日本侵略者统治东北的一个总据点，为了威吓中国人民，于一九三四年就用中国人民的血汗付出把它建立起来了。在参谋长室内地板上铺着的华贵的毛毯、窗上挂着的窗帘等都是些富丽堂皇的东西，到现在则已是人所共知的事：那些东西都是通过对中国人民的榨取和掠夺才置备起来的。

板垣对于这个由当初就是被自己给制造出来的伪满洲国，而现在自己又当上了拥有无上权势的参谋长，能够随心所欲地进行统治，像是感到很高兴和得意的样子。这时他对于辻政信所加以说明的强化协和会的草案，像是有一种大致满意的表情。

于是板垣把日本人茶童捧了过来的热茶呷了一口说道：“辻大尉，你的想法我也同意。我对于在我们军人之中，就是在日本和满洲官吏之中，头脑简单的家伙这样多，感到真是令人可叹的一件事。真不愧是石原莞尔，因为你也认为要统治满洲这个协和会无论如何也是必要的。”

他一面说着，一面把头转到花谷这个方向来。花谷因为当时曾在奉天特务机关中对这件事尽过一臂之力，所以也就给板垣帮腔说：“阁下！您说的话一点儿也不错。就像石原阁下所说的，为了要统治满洲，除了政府之外，协和会无论如何也是必要的。我们如果让满洲国民知道我们也是像西方各国在过去侵略印度、亚洲、非洲以及其他各国那样来侵略满洲，那就是我们的失败。现在世界上的殖民地人民都已睁开了眼睛，特别是中国人更是有了觉醒。因为处在这样的状态之下，所以，在满洲是不能采取像在朝鲜和台湾地区那样的总督政治制度的。并且还有像李顿调查团这帮家伙那样的人到这里来，世界上的舆论指责也很讨厌，所以结果是让溥仪当上了执政，准备将来再让他当个皇帝，就仿佛是由于三千万国民的全体意志而建成了这个满洲国似的。”

板垣这次更面向着武藤①，仿佛是在述怀似的说道：“武藤君！我们在当时曾对于怎样对满洲国进行统治这件事作过相当的讨论，也曾作过研究。首先，我们军部如果是站在表面上，都说那就太愚蠢了。所以，才把满洲作为一个独立国家组成了政府，在这个政府之中，安插日本人官吏进去，通过他们而去进行治理。但是光是这样做，还是不够的……”

他说到这里，暂且把话中断了一下，把纸烟点上了火之后继续说出了以下的话来：“现在的满洲国固然是在关东军的武力之下不准他们多说一句话而统治着它，但是如果军队的力量没有了，或是减弱了，那就绝对镇压不住中国人民的反抗。不过话虽如此，但不能永远依靠关东军来维持国内的治安哪！关东军还有更重大的任务，那就是在某一个时候，是非要打倒共产主义国家苏联不可的。所以，要尽可能使满洲的居民快些不用军队的压力而能顺从日本的统治才行。这就得在政府之外，再弄出个协和会来，能够听从日本的支配去做怀柔的宣传，从外民族之中培养出很多替日本人去做工作的人，非要利用这些人的协助来达成这一目的不可。

---

① 其实是竹下。——岛村注

“在满洲国是有着不少民族的。而在这些民族之间，其风俗习惯和思想亦各有不同，对于这些民族应采取对他们有效果的宣传方法，这是必须对他们进行教育不可的。协和会从事这样的工作，那是再好也没有的了，使它用民族协和这样的方法，叫各民族在日本人的随心所欲的意图下能够忠顺地服从。

“其次成为问题的，就是政治机构的问题。在满洲国是不能设置议院的。为什么？如果设置了议院，中国人是有把这个议会变成反对日本统治机关之虞的。但是话虽如此，对于国民的不满也不能置若罔闻，而协和会就将成为这样的一个宣达国民不满的代言机关，把民情达于上，更将上意宣于下。并且还须使之作出要替国民解决困难的样子来，好来怀柔中国人民对于日本人的反抗心情，非让他们认定受到日本的统治是一件可感谢的事情不可。

“但遗憾的是，在我们日本人领导者之中，也还有不懂得这种深谋远虑的人。小矶中将竟把我们好不容易建立的协和会认为是完全没有用处的东西并且阻止它的发展，而在满洲的日本人的官吏们也为了能够任意而行而把协和会看成眼中钉。如果照这样下去，日本在满洲的统治将会遭到更为激烈的反抗，说不定会发生怎样的事情。

“我们现在非要把在这里所研究的这个《强化扩充协和会的机构法案》赶快加以实行，而把日本在满洲的统治巩固起来不可！”

板垣之所以说出这样的话来，是有他自己的理由的：这个板垣在九一八事变日本开始侵略东北后，采用了当时作战参谋石原莞尔的意见而成立了协和会，是为了想尽法子要削弱中国人民对于日本占领东北的反抗力量，想用欺骗和怀柔的方法让中国人民错误地认为受着日本的统治对他们是“有利”的。

日本侵略者的军队、宪兵、警察、政府等，是用他们的权力来镇压、榨取和掠夺中国人民的。例如征收捐税、编制军队和警察、建立监狱等，这些都是为了无论如何也要让中国人民去屈从于日本帝国主义的统治不可而从正面进行的压迫；与它“相向而行”的则是这个协和会。它是从后面兜过圈子来，去暴露军队、警察、政府等的不良作风，装成是进行批判的样子，作出了要替伪满洲国国民解决问题的态度来，以欺骗中国人民来转移对日本侵略者作正义斗争的视线。总之，这个和日本帝国主义同是一丘之貉的协和会，是采用了和政府不同的手法来巩固日本对于满洲统治的。

例如在一九三四年一月一日，使“执政”溥仪当了“皇帝”。在这以前，协和会就开了一个第一次联合协议会，通过了一件仿佛是伪满洲国三千万的人民都愿意“执政”溥仪当“皇帝”的决议，这就是它采取和日本侵略意图完全合拍行动的一个例子。但当板垣等从关东军被调走之后，在关东军的首脑中，和板垣等抱有完全相反意见的人多起来了。特别是在一九三三年间当了参谋长的小矶国昭中将等，认为对于异民族的统治完全用武力来压服才是最好的方法，而协和会等的存在反倒会减弱日本的统治力量。就是由于这样的理由，小矶对于在当时刚刚抚育成形的协和会不但不予以支持，反而认为它是个无用的东西而对其进行了压制。在伪满洲国的统治者中的最高头目既是如此，伪满洲国政府内的日本人官吏们当然也就要采取同样的态度了。这时的协和会甚至成为被警察取缔的一个对象，和政府形成了一种激烈的对立态势。

还有比这个更为重要的事情，就是在这样的情况之下，中国人民对于日本帝国主义这五年以来的残酷统治已掀起了正义的斗争。这件事就是从一九三五年起，在东边道日益激烈起来的杨靖宇将军等的英勇斗争，以及在云江省的赵尚志将军等的武装斗争，这使日本侵略者手忙脚乱了起来。

板垣就是在这个时候——一九三五年底，当上了伪满洲国军政部的最高顾问，当上了关东军参谋长，因此，对他来说不管怎样也不能放任这种状态而不管。他想，今天在这里，是非要把日本帝国主义统治满洲的方针明确地规定下来不可。

板垣于是从烟夹中取出了一只纸烟来，很香甜的样子吸着。因为板垣把话已经说完，这次武藤就说："可是，阁下，如果这个提案是最后的决定案，那么在得到司令官阁下的许可之后，赶快命辻大尉把它拿到东京去，我认为应当得到有关方面的批准才好。"

板垣很同意武藤的意见，他现在眼帘之中浮映出在东京的前关东军司令官本庄大将和石原等的面貌。因为把话题渐渐谈到了具体的阶段，辻大尉也就搭了腔："为了一扫协和会和政府的对立关系，我认为必须从政府内的官吏，特别是从自满洲国建立以来受到笠木良明的影响的县参事官之中，选拔有影响力的人，至少也要挑选出十四五名来，使之加入协和会才行。还有那关于中央本部的干部问题，也可以借着这一机会把那些陈旧的气氛焕然一新而使全体人员交换一下。我认为如果是使那个在建立满洲国时曾任自治指导部部长的于冲汉的儿子于静远当上中央本部长的话，那么县参事官和政府之间的关系是否能够圆满些呢？然后是总务部部长的问题。关于这件事，花谷中佐也曾说过，如果是让甘粕正彦去担任这个工作，可以不可以呢？如果是他的话，他办事是有魄力的，并且他在满洲国内也有很大的潜在势力，所以我认为对于强化协和会这一工作他是最适当的。"

从窗外射进来的阳光渐渐少起来了，已经要到开午饭的时候。辻大尉的这种意见也已经过花谷得到了板垣的认可，板垣对此也并没有持不同的意见，于是这个会议就结束了。

武藤等三个人一齐站起来了。三个人向板垣敬了礼，武藤走在前面静静地从参谋长室走出去了。于是他们就把在当日所制定的《强化扩充协和会的机构法案》，在这种目的之下，决定成为日本统治满洲的一个划时代的方案了。接着在该年的七月二十五日就变成当时的关东军司令官植田谦吉所发表的《满洲帝国协和会的根本精神》的声明，然后更成为说明这一声明的《满洲建国的根本意义与协和会的使命》的说明书而被具体化了。

3. 参事官会议

该年十月某日的龙江省县参事官会议，是在省公署的会议室中举办的。曾经是民国时代黑龙江省公署的会议厅的这间房子，是个宽五丈、长四丈八左右的地方，并不是个怎么大的房子。

在正面挂有日满的“国旗”，冲着正面设有“冂”形的参事官席位，在桌上各置有写着县名的三角牌。在正面则有给省公署的干部和来宾所设置的席位。我和宫内参事官一起坐在被指定的安广县参事官的后面。不久邻县大赉县的山口、白城县的古田等面孔熟悉的参事官们和省里的日本人科长等都先后进入了会议室，还有齐齐哈尔市以及其他县里的像是协和会职员似的不认识的人也都各自就位。

不大的工夫，神尾总务厅厅长带领着一个日本军官进入会议室里来了。这个军官戴着中佐的肩章，挂着崭新的金色参谋饰带，手里握着腰间的军刀，对于站立起来欢迎的大众瞟视了一眼，于是就一下子坐到最高的席位上。在这个军人的后边，像是一个跟着他来的人的样子，穿着最近在协和会制定出来的军服色的“协和服”，这个矮小而且有些肥胖的人跟在军人的后面。我虽然一点儿也不认识他，其他的参事官们则指着他说，他就是之前一直在洮南县当参事官而在这次机构改革中参加了协和会的永警正，他今天是以中央本部的代表资格来出席这一会议的。我仅仅听说过他的名字，我就想过后再慢慢地向他打听协和会的事情。总算参加会议的人物都到齐了，但是让人疑惑的是，在这个会议上孙其昌省长和民政厅厅长——最懂日本语的虚无善却都没有来。大概这个会议中国人是不能前来出席的，而只是日本人的会议的样子。因为我经常碰到这样的事，也并没有感到有什么奇怪。因此我就想：日本人是满洲的统治者，中国人的大官们只不过是个幌子，只要能把日本人所决定好的事情默默无言地去做就行。

即便是这样，那么既然是讨论协和会的事，为什么不准中国人来参加呢？这一点我是无论如何都搞不明白的。会议开始了，随着发言的进展，我才渐渐明白：这样的事当然不能让中国人出席！

皆川总务科科长致开幕词说：“那么，从现在起宣布开会。首先，请关东军的花谷中佐作《关于协和会》的讲话。请听完这段讲话之后，对于在当地怎样去展开协和会运动的问题，大家加以讨论！”

他读完这段话之后就向着花谷毕恭毕敬地鞠了一躬，并说：“那么，请吧！”我就想：那个人就是人们所常说的花谷吗？在九一八事变时，他曾在奉天特务机关里帮着土肥原参加了所有的阴谋活动，我不由得想起来了花谷的名字。

花谷听了总务科科长的话后，就猛地站了起来，一下子就坐在摆在正面讲坛后面的椅子上了。他脸上做着“对于这个广有名声的我，大概没有一个人是不知道的吧”的表情的样子，对于参加会议的人也不介绍自己的姓名，对于参事官席瞪着眼睛扫视了一遍，然后一面翻着薄薄的白书皮的印刷文件，一面发出和这小小会议室不相匹配的大声音讲了话：“诸君们！你们对于协和会的发展一向就完全不关心，有时候甚至于还像是阻碍着它的发展似的。这完全是错误的行为，特别是满洲国的日系（日本人）官吏更不应该采取这样的态度。”

他一开口就把参事官申斥起来了。他的样子仿佛要来吃人似的。我潜心屏气地仔细听着。他又说：

“我奉命要把各位的这种错误思想和态度加以矫正，你们今后将成为完全面对协和会这一组织的领导人，我要求你们要为协和会的发展和加强而努力！

“在今年七月二十五日，关东军司令官植田曾发表了一个题为《满洲帝国协和会的根本精神》的声明，为了对这一声明的意旨能有更好的理解，现在对于《满洲建国的根本意义与协和会的使命》加以说明。”

他在桌上翻开那本薄薄的印刷文件，大概就是所谓的对关东军司令官声明的说明书。就仿佛是在以后的讲话中无论如何那本印刷文件都是很必要的样子，他一面翻弄着一面继续说道：

“协和会是和满洲建国一同产生的，它是维护建国精神的人们的一种团结的表现，它是在满洲实现王道乐土所不可缺少的东西。

“满洲国虽然否定了议院政治制度，但同时对于专制政治也是排斥的。协和会是真正体贴满洲国三千万国民的总意志，根据道义而进行哲人政治的一个机构。因此，这个哲人政治并不是由多数而决定政治方针的。这就恰恰和日本军中惯行统御法则一个样，当对一个作战方针作决定时，参谋们都在激烈地陈述着每个人的意见，可是一旦被司令官所决定之后，那么，所有的人对于司令官所决定的方针便都一句话也没有，无条件地来服从它。协和会就是要扮演这个司令官的角色——作为一个机构而去进行工作，也就是作为一个机构而去当那个哲人的。”

以后协和会就本着花谷的这些讲话的宗旨，实行了“以众议为领导”的制度。那就是不管伪满洲国人民说什么，反正都得被强制着去服从日本帝国主义者命令的一种方法。在所有的协和会会议上，例如在联合协议会上对议题进行决议时，预先就让能够体会日本侵略者意图的人去当议长，使之适用于日本侵略统治的口味而去决定问题。这真是一篇充满欺骗的狡猾言辞啊！

花谷继续说着：

“现在满洲国的幕后领导是关东军。但是，这并不是关东军应有的任务。现在的协和会还没能进行这样的哲人政治，因此，关东军虽然不愿意但不得不来做幕后领导的工作。如果协和会真能尽到它的职责的话，那么，关东军就可以专门从事自己的本来任务——国防，而把所有的幕后领导权都交给协和会。

“从这样的观点来看，协和会并不单单是满洲人的协和会，所以在满的日本人都得成为热烈拥护建国精神的人不可，所有的日本人都得成为协和会的会员才行。特别是当了满洲国官吏的日本人，更是必须得成为热烈拥护建国精神的协和会会员不可。最为积极的精锐会员更是必须得成为中央和地方政府的领导者以及特殊会社和团体等在野的领导者不可的。

“现在，我在这里向各位清楚地说明：如果在满的日本人不愿意当协和会会员，或是胆敢阻碍协和会的发展，那么，就立刻把他们从满洲国撵走！”

参加会议的人完全被花谷的这股威风给压倒了，都带着吃惊的样子，连个咳嗽的声音也没有。在这寂然无声的会议室里，只有花谷的声音在震撼着空气。他又说：

“其次是各位不能把满洲孤立起来看。各位都知道太阁秀吉的千成瓢箪的故事吧？满洲国就是那个千成瓢箪中的最初一个，将来如果满洲国能够成为合乎我们目的的王道乐土的话，那么亚洲各国将会不约而同地一个个都愿意来请求建立像满洲国那样的国家吧？

“那么，中国全土、印度、缅甸、泰国等所有的亚洲各国，都将和满洲国一样，以日本为盟主，紧紧地团结在一起的吧？这就是大御心①，也是日本民族要这样地把亚洲民族从西方帝国主义的统治下解放出来的光荣任务。亚洲各国，由于日本的领导，如果都能成为满洲国那样，那么，那时候的这些亚洲的各个国家也都将组织像协和会这样的机构不可了。于是，这些机构都应当成为以日本为盟主而从事桥梁作用的机构。到了那个时候，协和会便会不单单是满洲国的协和会，而会成为包括亚洲各国在内的一个组织，而它的本部也许必须设在东京不可的吧！

“就像以上所说的那样，协和会是有着非常意义的一个存在。各位是在满日本人中的一分子，也是满洲国的日本人官吏中的一分子，

---

① 指日本天皇的野心。——编者注

并且还是县内行政的领导者，希望你们为了发展和强化协和会而努力！

“关于具体的问题，将在座谈会上去说，我的讲话暂且到这里。”

听着花谷讲话的时候，我不禁在想：我将要参加的协和会原来是这样的一个重要机关！于是，不知不觉地就当了花谷讲话的俘虏。当他讲完话的时候，大家不约而同地都鼓起掌来。不久拍掌声刚打住，参加会议的人都像是放下了心似的乱哄哄地开始了彼此各自的交流。

在短暂的休息以后，接着就把对于花谷讲话的质疑和今后的方案彼此交换了各式各样的意见。不料在这里所谈的事情，竟会成为以后协和会所采取的根本方针。

这是我于一九四三年六月，在协和会中央本部里工作时的事情。正当日本帝国主义侵占了中国本土的大部分地区，成立了汪伪政权，侵略了缅甸、泰国、菲律宾等亚洲各国的时候，东条英机在东京召开了所谓“大东亚会议”，强制亚洲的各国人民去供日本奴役。

协和会也响应着东条英机的这个大东亚会议，在新京也聚集了一些在日本统治下各地区的“御用组织”中的代表，开了个所谓“兴亚会议”。在这个会议上，来自日本的大政翼赞会的海军大将高桥三吉、来自汪伪满洲国政权的周佛海，还有华北的新民会、朝鲜的总力联盟、关东州的兴亚奉公联盟等各派都有几名代表来参加。在会议上，这些在日本统治势力下的各方代表，协商了要怎样彼此携起手来去支持日本的侵略战争而与之配合的办法。

日本侵略者们打算用这样的侵略战争来统治亚洲各国和征服它们。但是，亚洲的人民却绝对没有被征服。日本帝国主义在亚洲人民特别是中国人民的长期艰苦斗争下，终于被打倒了。因为人民的斗争是正义的，所以才一定会取得胜利；而日本帝国主义的野心是非正义的，所以才注定会以失败而告终。

现在的亚洲人民都紧紧地团结在新中国的周围，再也不容许帝国主义者有任何的进犯！

后来，我曾在齐齐哈尔一家最大的日本饭馆——湖月，参加了省公署欢迎花谷中佐的宴会。我曾恭恭敬敬地走到盘腿坐在正位上喝着酒的花谷面前，告诉他我就是现在就要参加协和会的人，于是也和其他人一样从他的手里接过杯子来喝了一杯酒，但是花谷却只是看了我一眼而已，好像并没有把我放到眼里。我当时觉得很有些生气，但也只能装出无所谓的样子，回到自己那个邻接末席的座位上来。这时大家的酒突然像是喝得酣畅起来的样子，当大家都在唱着、跳着的时候，我和邻县的古田参事官你斟我酌地狂喝起闷酒来。

4. 日本侵略者内部的矛盾

我进入协和会是在等待了好久之后，在迫近年尾的十二月一日才实现，并且还宣布任命我为滨江省本部的总务科候补科长。而省本部的负责人——事务长却是坂田参一。因为他和我同是由政府机关转调去的人，所以我们一拍即合。我在他的指导下，渐渐也能把协和会的“巧妙”手法学会了。

第二年在过了正月的某一天，我曾和坂田两个人一面喝茶，一面谈着当前的工作问题。他说：“辻本君，你知道是谁把你推荐到协和会来的吗？”

我对于这件事一直到这时为止还是不知道的。我回答说：“真是，我一点儿也不知道。”

于是，坂田就显出满面得意的神情来，说：“是吗？是永警正君，就是那个以前洮南县的参事官。他也是和我们的想法合得来的参事官自治会中的一分子啊！”

然后，坂田就把为什么要让我们加入协和会的事情告诉了我。

坂田在九一八事变后就进入了自治指导部，参加了建立伪满洲国的工作，之后就一直在政府的中央部门工作，所以对于那里的事情特别清楚。根据他的讲述，事情的经过是这样的：

协和会是在一九三二年七月二十五日，根据当时关东军作战主任参谋石原莞尔中佐的意见，得到了三位参谋长以及板垣高级参谋的大力支持，并由片仓茅青年参谋们的积极活动才被组建起来的。而直接从事组织协和会的人，则是山口重治、小泽关策和结城清太郎等。他们都是在九一八事变之前，为了保卫日本的权利，竟然主张把满洲全部占领，更用实际行动举行过示威运动的满洲青年联盟的那一些人。他们体会到关东军的意旨，把伪满洲国国民组织到协和会里面去，打算让他们完全屈服于日本的侵略统治之下。

但是，在当时和组建协和会的满洲青年联盟的这些人闹严重对立的人，则是笠木良明所领导的大雄峰会。笠木在策动伪满洲国以前就在满铁工作。他曾把满铁以及其他机关——主要是将大学和专门学校毕业的青年集合起来组织了大雄峰会，也和关东军的参谋们保持着联系，倡导所谓“大亚细亚主义”。它和满洲青年联盟一样，都主张“支配、统治全满洲，是日本民族的使命”。但自从制造出来伪满洲国以后，笠木所领导的大雄峰会便认为必须采取和制造出协和会来的满洲青年联盟完全不同的方法来统治满洲才行。

笠木一派的想法是这样的，就是认为要统治伪满洲国，并没有另外组织像协和会那样机构的必要。认为如果把日本人中的精明强干的青壮年充当县和旗的参事官而派往“第一线”的县和旗里去，那就足够达到这种目的了。而这些县、旗的参事官，并不单单是个官吏，而是有着县长的顾问资格的。就是以所谓“牧民官”的资格深入到中国人中间去，一方面用实力打击他们；另一方面使用欺骗宣传和怀柔方法，迫使中国人民完全屈服在日本侵略者的统治势力之下。而事实完全就是这样：在制造了伪满洲国之后，县参事官就亲自带着警察队对中国人民反对日本侵略者的抗日斗争进行了打击，要不然就是在遇到什么大水灾的时候，就呐喊着“救济”，把微不足道的“救济费”分给极少数的人，想借这个来掩饰日本侵略者的本质而从事欺骗宣传。

协和会与大雄峰会的对立，当初是由“方法论”争辩引起来的，到了后来就发展成为严重的对立了。笠木良明在制造出来伪满洲国以后，就被和关东军少壮派有勾结的驹井德三从资政部部长的位子上赶了下去。他于是就在东京创立了一个大亚细亚建设社，发行了《大亚细亚》月刊杂志，专门拿日本民族是有“解放亚洲各民族的使命”等夸大妄想的“日本民族优越论”来煽惑。同时，他还向他所领导过的县参事官们鼓吹什么县参事官精神和县参事官制度，对于参事官们自己所组织起来的以“自我净化”为目的的自治会产生了很大的影响。

坂田也是大雄峰会中的一分子，在制造伪满洲国前后的那段时间中，曾作为笠木良明的一条膀臂而从事工作。就是在现在，他也十分尊敬笠木，并在笠木的授意下成为参事官自治会中的一个领导人物。

我之所以和省本部事务长坂田一见如故，是因为我也是大同学院毕业的，又曾受了笠木良明的思想影响，认为唯有当县参事官才是有意义的工作，从而成了县参事官自治会中的一分子，进而对于中国人民进行了欺骗和压迫。

协和会就是这样被建立起来的。如今参事官也牵涉其中，就和政府之间的对立日益激烈起来，再加上关东军变更方针，更把这种矛盾激化了。结果就是把日本帝国主义统治满洲的力量予以分散减弱，从而使中国人民反抗侵略者的力量加强了。对于协和会的增强、扩充，则意味着把日本侵略者的意识统一了起来，集中力量对中国人民进行榨取。

压迫的一个步骤，在植田以《满洲帝国协和会的根本精神》为题的声明中曾说：“协和会是国家的一个机构，和满洲国建国同时产生，已被阐明它是维护建国精神的政府精神之母体，在形而上方面是要求一国一党的组织，真正的协和会会员是要进入政府以及其他机关的团体中去，各将其本机关的工作导向建国精神的方向。”

坂田讲到这里，从衣兜里取出一根海神牌香烟，用火柴点上火后很香甜地吸着。稍时，他又说：

“哎，辻本君！这次协和会的机构改革使我清楚地明白过来，当县参事官总是被官制所束缚，只不过是一个官吏而已，参加协和会这样的组织，不论怎么说，还是必要的……不过遗憾的是，笠木先生到死也不理解这个道理。”

坂田大大地吸了两三口烟之后，现出很凄凉的表情来说着。在哈尔滨繁华的中央大街的中心，在比德洛夫毛皮公司二层楼上的省本部的事务长室内，我清楚地听到汽车发动机穿透防寒的双重玻璃传进来的声音。坂田在实质上和笠木良明并没有什么不同之处，只是在从事欺骗中国人民的政策之中发现有若干的不同点。他的这种烦恼的神情其实是有些自嘲的。我对被那纸烟污染了的空气觉得头有些难受，于是站起来开开了小窗子。冷冷的风很舒服地吹了进来。在明治糕点公司的拐角处，有一个永远坐在那里的白俄盲人拉着手风琴。他那悲伤的音韵，就仿佛是哀悼着“王道乐土”似的传到屋里来。

当我关了小窗仍回到原来的椅子上坐下来之后，坂田才把话题转开，对于我们参加协和会当时的情况说出了以下的话来。

坂田在植田发表声明以前，就已经带着伪满洲国中央政府民政部调查科科长的现职，参加了新京的协和会特别工作。于是就通过参加这一工作的人来物色应该从政府进入协和会的人才。被他们所选中的蛸井元义，也和坂田同是大雄峰会笠木良明所最信赖的人中的一个。蛸井元义当时是双城县的参事官，也是参事官自治会的代表。他就是提出日本帝国主义的最残酷、最野蛮的政策——建设集团村落这一提案的人。他在双城县设置了集团村落，对抗日救国的爱国人民进行了彻底的镇压，因此才被认为是有“才能”的参事官而得到了赏识。中村宁也同样是大雄峰会中蛮横的人，曾当过当时中央政府的监察参事官。永警正是和日本的右翼团体有联系的人，做了很长时间的洮南县参事官，这时他是以桦川县参事官的资格成为参事官自治会代表的。

此外，还有十几个被认为受了笠木思想影响的参事官、副参事官被选拔了进去。这些被选中的人现在都已就任中央和地方的重要职位。

我听到这里觉得稍有得意之意，就问道："那么说，我也算是在被选拔之列的吗？"

坂田扑哧一声笑了，回答说："嗯，不错，是这样。大概是九月初吧，永井曾从佳木斯到这里来，还提到你呢。"他这样回答了之后，就仿佛是忘了什么重要的事情似的说道："政府的大达总务厅厅长曾对以关东军司令官的名义发表《满洲帝国协和会的根本精神》这件事非常生气，曾说过：'关东军做这样的事真是过分的越权行为！'于是，就和关东军发生了正面的冲突。等到这篇声明发出以后，他就撒手不干了。他固然是从日本的县知事（县长）转到满洲国的总务厅厅长的，但是由于平日里就对关东军干涉政府工作而不满，所以这次才爆发出来。"

他的话简直说不完。不久，中央大街的各商店都渐渐被笼罩在暮霭苍茫之中，电灯也开始亮起来了。

5. 协和会的战时体制

冻结很久的松花江开化了，春天来到了，北满佳木斯的街上，在佳木斯的码头上不断地出入着往哈尔滨去的船；往国境[①]——富锦、抚远和黑河方面去的船，这些船上"呜呜"地鸣着的汽笛告诉人们繁忙的季节到来了。

我是为了协和会的改组而参加进去的，从这时候起我就自命为一

---

① 所谓的国境指伪满洲国所占据地域与周边相邻地区的边界，下同。——编者注

个不平凡的指导者了。从去年十月起，我当了三江省本部的代理事务长。当时太平洋战争已经逐渐紧张，任谁的眼睛都能看得清楚，日本的败相已很明显了。但是我认为无论如何也得使这次的战争得到胜利，所以也就更加疯狂起来，残酷地压制中国人民。在政府机关的配合下，为不遗余力地掠夺中国农民所种的粮食而奔走。

三江省的中国人民有着为了抗日救国而进行英勇斗争的传统。一九三五年到一九四〇年期间，日本侵略者对于这些爱国的斗争用极野蛮、鬼畜不如的行为进行了镇压。我担任省本部事务长的时候，感到表面上像是平稳的，但是，三江省人民对于日本侵略者的斗争，在不间断地进行着。

我为了掠夺战争的人力、物力，考虑着应当采取什么样的方法才适宜，一味地考虑着对苏联发动侵略战争的时候，怎样使和苏联国境相连的三江省人民为这个侵略而服务。

正在这个时候，由中央本部传来了要实施《战时工作要纲》的命令。我立即根据中央本部的指示，召集管内县、市事务长到本部，说明《战时工作要纲》，讨论实行的方法，命令他们赶快组织《战时工作要纲》中所指示的“先锋团”和“青年行动队”，以确立协和会的战时体制。

这次县、市本部事务会议是在三月召开的，松花江上还冻着一层厚厚的冰，没通火车的县的事务长们，坐着长途汽车或飞机来到了佳木斯。由那时到现在又经过三个月了。我为了视察《战时工作要纲》的实施情况，坐上船向富锦县出发了。这是日本战败的前一年——一九四四年六月初的事情。

富锦县的县本部在城内的中央大道，是个很热闹的地方。这座房子是把原来的商务会赶走而占领的，是一所很坚固的青砖平房。我进到县本部的事务长办公室，一边听着由外边传进来方才由船上下来的人们所坐的马车的喧哗声，一边喝着王老头儿为我泡的中国茶，坐在财满事务长的对面。我说："财满，怎么样啊？关于《战时工作要纲》的工作，我特别注意地看着你们这儿哪。我认为只要是你这儿能够做好，也就能够推广到别的县，好好地努力做吧！"

我一边说着一边注视着这个在县事务长中间也算说得一口流利中国话而且最有信用的财满，他瘦得脸上只剩下两个大眼珠子。

"是，我也在想各种办法工作哪，但是，总也做不到最好。尤其是，事务长，选先锋团是件困难的事，我想从原来的中坚会员中选拔最有影响力的人物充当先锋团。然后是关于段有银的事情，他原籍是同江的二龙山，因为他现在住在富锦，我的意思是想要选他为富锦的先锋团员。但是，您的意见怎样？"

他一边回答着我的问题，一边用征求同意的眼光注视着我。

关于段有银的事，他这样说是有理由的。

"选段有银的事，可以的。我可以把这件事传达给同江县的蛭田。"

我虽然也认为同江县蛭田事务长被富锦县夺走了段有银，那么同江县的先锋团中就要少个推动者，但是，又想到段有银不仅仅是同江一个县的人物，在全三江省来说也是个有势力、有作为的大地主。这样说来，按照财满所说的那样办倒是不错，于是便在内心里决定了。

但是，在这次协和会将要实行的《战时工作要纲》中所规定的最重要的事项：首先是从各县的协和会会员中选出约十名能够信赖的人物，以此作为先锋团团员而组织先锋团。其次是从青年团团员中同样选出十名最"精锐"的分子，以此作为青年行动队队员而组成青年行动队。再次是"防卫乡土"，在主要的县城或城市组织并强化迄今已经组建了的协和会义勇奉公队，目的是为了使它更好地为侵略战争服务。

虽说如此，在一九三五年协和会尚未实施扩大和强化以前，仅仅是从成年人中发展会员，这只不过是在地区单位和工作单位中组织分会罢了。随着扩大和强化的实施，作出新的方案：组织训练国民，完成对国民的动员等。根据这个方针，一九三七年在各县设立协和会青年训练所，把在这里训练出来的青年作为骨干，在农村或城市中组织协和青年团，在学校方面组织协和少年团及协和青年团。

更在该年的八月，在全伪满洲国各城市和主要的街镇，以协和会会员为中心，在“自己的乡土由自己保卫”的口号下组织了协和义勇奉公队，妇女作为协和会的妇人部组织，在全伪满洲国设立了国防妇人会，当作协和会的外围组织。

这个结果就是用协和会组织的罪恶纲领把伪满洲国内的所有老少男女全都套上，使其服从日本的侵略主义而施加教育、训练。

一九四四年，协和会决定《战时工作要纲》的时候，像这样的分支组织差不多在全满各地已经初具规模，而且形式各样地为侵略者服务了。

然而日本统治者们随着太平洋战争局势的恶化，害怕中国人民的无言反抗，感到了不安。因此，一方面强化军队、警察的武装力量，进一步对中国人民进行彻底的镇压；另一方面命令协和会为日本侵略者训练什么都肯干的心腹，依靠这种力量来突破危机。《战时工作要纲》中所规定的先锋团、青年行动队及协和义勇奉公队，完全是为了这个目的而组建的。因此，这些组织在平素为了协助日本的侵略战争，或是从中国农民身上掠夺必需的农产品，或是强迫存款，或是强制他们从事军事、土木工程，或是为了加强奴役的需要直接进行欺瞒宣传，或是调查对政策怀有不满及反抗的人并将此上报。一旦对苏联开始实施侵略，他们不但要为日本侵略者做宣传、搜集情报，还要根据需要拿起武器参加游击战争。这就是他们的任务。

那时，热河省在各县、旗已经组织了青年行动队，或使之为反抗八路军进行欺瞒性的宣传，或使之调查中国人民对八路军的言行作为情报报告给宪兵或警察队。

在起草《战时工作要纲》时，热河省协和会组织对八路军的工作方法被当成“先进经验”推广到全伪满洲国。

过了一会儿，财满事务长打开放在事务室一角的保险柜拿出已经有了眉目的先锋队队员、青年行动队队员的名簿摆到我的前面，名簿的右上角印有红色“极秘”的图章。

我一边听着财满的说明，一边把目光投向先锋团团员的名簿。名簿上面写着八名中国人、一名日本人和一名朝鲜人的名字，其中自然有段有银的名字，这就是全伪满洲国协和会所惯用的方法。也就是说，中央本部以下省本部，或是分会的委员、分会长，当了事务常务委员的人几乎无一例外的都是大地主、大商人或是当地的有实力者，这些都是自己不劳动骑在人民头上的人。他们和日本的统治者沆瀣一气，虐待劳动的贫苦人。富锦县也跟这里一个样。

我正看着名簿出神，财满对我这样说：“我说事务长，关于先锋团团员的身份问题，我认为为了让他们做好情报工作，必须给他们以有力的身份保证。”

“哼，你有什么意见呀?”

我这样地问财满，而他却是正在期待着我的这句话。

“实际上特务机关的植田表示愿意让先锋队队员接受特务机关的委派，可以向协和会和特务机关双方提供情报。如果能够领到特务机关委派的证明书，先锋团团员也就能够壮起胆子来认真地工作了。这种方法怎么样？中央本部能够答应吗?”

我听他说完，心想这是个好办法。

“这是一个好办法，尽快地和特务机关作具体的商量吧！就是中央本部不认可也没有关系!”

我这样一说，财满的胆子也壮起来了。他后来实施了这件事。我在富锦住了两天，鼓励财满要尽快地把《战时工作要纲》执行得像样。

我于该年的十一月转到中央本部，直到一九四五年七月一日担任中央本部的特别工作科科长。我作为日本侵略者的最后的挣扎者，在强化协和会的《战时工作要纲》的同时，领导了协和会对热河地区八路军的卑鄙斗争，对苏联共产主义进行恶劣的宣传，努力鼓动中国、蒙古、朝鲜青年知识分子参加先锋团。为了援助侵略战争，督促增产煤、铁及其他的矿产品，用强化协和会的车间分会的方法，残酷地压迫在那里劳动的中国工人。

然而，中国人民很清楚地知道我们干的事情的实质是什么。日本战败清楚地证明了，中国人民是在关东军的武力压迫下，在表面上不得不服从于日本帝国主义者的统治，但这绝不是心服，其实是怀着彻底憎恨的。

日本进行的侵略战争给中国人民带来无法衡量的巨大灾难。屠杀了一千三百万中国人民，烧毁房屋、掠夺财富，进行了使人战栗的鬼畜行为。这不仅对中国人民，而且对全亚洲人民乃至日本人民也造成了同样的灾难。

日本帝国主义继九一八事变之后又侵略全中国，更进一步发动了太平洋战争。这是因为伪满洲国已经成长为一个很大的后方基地。协和会和我的罪行即是巩固伪满洲国的侵略统治，麻痹和打击对这个统治进行反抗的中国人民的正义斗争。因此，它是罪大恶极的。在这个协和会里工作的我，一定要把这个罪恶赎回来。

供述九　参事官时代对爱国者实施的罪行

当时的治安状况

伪满洲国滨江省肇州县副县长　岛村三郎

一九三二年至一九三六年的参事官时代，如前所述，其任务主要是“维持治安”，对爱国者的武装进行镇压。这一时期是全东北中国爱国者崛起的时期，即是处在不能说哪个县的治安好，或是哪个县的治安平稳的状态之中。就是在伪满洲国所谓的首都长春市，只要是从这里迈到乡村一步，就要受到爱国者的袭击。就在长白山脉东边道一带，以吉林省的磐石、桦甸为中心，滨江省的五常、苇河地区及三江省、热河省的全区域等，都是爱国者进行反抗最激烈的地区。日本帝国主义侵略者的走狗——参事官，驱使县、旗的警察讨伐队（治安队）和自卫团光忙于讨伐了。

一九三五年前后，在阜新县担任参事官的阿部虎男这个人就是做了许多残暴事的坏蛋。他在讨伐中，在某分驻所休息时，忽然听见头顶上的警备电话铃铃铃地响了起来，他急忙站起身来摘下耳机，装作分驻所里的人那样答起话来。这是今夜预先投宿一个小镇店的商务会长打来的电话。对方打听说："参事官已经到了吗？什么时候从这里出发？"

这是商务会长为了要在参事官来到的时候出去欢迎，以便表示一下汉奸的殷勤。但是，阿部曲解了他的意思。他认为："好，这是要把我去的时间告诉爱国者，好让他们来袭击我呀！"于是他便严厉地命令分驻所所员道："我出发后不过一个钟头，不许与商务会长取得联络，过一个钟头后再告诉他说我是刚出发的，明白了吗？"

说完便立刻向目的地出发了。但是，分驻所的人把实际的到达时间告诉了商务会长，因此阿部一到达该村镇，就看见商务会长已经率领着村民在村头等候了。阿部勃然大怒，拔刀就把正在毕恭毕敬手捧名片鞠着躬的商务会长的脑袋砍了下来。这件事是他后来于一九三七年转到林西县在开鲁直接对我说的，当时他对此事很引以为荣。

一九三四年吉林省舒兰县有一个叫高比虎之助的参事官，在伪满洲国前就侵入了东北，投身于当时所谓的马贼群中，为关东军从事政治阴谋活动。伪满洲国时他便当上了参事官。因此，他在马贼团伙中享有一定的"名望"。后来（一九四五年），在他担任热河省警务厅厅长时，他曾纠合了许多当年的旧部下组成警察讨伐队，对共产党的爱国者进行了镇压。他就是这样的一个坏蛋。

此人在一九三四年初夏前后打电话给永吉县三宅秀也参事官，一上来便直截了当地说："啊！到底被人家给揍了！"

"怎么了？"

"到底被西来好夺去县城啦！真丢人，没法儿到省里露面了。"

原来这个叫西来好的爱国者带领三百人上下的部队，经常袭击日军和警察分驻所，震慑日本侵略者的统治机关。这时高比正在县公署，遭到这次突然的袭击后，他仓皇地逃往城外。提起西来好军，一九三三年青纱帐长起来的时候，在前面曾经提过的永吉县参事官三宅秀也也曾经受过他的袭击，好在得以幸免。事情的经过是这样的：三宅秀也为了由吉林往三道河子架设电话线并对该地一带进行宣传工作而来到当地，一行由日本军高冈中尉率领的一个中队约四十名步兵和三宅率领的八十名警察组成。过敬岭的时候，三宅获得了约三十分钟前有四十名爱国军人通过该地的情报。

他认为对方才四十人没有什么了不起的，便追赶起来。到达一个三面被山包围着的盆地的时候，突然间由三面的山腰中遭到包围射击，陷进了前进不得、后退不能的状态之中，立刻一名部下、三匹马被击毙了。他们趴在地上连头也不敢抬，足足藏了三个钟头。后来，在警察队的协助下，才狼狈地逃了出来，钻进近处一处独立人家的屋里度过了一夜。

像这样的例子是数不尽的，差不多全东北的参事官都是这个样子，被爱国者击毙的参事官为数不少。

一九三二年在木兰县青木指导员被击毙以后，一九三三年继任的久泉隆参事官被焦旅军击毙了。这个时候伪满洲国县长逃跑了，但他女儿的脚被打伤了。

一九三四年，大同学院的第二期生山口六郎在侵入礼泉县的途中遭到袭击被击毙，饶河县的大德久雄参事官也是同样下场。

但是，由于日本军拥有优良的武器和丰富的弹药，爱国军队陆续受到压制，不得不改为以长白、完达两山山脉为根据地打游击的战法，从这时期起参事官的罪行好不容易才变为通过一般行政对人民进行镇压。此时参事官的名称被取消，实施了副县长的制度。

对于孙永勤爱国军的罪行

伪满洲国热河省总务科科长　三宅秀也

一九三四年末到一九三五年初，青龙县及兴隆县交界一带以爱国者孙永勤为首的两百名爱国军，非常活跃地对日本侵略统治地区进行反抗。孙永勤是前青龙县的一名村长（当时的保长）。一九三五年关东军侵略热河全城，对长城以北进行掠夺，因此激起了孙永勤的义愤，他起初仅和三十名同志拿起武器进行战斗。当时这个地区的人民可以和关内自由往来，和关内有着骨肉相连一般的亲密关系，日常生活必需品全部依靠关内，过着自由的生活。自从日本帝国主义开始掠夺热河、封锁长城线以来，这里的人民被强制购买高价的日本商品，因此在生活上不得不尝受非人的困苦。特别是在长城一带设有关卡，对于拿进来的些许的物品也要课税，因此，这一带的人民燃烧起愈来愈强烈的反满抗日情绪。所以以孙永勤为首的爱国者一呼百应，很快就集结了一支三百余人的部队。由于受到人民强有力的支持，所以它的行动是神出鬼没的。或是袭击税关，或是攻打村公所和分驻所，或是夺取武器弹药，搅乱日本的侵略统治。

青龙县有一个叫律律见正俊的代理参事官，兴隆县则盘踞着增田进参事官，这两人经常得到日本军的援助，动用警察队（治安队）和自卫团攻击孙永勤爱国军队。但是由于爱国军队依靠重重的山峦和有人民支持的城寨，经常使他们尝到失败的苦头。

一九三五年初夏，为这种情况发起急来的驻扎在承德的川岸旅团的山田梅治大佐基于旅团的命令企图彻底打击孙永勤爱国军队，率领本部侵入到青龙县里来。他把当地的警察队和自卫团合并起来指挥，进行了讨伐。参事官凭借警察队和自卫团的全力援助，把孙永勤军压制到长城线。孙永勤军巧妙地突破了包围圈，退避于长城线外。因此，日军仍然以失败告终。

后来，得到孙永勤军在遵化县某山中集结的情报，山田大佐突然果断地越过伪满洲国边界，对该山用全部兵力进行包围。由于孙永勤军万万没想到日军能够出击到关内，完全疏忽了，所以才陷入日军的包围之中。战斗是在孙永勤毫无防备地带着队伍下山的时候发生的。受到意外袭击的孙永勤军逐渐被逼退到山上，想在此地死守进行抵抗。承德的川岸旅团的参谋小畑信良少佐出动“摩斯”飞机，采取了对山上孙永勤军进行轰炸的暴行，终于使孙军遭到了被全部消灭的悲运。

山田把孙永勤烈士的首级挂在承德街角营子示众，激起了中国人民的愤怒。青龙、兴隆的参事官率领警察队、自卫团参与制造了这一惨案。

在安奉沿线大讨伐的罪行

伪满洲国藤岛大队第一中队中队长　泉田薰

从一九三六年十月初至十二月六日为止约两个月的时间，在安奉沿线（包括抚顺、辽宁两县）一带进行大讨伐，特别将重点指向凤城县。本次讨伐的司令官，即当时的关东军宪兵队司令官兼关东局警务部部长的陆军少将东条英机，以关东局警务部警备课课长陆军步兵中佐盐泽清宣为参谋，率领警备课主任坂本井部以下约二十名幕僚，在凤城警察署二层楼上设立本部，指挥了讨伐队。

参加本讨伐的主力为以关东局管下的各警察署署员组成警察讨伐队。首先是以鞍山警察署署长藤岛宣法为大队长的由鞍山、辽阳、营口、大石桥各署员组成的联合部队，其次是以抚顺警察署署长为首的汉大队，以安东警察署署长为首的田上大队，以凤城警察署署长为首的国武大队，再加上本溪湖的大内大队、奉天的今井大队、四平的酒井大队等约十个大队。其他还有安奉线的独立守备队，大石桥的独立守备队（片野部队）及附近的宪兵队、分队、分遣队和各县的参事官率领的警察讨伐队等参加。在此次讨伐期间，凤城县参事官宫琦专一领会东条司令官的意旨，动员奈下的县警察职员援助讨伐行动。关东局警察出动了两架警察飞机，由空中协助讨伐行动。

当时在安奉沿线各地（特别是凤城县）反满抗日的爱国者集团出没无常，日满军警经常为了警戒疲于奔命、手忙脚乱。

一九三六年三月，日本东京的第一师团主力侵入当地，分驻各处进行治安维持。但由于十月初该师团以关东军的命令转移到北满方面，反满抗日军队又积极地采取了攻势。为了对此进行镇压，才计划了此次的大讨伐。

在当时的凤城县里，二十人以上的反满抗日军就有数个，估计总人数约有三百人。爱国军队关于讨伐队的行动由居民的口里知道得很清楚。讨伐队一旦出动，爱国军便巧妙地移转到别处去，躲开正面的冲突。因此讨伐队累得筋疲力尽，被愚弄得晕头转向。看到这种情况的东条英机发起脾气来，亲自坐上警察飞机，由空中指示反满抗日军队的所在地点，指挥监督对其进行攻击；或是把在采柞蚕的农民误认为是爱国军，投下大量炸弹加以杀害，在报纸上却说重创反满抗日军队。

一九三六年十一月初，藤岛大队从辽阳县撤退，侵入凤城县第二区，泉田中队此时受命讨伐“王大姑娘”军。所谓“王大姑娘”是一位眉清目秀的美男子，因为长得像王家的长女才有了这个绰号。一九三五年冬天，凤城警察署逮捕附近善良的中国人严加刑讯。这激起了他的义愤，纠合同志于某夜袭击大堡派出所，击毙岩限巡查部长夫妇，夺取了兵器弹药。他就是这样一个勇敢的爱国者。凤城警察署把他看成是岩限巡查部长的仇敌，就是追到天边也要把他捉住杀死，因此拼命地搜索起来。但是，“王大姑娘”经常骑着一匹白马神出鬼没地行动着，讨伐队反而被时常地逼进危险的境地。

在计划此次讨伐的背后，隐藏着东条给关东局警察官请求个好勋章的欺瞒意图和他自己想得一个勋二等旭日章的小心眼儿，所以才强行讨伐。它的结果表明，毫无疑问，赏勋局的人们尝到了东条所提供的酒色，无条件地通过了。

在此次讨伐中受害的与其说是反满抗日军，倒不如说是农民。安奉沿线是山岳地带，每一座山都是柞蚕产地，十月到十一月是采蚕的好季节。对于在山中劳动的人们，不问青红皂白，只要是人就被看成是爱国者而加以射击，再也没有比这个更凶残的了。因此，负伤的人很多，但是又不知道是谁打的，只好认命。然而，农民虽然冒着这样的危险，仍然没有中止采蚕的工作。各讨伐队为了搜集反满抗日军队的情报，拼命地想把附近的农民争取为自己的密探，但是他们拒绝了，把抗日军的情报提供给讨伐队的为数极少。

在此次大讨伐中，立头等功的由关东局总长授予警察功劳记章，在大队长中，仅有鞍山警察署长藤岛宣法一人。在藤岛大队中，有营警骑马队及女部下一名。

授予上述勋章的理由：1. 营警骑马队与凤城独立守备队的势力给予了抗日军以重大的打击。2. 大石桥的片野部队（独立守备队）的堤中尉指挥的一个小队和伪满洲国的治安队（警察队），在对由三角地带追赶过来的抗日军一团进行讨伐的时候，向藤岛大队长要求协力，这是因为该队偶尔宿营在藤岛大队的警备区域的凤城县第二区华山河路的部落中。在此次的讨伐中，泉田中队从北方田地；藤岛大队长、营警骑马队从南方高地；堤中尉把治安队（警察队）配置在营警骑马队的右翼第一线，自己的小队配置在第二线，开始总攻击。反满抗日军由于受到南方高地治安队的猛烈射击，想要向北方田地转移，泉田中队由正面对此迎击，爱国军被迫后退，转变方向进入山中，正想往西方移动的时候，又遭到治安队（百名）的猛烈射击，致使爱国军十三人阵亡、十五人负伤。讨伐队夺取了“巴里”制十八号机关枪一挺、步枪二支。就是这样，他们从天皇那里授领的勋章里面，都染有中国爱国者愤怒的血痕。天皇就是吸吮着这种血痕而肥胖起来的恶鬼。

进行最后的猛烈射击，杀害众多爱国者的治安队——正是县参事官所指挥的警察讨伐队。

奈曼旗事件与以后的大讨伐

伪满洲国奈曼旗属官　岛村三郎

奈曼旗事件，即是一九三五年七月十五日发生的爱国者运动，这是震撼盘踞在伪满洲国全部日本人的重大事件中的一件。我此时在郭尔罗斯前旗当属官，在扶余对岸建设中的新街镇——前郭旗车站，从事领导城市建设计划的实施。因为这里是扶余县城人们上下车的车站，到现在为止仅仅是一个小屯子，人员很杂乱。因为是在这样的地方开始新工作，旗参事官狼狈起来，把我派到当地，是为了建设新城市、修筑街道。我在这次的工作中，从报上看到奈曼旗事件，联想到自己将来的命运不禁感到战栗。

可是在两三天后，我被学政部叫去，委派我在根本龙太郎（现在是鸠山内阁的官房长官——一九五六年五月到现在）的手下任副参事官（通称），前往奈曼旗从事善后处理工作。我听了此话脸都吓白了，因为是在大庭广众之下，只能吞吞吐吐地答应了。

当时，奈曼旗事件在报纸上一般以八仙筒事件来登载。在当年年初前后，奈曼旗自卫团团长周永久率领约一千名爱国者袭击了八仙筒的旗公署，击毙山宁参事官及十六名日本人，显示了中国抗日爱国者的决心。

事件的开端是这样的：

一九三五年三月前后，奈曼旗被称作绥东县，由汉民族的县长施行县政。但是到了这一年，依照熟悉锦、热蒙旗问题的及川三男等的主张，恢复锦州省、热河省的蒙旗制，取消了县制。此时，奈曼旗也施行了旗制。这种旗制的实施，给当时处在奈曼旗统治地位的汉族地主和官僚带来很大的不安和动摇。

这是因为汉民族来到此地仅仅有二三十年。这些地主们通过土地开放做了许多不正当的行为，这些事情蒙古人知道得很详细，所以他们担心：这回实施旗制，蒙古人取得支配权的时候，他们拥有的“地权”会不会被没收。当时正值山守参事官（三月里实施旗制的前后）开始了土地调查。对他来说，似乎倒没有没收“地权”的意图，不过因为过去把土地开放的事务搞得很乱，田地册子也不完备，需要加以整理，为的是好多搜刮些地租。对一直等待着反满抗日机会的奈曼旗爱国者来说，地主们中间发生动摇的这种情况是最有利的条件。周永久军长和许多农民谈话，和大地主某某（忘其名）商量，称他的次子（二十五岁上下）为“皇帝”，广泛地招募义勇军，准备起义。

担当此次计划的叫宁中罘（?），是小学校的校长。如上所述，这个爱国运动并不是由共产党所领导的抗日军进行的，而是民众忍受不了日本帝国主义的苛政而自发起义的爱国运动。

一九三五年七月十五日，周军以约一千名的兵力袭击旗公署所在地八仙筒，击毙山宁参事官及十六名日本人，解放了在监狱中受苦难的许多爱国者。县公署的王财务科长及其弟弟——王府街商务会长与本次的袭击事件有关联，就连旗长在某种程度上也有关系。

被本次起义震惊了的兴安西、兴安南、热河、锦州及与奈曼旗相邻的各省县、旗（奈曼旗与四个省境接连）的参事官，奉日军司令官的命令，一方面严加戒备本县，另一方面组成警察讨伐队侵入奈曼旗与周军交战。这时周军长率领的爱国者约有两千名。周军的武器弹药的由来，是在该年的大前年，坂本兵团（热河侵略军）从这一带追赶在开鲁的汤玉麟军，侵略到赤峰的时候，汤玉麟军的一部把许多武器弹药埋在山中离去了。周军就利用了这些，因此在初期周军的武器弹药非常充足。

所以关东军才动员了在热河省赤峰的日本军及伪满洲国军和在通辽、开鲁的日本军及蒙古军，兴安西省的警务长盘井文雄亲自率领蒙古治安队（这是他组成的子弟兵讨伐队）侵入奈曼旗，专心从事讨伐。周永久军把日本帝国主义大军支使到另一个方向去，从这一时期起在长达一年的时间内进行了英勇的战斗。在敖汉旗、奈曼旗、乌牛特左右两翼旗的范围内，进行了完全没有片刻中断的战斗。周永久军由于兵力、武器弹药得不到补充，每次战斗都损耗兵力，逐渐地走下坡路也是不得已的事。

我作为内务科附属官（通称副参事官）从事警备道路的修筑、喇嘛工作和宣传（欺瞒宣传）等，除了对侵略从侧面加以援助外，甚至是直接参加了敖汉旗境内一村落的战斗。一九三五年十月，犯了逮捕周军参谋长宁中罘（?）的罪行。

根本参事官动员旗的特务与省里的特务班协力，对王财务科长、王商务会长以及旗长加以逮捕，犯下了处以王氏兄弟死刑的罪行。

一九三六年四月，我当了阿鲁科尔沁旗的参事官，在五月就任的时候，正巧周永久军三百名爱国者来到阿鲁科尔沁旗。我指挥士兵在兴安岭的山中来回地追赶他们，终于在奈曼旗旗境喇嘛他喇汗庙的渡河点使他们损失了半数，这就是我所犯下的罪行。

后来周军以寡兵出现于乌丹城附近，在这里又和伪满洲国军发生战斗，周永久仅仅和五六名部下回到了奈曼旗。根本参事官派遣了警察队，终于杀害了周军长，并犯下了将其首级用盐腌上送往关东军的蛮行。

从一九三五年七月十五日奈曼旗八仙筒起义至一九三六年十一月周军长战死为止，在长达一年多的时间中，丧失生命的奈曼旗爱国者数目达一千名以上。每当我想起由于我的罪行而失去宝贵生命的爱国者便痛感自己罪行的深重，就是怎么想去致歉也找不出适当的语言来，唯有恳请把我的身体千刀万剐。

关于佛山县事件

伪满洲国黑河省总务科科长　今吉均

一九三六年十二月末，伪满洲国黑河省佛山县被由三江省罗北县方面进击而来的抗日军所夺回，县公署的屋顶约一周时间（?）高高地悬挂了红旗。伪满洲国方面的损失为死亡十一名，代理参事官吉村胜露生也被击毙。

指挥伪满洲国军对此进行攻击的伪满洲国军事顾问内田实少佐对我说：“在士官学校学的战术一点儿也不中用，人家总是比咱们先一招儿，白费力气!”

由伪满洲国黑河省派遣了以省民政厅厅长曲秉善为首的工作班到当地进行善后处理。曲秉善在出发的时候说：“如果是日本人去做工作是有危险的，可是我们不要紧。”

供述十　东边道地区大讨伐的罪行

东边道大讨伐的概略

伪满洲国宪兵上尉连长　桥本岬

九一八事变后，东边道地区（以辽宁省通化县为中心的山岳地带）成为爱国人士保卫祖国、反抗日本帝国主义侵略斗争的根据地。一九三二年王凤阁司令继唐聚五之后，顺应东边道一带的中国人民的愿望，为了拯救祖国，起来进行武装斗争。王凤阁司令在通化县、辑安县及宽甸县等山岳地带以八百名义士组织了辽宁抗日义勇军，对日本侵略军岩波骑兵旅团及步兵三十三联队进行反抗斗争。王殿阳也在通化、抚顺县附近组织约三百名爱国人民起义。其他，在宽甸、辑安县的鸭绿江沿岸地区有成员约两百名的朝鲜新立党。一九三五年有金日成将军指挥的约三百名抗日人士，杨靖宇将军指挥的约三百名抗日联军行动起来，其他大小许多爱国人民部队集结于东边道地区进行抗日、保卫祖国的正义斗争。一九三三年，这些抗日部队的人数号称约三千名，被当地人民所敬爱，受到他们的绝对支持。

总算在平原地带的讨伐镇压中取得“成功”的日本侵略军队，于一九三四年袭击三角地带（连接安东—沈阳—旅大的地区），逐步压迫爱国人民，在一九三五年逮捕和杀害了这个地区最有实力的抗日爱国军的指挥者邓铁梅。

关东军奉天独立守备队司令官园部和一郎中将将独立守备大队配置在连山关、山城镇，逐次增强日军和宪兵并增派伪满洲国军警等，急速地采取了在东边道地区进行讨伐的一系列措施。

然而，日满军警的讨伐行动不但没有收到任何效果，反而因为抗日爱国部队逐渐地强大起来而使它的活动日益陷入困难。一九三四年青纱帐长起来的时期，主要的城市和县城处于仅可支撑的状态。

在这样的情况下，关东军认识到单凭武力讨伐是不够的，利用“中国人来打中国人”的阴谋也越来越露骨地暴露出来了。即将臧式毅的地盘——奉天省分割出来，于一九三四年十二月成立东边道地区（长白、抚松、通化、辑安、宽甸、桓仁）各县并将三角地带的一部分划为安东省，用省、县、村的行政机构来强化对人民的镇压，企图断绝他们与抗日部队的联系，以供日军驱使。

对于伪满洲国部队，增加关东军司令部附属军事顾问的数目，在伪满洲国警备军司令部及各地区司令部里的数名顾问，对于司令官以下的人以绝对的权限进行监督和命令，而且军事顾问还兼任伪满洲国民政部顾问和特务机关长，至一九三八年自由地操纵了省和县的行政。对于伪满洲国地方部队大批派进日本人的下级军官，为的是直到末梢也能够按照自己的意图来行使命令，将中国人司令官以下的指挥官完全变成傀儡。

就这样成立了安东省治安维持会，驻扎在奉天的独立守备队司令官园部中将任委员长，确实地掌握了伪满洲国军八省以下的行政组织、税关及其他地方的民间经济、宗教团体直到地方的土豪劣绅，把一切组织成只要园部中将一声号令就能够行动，想要把东边道的治本工作和作战行动密切地联系起来。一九三五年春到一九三六年初秋，治安维持会把它的主力倾注于其中，特别是集团部落和警备道路的修筑工作之上。

一九三五年工作的重点主要是放在警备道路的修筑上。各县根据军队作战上的要求，在山上的险峻地带驱使数百或数千名农民使用完全原始的方法，修筑许多条好像长蛇一般弯弯曲曲的道路。在这种山连山且耕地也不多的地方修筑警备道路不是件容易的事。警备道路的修筑是在把农民的耕地不许任何人谈个“不”字地加以破坏的基础上进行的。在下雨天卡车就像在云端上驰走的小越岭（辑安县）上，也修筑了警备道路。这条道路是当时伪满洲国军事顾问小越少佐一时兴起命令在最高、最险峻的地点修筑的警备道路。为此，辑安县的参事官在从春天到秋天的期间每天抓来七八百名农民从事道路的修筑。小越少佐因为把这个分水岭命名为“小越岭”而洋洋得意。

像这样汽车用的警备道路不是因为降雨而被冲坏，就是桥梁被水冲跑，因此一年到头，不下数百名的农民不得不被役使来进行补修。县利用保甲制度和街、村制度规定出担任区域的责任制，对于补修不好的区域处以严罚。从事这种道路修筑的农民不仅毫无报酬地被奴役，并且还时常被误认为是抗日部队被击毙或击伤。

例如：一九三六年六月在通化县南部地区，从事道路铺修中的约两百名农民被日军侦察机关误认为是抗日军，投下数十枚炸弹，炸死、炸伤农民二十多名。

一九三五年东边道、宽甸、桓仁地区由于风、水灾害遭受严重的灾荒。一九三六年春一般农牧民的家中无论走到哪儿也找不出一粒粮食来，并且还流行着伤寒、赤痢等恶性传染病。人们把杨树皮、树根或是野菜等用菜刀拍碎做成像柿饼子那样的东西烤着吃，因此，身体越来越衰弱，许多农民倒在路旁死了。但是，县或是村对于这件事不采取任何措施，只是任凭他们死去。

我们就是使唤这些农民修筑汽车道路的人。从一九三六年夏天起，梅河口—通河—辑安间的铁路建设测量及工程开始了，这个地区的农民牺牲了耕种被赶出来从事扩建道路和整备工程。并且为了按照要求的那样保养一条每天通过不下数百辆卡车的道路，给农民们造成了很大的痛苦。

伴随警备道路的修筑，一九三五年，在这条道路附近，以日满军警备能力维持得住的大村落或村镇为中心建设了集团部落。转过年来即一九三六年，这种集团部落在各县全面地设立了。不问理由如何仅仅考虑警备上的便利，主要是在警备道路的近旁指定地点，用刺刀威胁强制农民迁移。在周围用高的土墙和有刺的铁丝网包围着建立兵舍，在大门口设置手拿枪械的自卫团、军队、警察的岗哨，把农民水泄不通地监禁在里面。散居的住户就不用说了，就是数十户集体居住的村落，仅以离警备道路远为理由就被迁移的例子也是数不尽的。

例如：在通化县八道沟，一九三六年七月还没有设立集团部落以前，这里只有一所简陋的房子。约两个月后，即九月下旬我去的时候，已经出现了六十户赶造的土房，它的周围设有带刺的铁丝网和深沟，住宅的旁边建设有一幢很漂亮的木质的居住有约五十名日军独立守备队一个小队的兵舍。附近山谷里散居的房屋，全部的房顶都被揭掉了。

成立集团部落后农民离自己的耕地远了，不能耕种了，有不少人不得不放弃耕种。不仅如此，农民们还被禁止出入离部落和警备道路五公里以外的区域，因此，通化、抚松、蒙江等北部东边道各县许多种植人参、采集药草的行业者被剥夺了生活来源。由于这样的集团部落、警备道路、讨伐队的掠夺和饥饿等原因，在东边道各县，居民因失掉生活的基础而变成流民或者死亡的非常之多。如兴京县，据说两至三年间人口减少了三分之一。

从一九三六年十月起，各县城及主要城市的出入口设置警察和宪兵检问所，严禁生活必需品、衣服及医药类向外持出。

然而，像这样的集团部落、警备道路、警备电话、自卫团的整备以及掠夺民间枪械等，这是以极其强有力的武装力量作为背景，副县长站在前头干，或是由当地的部队直接驱使警察署长或是村长，或是用刺刀威胁屯长等强制执行。特别是，在实施集团部落（有自卫团或警察等自卫能力的）、集家部落（无自卫能力的）时，对于限期要迁移而未能迁移的人，军队便站在前头毫不留情地把他的房子烧掉。这个数目在全东边道估计达一万户以上。

一九三六年春，南东边道宽甸、垣仁、凤城县一带侵入了第一师团，采取了分散配置的方式进行讨伐，但所到之处受到抗日军的打击，特别是杨靖宇将军、程斌指挥的抗日联军神出鬼没，巧妙地作战，使伪满洲国军步兵第六团在桓仁受到了歼灭性的打击。教导骑兵团的一部在辑安也因受到了抗日联军的意外袭击而溃灭。

在这种情况下，当青纱帐长起来的时候，不得不暂时后退到主要城市去的讨伐部队，由于日本帝国主义彻底掠夺东边道地下资源的野心，愿意也罢不愿意也罢，不得不强行修筑梅河口—通化—辑安间的铁路。基于关东军治安维持委员会的要求，九月里主要是以伪满洲国部队为主体进行了讨伐行动，拟定了“第一次东边道大讨伐计划”，在通化的第一军管行营司令部的上面设置了东边道讨伐指导部。当时伪满洲国治安部最高顾问佐佐木到一少将任部长，下面置佐官级的顾问五名，再其下设作战、行政、警察等指导机关，并统辖不久之后成立的东边道复兴办事处。和由山城镇迁到通化来的御坂中佐指挥的日本军独立守备大队一同强化指挥阵容，将伪满洲国军主力约三万、伪满洲国宪兵约六百及汽车队等集结在本地区，在各县设立警备司令部，造成了只要有村落就一定有部队的状态。十月起开始大讨伐。

在这次的讨伐行动中，无数的地方农民称之为“背给养”，即为部队运送粮食物品，连平时都不够吃的粮食大部分又被住宿的部队吃得一干二净，农民已经被逼到死亡的边缘。

在这样的情况下，抗日部队虽然进行了果敢激烈的斗争，但由于来自治标、治本两方面的讨伐，对居民的监禁，经济封锁，以及对于爱国住民的彻底逮捕和杀害等，对抗日军来说形势逐渐不利。许多抗日部队由树木少的东边道向北移动，把根据地迁到长白、抚松、蒙江、金川等森林地带。辽宁抗日义勇军王凤阁为保住根据地一直顽强斗争，但是终于在一九三七年三月下旬，在通化、临江、辑安县境受到日军、伪满洲国军的攻击。王凤阁及一百名战士成了俘虏，被伪满洲国军杀害。

一九三七年夏天以后，东边道讨伐进入第二阶段，指导部将歼灭王凤阁部队的日满侵略军集中于东边道的长白、长松、蒙江、金川等的密林地带，把攻击的矛头指向在本地区进行解放斗争的抗日联军第一军军长杨靖宇将军指挥的约一百名战士、第三军军长金日成将军指挥的约三百名战士、崔宪（贤）和朴得范指挥的约三百名战士。

为了扼杀正义的保卫祖国的斗争，日本帝国主义的讨伐行动经常以数倍或数十倍优势的武力装备残酷地使苦于物质条件恶劣的爱国人民部队逐次陷入苦境。特别使爱国人民部队烦恼的，就是副县长一马当先地领导集团部落工作、经济封锁工作以及由宪兵警察彻底地逮捕爱国人民。这样做的后果就是完全隔绝了爱国军队与地方居民的联系，彻底剥夺了他们衣、食、住来源的基础。

例如一九三五年二月前后，王凤阁部队在山岳地带秘密建造的小房大部分被烧毁了，每天只得在密林的雪地上露宿，吃的东西是口袋装的炒苞米，一顿饭仅是一把上下，慢慢地嚼着吃。不用说，茶和盐巴是没有的。穿的也是不能蔽体的破烂不堪的衣服。加上寒冷和疲劳，相继发生泻肚的病情，战士们行动愈来愈困难了。只有对祖国无限忠诚的心像火一般地燃烧着，这才支持住了他们的身体。

讨伐队知道了这种情况，抓住了这一弱点，于是便全面地展开了对抗日部队内部的搅乱工作。即由宪兵和警察组成主体，放出特务，进行“诱扣”工作，用欺骗的手段逮捕抗日军人，把他们解除武装。因为这种缘故，一部分组织不坚固、意志软弱的抗日部队中了这些人的奸计，特别是在一九三八年以后，除了抗日联军以外的抗日部队相继崩溃了。

讨伐部队对于这些人也采取了极毒辣的手段。一九三六年，中了第一宪兵队荻野宪兵连的“诱扣”计策的王凤阁军系统的张科长部队约七十名官兵被带到沈阳枪杀了。再有就是一九三七年三月中了第一宪兵队“诱扣”阴谋的约一百二十名爱国者被引诱到西安煤矿击毙后，用煤将尸体烧成粉末以灭迹。

一九三八年八月，由关东军治安维持委员会发表了“第二次东边道治安肃清大纲”，根据北部东边道地区抗日部队的新情况，与治标工作密切地联系的同时，强化阴谋“诱扣”工作，把“诱扣”来的人们组成一个数百名的警察讨伐部队，实行了“用中国人来打中国人”的计策。

在这样的欺瞒工作里头，通化日本宪兵队队长岛玉次郎曹长作为长岛工作队的指挥而臭名远扬。金日成部队、崔宪（贤）、朴得范部队等抗日联军，于一九三八年以后，将其根据地从长白迁移到它北方的安图、和龙、桦甸等地。杨靖宇将军以抚松、蒙江为根据地，克服困难斗争到最后。但终于在一九四〇年二月在蒙江县为日伪讨伐队所包围，弹尽粮绝，壮烈牺牲。

继而，关东军防卫部又拟订了“第三次东南地区治安肃清工作计划”，以中部防卫司令官野副昌德少将指挥的日军、伪满洲国军、警察队及以伪满洲国行政机关组成的“防卫委员会”为中心，开始了以驻在北部东边道长白、抚松、蒙江各县和延边地区安图、延吉、和龙、汪清、珲春等县的爱国抗日人民部队为对象的讨伐。一九四一年以后，抗日联军的根据地及其游击地区离开了东边道，迁移到延边地区和三江地区。

就这样，东边道从九一八事变以后被与日本帝国主义作斗争的爱国人民的鲜血所染遍，是中国人民永远忘不了的圣地；同时还是日本帝国主义暴露其本质，对中国人民犯下了用最野蛮的方法残杀、监禁、掠夺、烧杀等严重罪行的土地。我个人在一九三六年五月到一九三八年三月的二十二个月的时间内，在这个东边道各地，作为伪满洲国的“封锁”连长或是以宪兵连连长的身份，指挥数十名伪满洲国军人，进行了极尽蛮横之能事的种种罪行。

特别是在一九三六年秋到翌年四月期间，侵入辽宁抗日义勇军王凤阁司令指挥的部队的根据地，逮捕并杀害爱国人民四十余名和王凤阁部队人员十多名，并用阴谋“诱扣”了近三十名战士以此来夺取他们的武器；把附近的农民赶到威胁、恐怖的深渊，每天捕捉数十名居民探听情报，烧毁了王凤阁部队隐藏的小房约七十间，掠夺他们的粮食，终于捉住了这个部队，使之陷于全部被歼灭的惨境。

东边道自从一九四一年以后，表面上中国人民的武装斗争差不多都被剿灭了，然而，对于日本帝国主义的万恶罪行，人民的愤怒之火在内心中更加炽烈地燃烧着，地下组织更加扩大了。

东边道的治本工作

伪满洲国安东省抚松县副县长　坂田义政

伪满洲国政府为了确立中央集权，急速推进治安肃清工作，于一九三四年十二月一日设立安东省，即从旧奉天省里划出安东市、安东县、庄河、岫岩、凤城所谓三角地带和宽甸、桓仁、通化、临江、抚松、长白所谓东边道地区，进行了彻底的治安肃清工作。

由于中国人民的抗日救国斗争日益激烈，因此，日伪政权于一九三五年设立了安东省治安维持会。委员长为奉天独立守备队司令官园部和一郎，副委员长为安东省省长王滋栋，委员有安东省总务厅厅长别官秀夫、警务厅厅长连修、特务机关长兼伪满洲国军事顾问小越信雄、安东宪兵队队长富田直澄，干事长为奉天独立守备队高级参谋山县某（大佐），地区治安维持会委员长为连山关守备队队长中代丰治（中佐）和山城镇守备队队长胁坂某（中佐），干事为安东省各科科长，如总务科科长甲斐政治、警务科科长大林太久美、司法科科长难波星朗、土木科科长黑田重治等。

治安维持会的工作内容包括：1. 治标工作——主要是军事行动，以日军为中心，伪满洲国军及警察积极地担任实行。2. 思想工作——对反满抗日部队及其援助者进行镇压等，以日本宪兵、伪满洲国宪兵及伪满洲国特务警察为主体进行。3. 治本工作——主要进行集团部落、警备道路及通信网的建设，省县的行政部门合成一体来实施。

我此时是省警务厅保甲系，从事指导和实施本计划的活动。该工作的重点指向东边道地区，当地的参事官与治标工作有密切的关联，是本工作的当地责任者。为了断绝中国人民抗日部队和其拥护者的联系，建设集团部落，决定各种方案，参事官总是站在前头，率先地执行这项工作。

当时的参事官，宽甸县是葛绵祯次，桓仁县是三轮健儿，通化县是森山诚之，临江县是山代千代藏，辑安县是折田弥九郎，长白县是江口涉，抚松县是古川章。

山城镇地区治安维持会委员长胁坂守备队队长和省当局督促当地参事官在一九三五年到一九三六年夏将全县都变为集团部落，让农民在最短的时间内迁移。

扔掉祖祖辈辈住惯了的房子和离开自己耕地这件事，对于农民而言是不堪忍受的痛苦。然而，侵略者们强制他们这样做了。对于到期没有迁移的人，便在“通匪”“反满抗日”的名义下加以杀害，并将房屋破坏后焚毁。

辑安县皆川指导官指挥的警察队在一九三六年秋天在浑江流域行动的时候，只要是遇到房屋就说是“通匪”人家的房屋，烧毁了二十多户。

在建设集团部落的时候，对于农民耕地的问题当然是不加考虑的，仅仅从警备上的便利出发，将农民聚集在警备道路附近就是了。关于迁移时间的问题，不管是农闲期还是农忙期，一概无区别地进行。新建起来的房子因为湿气大，蔓延了斑疹、伤寒等恶性传染病，为采暖满屋烧的都是烟，因此，大部分的人差不多都害有眼病和煤气中毒。一家大小困在黑暗的房中过着痛苦的生活，到了春天也没有吃的，把榆树皮和野草捣烂掺在一起做成团子勉强充饥，完全被逼至惨绝人寰的生活之中。许多普通的百姓因疾病和饥饿而死亡了。兴城县参事官在当时曾说过：“由于治安肃清工作的实施，全县人口减少了三分之二。”

根据我的计划，普遍发给省内各县居民以“居民证”，挂上门牌，呼应集团部落的建设，实行了所谓“匪民分离”的强制方法。根据这个“居民证”来区别爱国抗日部队和一般居民，对于没有“居民证”的人，即当作“通匪”者加以处分。例如：据临江县警务指导官平野巡官说，他在一九三六年对普通百姓加以“通匪”的罪名而杀害，将其肉割下来烤着吃了，并将其肝脏挖下来放在炉子上烤干送给了山城镇守备队某少佐，还把被枪毙的爱国人民的头骨五六具送给了奉天医大生理学教授。

再有，抚松县坂田副县长于一九三七年秋，指令说有中国和平居民“通匪”，命令三浦巡官在松花江畔将其砍头。更于同年冬天，他和伪满洲国军事教官驹井中佐共谋，将爱国干部的首级割下来挂在抚松县城门前示众。这完全是一种鬼畜的蛮行。

东边道贵重土产品人参的栽培，一时也被完全禁止了。由于禁止上山的缘故，山上种植的人参全都荒废了，从而参民的生活基础被剥夺，长年的血汗化为泡影，只得流落四方。

和集团部落的建设平行进行的是对“治安不良地区”的警备道路和警备电话的强行建设。因此，当时在农民中间流行着“道路参事官”这句话。

东边道山岳地带的山涧里耕种的小块土地，也被毫不留情地当作警备道路用地而没收。数百万的农民为了建设和改修道路而经常不断地被强制奴役。农民们被收容在黑暗的席棚里，因岩石爆破而负伤成为残废或是因过劳和营养失调而病死的人为数极多。

例如，在辑安县实施辑安—通化间最难的一段工程——老岭的道路修筑和改修时，由大蚊子村附近的各村中抓来的农民约达五万人次，被收容在黑暗和极不卫生的席棚里，仅给以少量的高粱米粥、一小片咸菜和水，就得干十二个小时的强制劳动，因此，全员都害眼病，许多人因过劳和营养失调而死亡了。伪满洲国军事顾问兼特务机关长小越信雄就把这个凭借吸吮人民的鲜血而建起来的警备道路的老岭贯上自己的姓，命名为“小越岭”，并因此而洋洋自得。

就这样用无法估计的中国农民的牺牲而建设起来的这条警备道路，就是日本军队或伪满洲国军警的汽车前来逮捕所谓“通匪”的和平农民而驱驰的专用道路。农民们流着汗水亲手修成的这条道路却被禁止自己使用，只得沿着一旁凸凹不平的旧道忍气吞声地赶着大车颠簸前行。

一九三六年春天在通化—辑安的警备道路上发现一辆铁轮大车在通过，山城镇守备队志波少佐从马上用皮鞭数次抽打该农民。马被吓惊了在道上一跑，农民翻了一个筋斗连人带马一齐摔到沟里去了。

再有，警备道路的两侧一百米的区域内禁止种植高秆植物，属于山岳地带的东边道变成了耕地全无的状态。

伪满洲国军教导队司令美崎丈平驻扎在抚松县松树镇，他命令警察署长在此期间经常为其提供妇女以满足他的兽欲。该村落的妇女、父母兄弟以致儿童莫不含着愤怒的眼泪对其切齿痛恨。

为了切断爱国部队的粮道，实施了经济封锁，杜绝了城乡的经济交流。在各县和集团部落中设立盘查哨所，对于没有行政关系许可证的人由日满军、宪、警进行严格的盘问，没收其所持物品。特别是对于粮食、医药品、被服类及印刷物等实施重点的检查。

勤劳而爱好和平的农民被陷进一个接着一个的无边无沿的苦难之中，那种惨状是无法用语言形容的。

在这种极端的情况下，当地参事官特别是通化的森山、临江的山代、桓仁的三轮等人，与安东省司法科科长难波星朗、财务科科长副岛种等人共谋，他们认为单枪匹马地肃清治安效果不大，必须重新用欺瞒的方法使农民和抗日爱国武装部队隔离开来，于是便以特务机关长兼伪满洲国军事顾问小越信雄为中心，动员伪满洲国总务厅古海忠之等准备了东边道的“复兴工作”。

一九三六年秋开设了东边道“复兴”工作办事处，由安东省划出通化、临江、辑安、长白、抚松，由奉天省划出辉南、金川、柳河、蒙江等各县作为它的管辖区开始工作。继而于一九三七年七月一日设立通化省，任命吕宜文为省长，田府教雄为次长，岸谷隆一郎为警务厅厅长。

这个“复兴”工作表面上贷给一部分“复兴”资金，或是组织巡回放映、施疗等所谓宣抚工作，欺瞒宣传说是建设“王道乐土”。例如，当地参事官和省里把一九〇五年日俄战争中侵入东边道的特务头子花田中佐称为“花大人”，由鹿儿岛把他接来，组织了后援会，对东边道的农民说他是开发东边道的“父亲”，从而进行欺瞒宣传。

再有就是，为了利用宗教信仰来麻痹农民的反抗心，差不多在各县都建立了孔庙。譬如，抚松县的坂田参事官自一九三六年起以三年的计划在赶走的小学校的空地上建设了孔庙，使农民担负了这项劳力和经费。

一九三七年，日本帝国主义发动了七七事变，把侵略扩大到关内。为了掠夺作为战时物资必不可缺的东边道的铁、煤等地下资源，计划了东边道“复兴”工作，并急忙地奠定开发的基础——治安肃清工作。日本新兴的财阁鲇川义介捷足先登来到了东边道，对东边道各县投出了五百万元，要求赶快把治安肃清好。省次长田材敏雄和他串通一气，喊出了“光芒发自东边道”的口号，并强调说，为了使日本达到战争的目的，必须倾注全力为东边道的开发而努力！

在七七事变爆发的同时，在东北首先抗争的是金日成将军、杨靖宇将军等，中国人民的抗日救国斗争比以前更有组织、更活跃地进行着。譬如：抚松县在一九三七年七月末前后，频繁地传扬着县城的解放，坂田参事官一方面和伪满洲国军宪联系，一方面命令警察实施了严格的警备。正在这个时候，搜索县城内旅馆的时候，特务逮捕了王松山，紧跟着又逮捕了村公所所员和自卫团团员约十名。这些人在刑讯后被判了死刑，但在执行前在抚松监狱曾发生越狱逃脱的事件。

坂田在警备道路的建设和改修上也倾注了力量，在彻底实施的同时，逐步地进行正式的物资掠夺。例如，一九三七年冬夺取了约五万方的木材，县里组织了森林警察大队，使之掩护本次的掠夺。其他的县也是如此，自一九三七年春开始，辑安县在“经济复兴”的幌子下，和日本大阪三好石棉会社协同一致开采战时物资——石棉矿，把夺来的物资送往日本。

就这样我们这些副县长（参事官），为了使日本垄断财阀获得最大利润，为了保证侵略战争的进行，侵入他国，作为地方上的最高执行官，烧房子、凌辱妇女、掠夺财富，服务于日本的垄断资本，毁坏了中国的文化。

供述十一　保甲制度的罪行

伪满洲国吉林省敦化县副县长　荒川秀次

伪满洲国的保甲制度是根据一九三二年制定的《暂行保甲法》而实施的。当时奉天省有《区村暂行组织条例》，县里设有区村公所。吉林、黑龙江、热河三省设有区村的组织，所以根据《暂行保甲法》的保甲制度是作为县公署的下属组织而完成它的使命的。

保甲制度是县公署利用当地的土豪劣绅，通过他们来镇压人民的工具，主要是当时作为警察的辅助工具而被使用。其组织是约十户为一牌，约十牌为一甲，约十甲为一保，按照十进法组成的。但是依照地域的具体情况，设有一定的团官的划分。保甲制度是以睦邻互助、防止水火灾害和救急等为标榜，但这仅仅是表面上的幌子，实际上，是用作连坐式惩罚责任制的威胁手段，来强化对居民的镇压。住房的情况：住户负有关于迁居、搬入、住宿等报告的义务，违反者须受连坐惩罚。

一九三五年到一九三六年前后，吉林省敦化县总人口约四万五千人，其中县城的人口约两万五千人，占全县人口的半数以上；农村人口约两万人。但县城设一保，而农村则分为四保。这个保的地区和伪满洲国警察署管区的地区相一致。保内的甲、牌的数目因该地的土地位置和地形的情况而异，也就是说不是必须保持均等的户数和划一的组织。

在“保”里面组织“自卫团”，团员是用武器武装起来的职业团员，或是强制地把农村青年赶出来充当团员加以武装，使之从事对居民的镇压，由警察来担任对他们的训练，使之帮助警察实施横暴蛮行。

在日本侵略军进行讨伐等侵略行动最为疯狂的时代，这个“自卫团”和警察一起在“保卫乡土”的名义下，拿着武器攻击抗日爱国部队或是从事情报联络。

当初的“自卫团”是以有薪的职业团员组成的。从一九三七年前后开始团员改为无薪的义务制了。但是，实际上并没有实行无薪制，由于实行了摊派（按人口数平均负担），从而人民的负担只有加重没有减轻。

像这样伪满洲国的保甲制度，最初是作为帮助警察镇压人民的辅助工具而组成的。之后，在奉天省以外的省区，把自卫团逐次用于所谓“助长行政”的方面，也就是作为县公署的下级机构而利用了。

一九三五年春，在敦化县由伪满洲国中央银行发放过“二荒地复兴春耕贷金”。这是依照十户连坐保证贷款，每一户摊十元，保、甲、牌长等把这十元中的大部分克扣了去，理由是为了交涉贷款的旅费啦、饭费啦、填写证书用纸费啦、印花费啦、笔墨费啦等加上许多名目进行克扣。此外，还要作为偿还地主一部分旧债加以克扣。像某一个农户那样，用这笔钱好容易买了半袋子“苞米碴子”来糊口。

一九三七年在吉林省当日本移民开始掠夺土地的时候，通过

“保、甲、牌长会议”，强制地加上满洲拓殖公社单方开出的价格。

保、甲、牌的经费是由各住户摊派的，即把榨取来的财富再支出去。再者“自卫团”费的负担是巨大的，很难掌握确实的数字。此外，还有下面的例子：一九三七年某县保事务所的账上记载的金额达一千几百元，这笔钱被当地的某一警察署给消费了。其内容是，用于署长的招待费、警察署烧的煤钱、电灯费、笔纸办公费等。这不过是简单的一个例子而已，像这样的负担是按人口平均而加在人民的头上的。

供述十二　治安队的移管问题

伪满洲国滨江省肇州县副县长　岛村三郎

所谓治安队的移管问题，是在一九三六年初发生的，在这个时间，可以说只要是涉及这个问题，就会发生参事官集团和中央官僚群之间的意见冲突，也就是到如今在参事官的指挥下用作讨伐中国爱国军的县警察讨伐队（治安队）从这年起要移交给伪满洲国军管理的问题。这是关东军的主张。宗旨是今后的讨伐由军队来执行；参事官须专门进行行政上的镇压。但是，当时中国爱国军活动最盛的三江省的参事官们首先表示反对。他们的主张是："参事官负有维持一县的治安的责任，若是从参事官手中剥夺了维持治安的工具，那么，我们便没法儿负起这个责任了。"

不久，这个运动变成了全伪满洲国参事官的反对运动了。各省的参事官代表纷纷达成决议，把各县的参事官的辞呈凑到一块儿交到中央政府进行交涉。起初就连中央政府特别是民政部警务司也和参事官持有同样的意见，因此，参事官得到了声援，向关东军进行了交涉，但最终被驳回了，治安队被编入伪满洲国军。

如前所述，自从笠木良明辞职以来，和中央官僚不大对头的人们认为是个机会起来发起猛烈的反抗运动了。所以说这不仅是治安队的移管问题，而且是关于伪满洲国统治的两个不同观点的正面冲突。

据当时热河省的总务科科长三宅秀也说：把这个问题拿到热河省给参事官火上浇油的人，是青龙县参事官富高辻长。他把参事官召集到承德来开会，还向省公署陈述意见什么的，经过了各种曲折，最后赤峰县的滝木实春作了热河省参事官的帮腔。在最后的会谈中，省公署方面表示了这样的态度："对于省里来说，最初也和参事官有同样的意见，也和中央交涉和努力了，然而，既然问题已经被这样解决了，现在若再作反对就不合适了。"听了这话的参事官们认定这是省里的家伙把他们出卖了，大家拂袖而去。

三宅总务科长看到了这种情况，和原总务司长合计后打定了最后的主意。他说："参事官任意地退席，真是岂有此理。如果参事官不能无条件地重新出席，我就把辞呈要回来。"

经过这样的约定后，他便到泷本等的宿舍里去和参事官们进行交涉。结果参事官们虽然看在总务科长的面上重新出席了，但以后关于治安队的问题都一概不发言了，问题总算得到了解决。

后来青龙县参事官高辻长吉认为事情既然失败，"继续在职是不体面的"，便以这种理由辞职了。和高辻等一齐辞职的人中，有笠木一派的冒失鬼——岸要五郎、山田左兵卫及蜷泽清等许多大同学院毕业的第一期学生。这些人中像前面所说的三田正夫也是在笠木良明辞职的时候坚决地要退职的人中的一个。

本问题自从三宅于一九三七年当了治安部警务司人事科的参事官，也就是他进入中央以后，又被提了出来。警务司通过确立武力警察的形式和关东军进行顽强的交涉，终于在县里再度成立了警察讨伐队，贯彻了当初参事官的主张。

中央和地方这种倾轧，总体来说是由伪满洲国建立以来遇事必要表示反抗的笠木一派的参事官和苦于驾驭这些人们的中央官僚之间的感情冲突，并且还是从想要掌握一县的大权而实行专制统治的参事官的封建政治思想意识出发的。

在这次事件中退职的岸要、山田等后来都跑到北京去鬼混。一九三八年，岸要五郎因事由北京来到新京，在中银俱乐部偶然遇见了当时的人事科科长津末圭二，不容分说骂了一声“混蛋”，把津末打倒，演了一出丑剧。

但是，像这样表示了反抗的岸要和山田后来又满不在乎地回来当上了骑在人民头上的官吏。

供述十三　在七七事变中副县长的罪行

伪满洲国兴安西省阿鲁科尔沁旗参事官　岛村三郎

一九三七年的七七事变，即是蛮横的日本侵略军故意制造的卢沟桥事件，与之相关的副县长的罪行因各县的特殊情况而异。像锦州省、热河省的各县、旗那样在日本侵略军直接行动的地方的副县长，由征用车马开始，为日本侵略军输送物资，对侵略军进行种种援助等，便是其犯罪的内容。但是像我这样处在兴安岭偏僻地方的人，仅犯了如下所述的罪行，并且因为地方过于偏僻而对其他地方的副县长所犯的罪行都不大知道，这是我十分遗憾的地方。

阿鲁科尔沁旗的对策

我在兴安岭的深山——阿鲁科尔沁旗的昆都，接到了“七七事变发生了，要严格取缔人民的反抗，注意微小的动向，镇压爱国者的反抗运动”的命令。确切地记得这个命令是在一九三七年七月八日接到的，也就是事变发生的第二天。当我手中握着这封电报的时候，心中感到非常不安，这是由于我有在以前的任地处理过奈曼旗事件的经验。我想如果搞不好的话，也许又要像奈曼旗事件那样日本人全体被消灭也不一定。因此，我在表面上装出不在乎的样子，虚张声势地偷偷地把手枪藏在口袋里，走进了参事官办公室。蒙古人的官吏和中国人的官吏是从邮政局听来的吗？好像已经知道发生了事变。他们在这一天里都耷拉着脸，到我这里来送公文，也不想谈话，办完事扭头就走。他们彼此之间，据我们观察，也少有交谈，只是默默地坐在桌前办事。这是他们考虑到祖国的危机，对于侵略者的我们无言的抗议和反抗。

我在十点钟前后把日本官吏召集到参事官室里，为了预防万一要求他们要警惕，解散的时候留下三名日本警察官，吩咐他们命令管内的警察署，如果发现不稳定的言论和行动要立即加以取缔。并和当时驻扎在昆都的蒙古军第十二连联系，委托他们预防有可能发生的事变。在人口仅有五万的这个草原和山岳的旗里面并没有像我担心的那样，什么军情也没有发生。但是，当时旗里的人民中间充满了沉重不安的气氛，而我们的害怕却比这个更厉害。

我把战局发展的后续情况说给旗里的人民听，暗中威胁他们不要生出没有意义的反抗之心，但是，中国人民的脸色并没有因此而好转。

募集伪满洲国蒙古独立军的罪行

关东军在参谋长东条英机的指挥下，突破热河省长城线侵入蒙江地区，确实是和七七事变在差不多同一时期。

在这前一年曾当过兴安西省警务科科长的前陆军大尉，被人称为“蒙古通”的盘井文雄无故地辞了职后便不知到哪里去了。但是，在这个时候，他忽然以蒙古独立义勇军顾问的身份出现了，在兴安西省一带从事“蒙古独立义勇军”的募集。我们到这个时候才明白了盘井的退职理由——他原来从那时候起在一年半的时间内潜入张家口和包头方面从事着侵略工作。关东军对蒙江的侵略在一九三六年的时候就开始计划了。

盘井依靠他和各旗参事官的老交情，从全省募集到约五百名壮丁。我以旧自卫团团长为队长，派遣他募集了约七十五名的骑兵壮丁。队伍出发的时候，我作了这样的欺瞒演说：“大蒙古国的建立开始了，和日本军一块干，争取自己的民族独立!”这是企图使他们充当日本帝国主义的炮灰。进入包头地区的这支部队，和我的话完全相反，蒙古的独立仅有其名，实际是强迫他们充当日本侵略军的奴隶。

“百灵庙事变”发生了，即转过年来，日军特务机关长被蒙古军杀死了。蒙古军对日本帝国主义进行了英勇的反抗，至于由兴安省送去的募兵究竟与这件事有着什么程度的联系我就不知道了。

兴安西省地区募兵总队长是巴林左翼旗前总务科科长苏达那木扎布。他是个大烟鬼，无可救药的坏蛋。还有全兴安蒙古募兵军的总队长，当时巴林右翼旗的警务科科长金昌。这个人在九一八事变前率领两千名部下作为日本帝国主义的“谋略部队”，进行了“强盗”行为，是祸害善良和平居民的一个坏蛋。

我们全兴安蒙旗的参事官，由于实施了这个磐井所进行的蒙古军的募兵工作，给全体蒙古人带来了无法估计的灾难。

供述十四　设立保安局与所谓国境警察队的罪行

伪满洲国中央保安局第二科科长　岛村三郎

伪满洲国保安局是一九三八年三月根据关东军的命令设立的。当时担任这个工作的第四科片仓参谋对主计处处长古海忠之说过这样的话:“这回准备成立一个进行防谍、情报及谋略工作的大机构，给我准备三千万元左右的经费!”

由于关东军在上一年制造了七七事变，日军对中国的侵略全面公开，与此相呼应企图扩大侵略北方，在活跃地进行情报、特务等活动的同时，强化防谍阵容，为侵略苏联作着准备，为此，在伪满洲国的警察中设立了保安局。

在保安局成立的同时，在所谓的伪满洲国国境的重要地区设立了警察队。这是在一九三八年四月一日建成的，其建制如下:

黑河的队长——柏叶勇一

密山的队长——日渡伊左卫门

绥芬河的队长——影山八濑树

东宁的队长——田上乾吉

珲春的队长——佐藤五郎

这五个队每队的人员四百至五百名，驻扎在相应的地区，在进行国境警备的同时执行防谍、情报等任务。然而，这个时期的国境警察队是中央保安局直辖的部队，在业务上和副县长没有任何关系。但是在一个县里头存在着这样的一个部队，从该县的行政运营上来说，当然成为一种眼中钉，因而在副县长和警察中间经常发生纠纷。因此，在一九三八年十二月将该队解散编入县的警察里面。与此同时，改编国境各县的警察为国境警察队，原来的警察科科长改为本队长，警察署署长任中队长，全员都由日本人充当。

在这个时候，副县长还没有担负防谍和情报的责任，这是因为这种业务需要保持高度的机密。基于像副县长这样的一般行政官吏不知道倒好的见地，所以由省地方保安局直接担任领导。但是，这种作风与副县长的思想意识有矛盾，也就没有得到好处。

到了一九四〇年，决定国境警察本队长由副县长和县长来担任。在可能的范围内进行了人事调整，用对警察业务有经验的人充当副县长。

从这个时候起，副县长负起对苏联和外蒙古进行秘密战罪行的全部责任了。各国境警察队在各地展开了秘密战，日本帝国主义根据上述所犯滔天罪行进行了侵略准备。我要用以下所说的关于防谍、情报的四五项罪行来说明该罪行之一斑。

一九四〇年四月在东安省密山县半截河逮捕了六十名苏联地下工作人员，其中的七名在本队审讯后被杀害了四名，将其余的三名送交中央保安局。

一九四三年随着太平洋战争的进展，日本帝国主义的苦境逐渐地暴露出来，在这一年中，在防谍工作方面对于爱国者的镇压越来越残暴了，仅就我现在所知道的密山县的罪行供述如下：

九月，逮捕抗日军人谢图中尉，加以杀害。

十二月，逮捕三名苏联情报人员，把他们送往石井部队用作细菌实验而杀害。

某月，逮捕一名苏联无线电情报人员，后来将其策反利用其搜集情报。

一九四四年，密山县杨木岗中队逮捕了五名由苏联回来的武装抗日人员，进行审讯，判明苏联远东军兵力配置及红军国家保安部系统的配备状况后，全部用药毒死。

一九四五年一月，五名武装抗日人员由苏联经过结了冰的兴凯湖来到东安省密山县杨木岗子村马才家中。起初为了逮捕他们想要使用毒酒，但失败了。后来强迫马才的妻子和抗日人员发生关系，然后使用毒药将他们逮捕。

仅东安省密山一县的事情尚且如此，其他就可想而知了。

如上所说，伪满洲国保安局所犯的秘密战罪行的大部分（约百分之八十）是由国境警察队进行的，这同时也是所有国境县本队长——副县长的罪行。

供述十五　三江省治安肃清工作的罪行

伪满洲国三江省汤原县宪兵分队队长　藤原广之进
伪满洲国三江省特务科科长　岛村三郎

当时的爱国者的情况

一九三二年，许下为东北人建设“王道乐土”诺言的关东军，对三江省农民所实践的诺言，就是从农民的手里把他们祖祖辈辈耕种、赖以为生的宝贵土地硬说是日本开拓团用地，几乎分文不给地掠夺过来，为此被激怒了的农民起义反抗，遂发生了前面所说的土龙山事件。三江省的爱国者依仗完达山脉和小兴安岭山脉的天险，在中国共产党的领导下展开了活跃的抗日斗争，完全使日本帝国主义的统治体系陷入瘫痪状态，像勃利县的参事官那样，从依兰街就是到不了任地去，不得不蹲了好几个月。

那个时候三江省边疆的农村里建有大块的抗日根据地，城市和农村到处都成立了共产党的地下组织和抗日救国会的组织。为了人民的解放拿起武器站起来的抗日联军第二路军及第三路军依靠这些抗日的民众，进行活跃的游击战，到处给予日军、伪满洲国军及伪满洲国统治者以沉重的打击。

一九三七年初，三江省的爱国者勇敢地对侵略军占据着的城市进行袭击，或解放监狱，或夺取武器弹药，显示了抗日斗争的威力。其中，在汤原口袭击了乘坐汽车行进中的仓石联队堂华中尉指挥的机关枪中队，把中队长以下的日军全部消灭了。在依兰县进行士兵工作，使伪满洲国军步兵第三十九团倒戈。就这样使面临七七事变的关东军焦躁不安，无法消除它的后顾之忧。当时号称三万余名抗日联军的编制及其游击的地区如下：

吉东省委——周保中

抗日联军第二路军总司令——周保中

抗日联军第二路军第四军军长——李延禄

抗日联军第二路军第五军军长——周保中（政治主任关书范）

抗日联军第二路军第六军军长——李学万

抗日联军第二路军第十军军长——汪雅臣

游击区：以依兰、林口、牡丹江、东安、饶河的完达山脉为中心。

北满临时省委——赵尚志

抗日联军第三路军总司令——赵尚志

抗日联军第三路军政委——李兆麟（化名张寿篯）

抗日联军第三路军政治主任——金策

抗日联军第三路军第七军军长——戴鸿宾（前任赵尚志）

抗日联军第三路军第八军军长——谢文东

抗日联军第三路军第九军军长——李华堂

抗日联军第三路军第十二军军长——祁致中（号明山）

游击地区：三江省一带及黑河省一部分地区，主要是以小兴安岭为中心。

第三路军在一九三九年底以小兴安岭为根据地进行了如下的改编：

第十二支队——徐泽民

第六支队——冯治刚

第九支队——于天放

第三支队——王明贵

侵略军的编制

关东军被三江省爱国军的活跃斗争所震撼，于一九三七年十月策划了所谓的三江省治安肃清讨伐，率关东军、伪满洲国军及警察的全部力量袭击了三江省的爱国者，其兵力及编制大致如下：

1. 日本侵略军

第四师团司令部设在三江省公署所在地的佳木斯，配置驻勃利、依兰、汤原及鹤立镇的各部队，勃利置步兵第七旅团司令部，汤原置三十二旅团司令部，其兵力达到一万。

作为特别编制，将两千五百名骑兵分为两个联队，分驻于宝清和富锦之外，独立守备队约四千五百名分驻于佳木斯、林口、通河，总兵力约一万七千人。

日本侵略军的配置

第四师团司令部总部（约一万人）：

师团长——中将松井命（一九三八年以后为中将泽田茂）

参谋长——大佐罔田资、大佐角健三

驻扎地：佳木斯市

第四师团司令部各机动部队：

步兵第六十一联队的一个大队

骑兵第四联队

野炮兵第四联队

工兵第四联队（队长——大佐冈本清福）

第四师团通信联队（队长——大佐井上某）

第四师团轻装甲车队

轻重兵第四联队

第四师团卫生队

驻扎地：勃利

步兵第七旅团司令部（旅团长——少将石黑贞藏）

步兵第八联队本部（联队长——大佐杏某）

驻扎地：依兰

步兵第七十联队本部（联队长——大佐石川话三郎）

驻扎地：汤原

步兵第三十二旅团司令部（旅团长——少将熊谷敬一）

步兵第六十一联队本部及其主力联（联队长——大佐仓石忠一郎）

驻扎地：鹤立镇

步兵第三十七联队本部及其主力联（联队长——大谷某）

骑兵第三旅团（约两千五百人）

由第二十三联队、第二十四联队组成的分驻于宝清和富锦的独立守备队（约四千人）

驻扎地：佳木斯、林口、通河

2. 日本宪兵队

一九三七年五月，在佳木斯设立临时宪兵队，儿岛正范中佐任队长。

其宪兵队分驻于佳木斯市、汤原县鹤立镇、汤原县城、依兰县城、富锦县城、饶河县城、同江县城、勃利县城、通河县城、宝清县城。

日本侵略军、伪满洲国军及警察讨伐队的讨伐同时并进，以镇压共产党的地下工作。

3. 伪满洲国军的编制

佳木斯地区警备司令官指挥下的伪满洲国军兵力也有相当的数量。一九三七年末取消警备司令部，设立第七军管区司令部，准备三江省的大讨伐，兵力增强到一万三千名以上。另外，还于一九三八年增派了蒙古军两个团、日野支队两个团和靖安军四个团。

4. 伪满洲国警察讨伐队

三江省讨伐队开始的同时，治安部警务司在全东北组成了警察讨伐队，驻扎于三江省内的重要地区，堵住爱国游击队活动的要路，它的兵力也达到一万人以上。这个警察讨伐队的全员被置于各县副县长的掌握之下，驻扎于县内各要点，犯下了许多罪行。首先，副县长把农民的住房不许说个“不”字地占领了过来，从附近的农民那里用极便宜的价格夺取各种粮食，对于拒绝的或者表示不满的人便以反满抗日分子的罪名逮捕并杀害。农民们像憎恨蛇蝎一样地憎恨讨伐队。因此，抗日联军为了解除这些农民的痛苦，到处袭击警察讨代队，解除他们的武装。

罪行的梗概

一九三七年和一九三八年的两年中，到处展开和爱国军的激烈战斗，制造了名副其实的用鲜血染遍三江省全土的惨案。

1. 讨伐的罪行

副县长指挥的警察讨伐队，是以日军和伪满洲国军较少的兵力分散地配置于县内的重要地点，由于像上面所说的那样，对人民进行残酷的掠夺，所以才成了爱国军攻击的目标，并且在讨伐中也是用小部队行动，因此，和爱国军发生正面冲突的时候所受的损伤也就多了。日军和伪满洲国军出动的时候，多是进行大规模的讨伐，装备和兵力有了充分的准备才出动。受到人民支持的抗日爱国军队往往事先就知道了它的动静，经常回避和它主力的正面冲突，采取了保存实力的战法。我们手下没有关于讨伐队罪行的详细资料，这是很遗憾的，但是根据一九三七年至一九三八年期间他们在三江省绥滨县沼泽地带所犯下的罪行，就可以作为推测其他县情况的资料。

2. 在绥滨县的罪行

三江省绥滨县是一个人口较少且连一座山也没有的平原地带，相较于其他各县，抗日联军采取游击战术的条件不好，所以在这个县里就不能设立突出的抗日根据地。抗日军最活跃的县是依兰、勃利、汤原、方正和通河等县，其次就是桦甸、富锦及宝清等县，再次则是绥滨县、饶河县和萝北县，这些都是在三江省的中等抗日根据地。从绥滨县里驻扎着伪满洲国军的靖安军（二到三个团）、骑兵第四团、骑兵第二十四团、步兵第二十团、步兵第二十六团来看，就可以想象得出当时抗日联军的活动是如何地活跃了。

这些个讨伐队不时地出动，和以西部沼泽地带（无人区）为根据地的第三路第六军系统的爱国军队交战，但是爱国军队神出鬼没地回避着大部队的追击，使讨伐队感到十分棘手。

一九三七年春天，抗日联军第六军独立骑兵师中侠、助国所率领的爱国军在古城子袭击警察讨伐队的汽车，击毙日本人真崎井佐和一名翻译而奏响凯歌。一九三七年末，该军袭击莲生堡的伪满洲国警察署，解除了二十名警察官的武装。此外，于一九三八年初，袭击了由于松花江开冻难渡转由鹤立冈迂回萝北的一支来自南满的警察讨伐队，击毙日本人警尉一名和警察官三名，使伪满洲国讨伐队完全手足无措了。

到了一九三八年末，湿地上冻了，这些讨伐队联合在一起，进行对湿地的大包围作战。由中侠、助国所率领的约一百名抗日联军突破重围到达苏联国境，巧妙地渡过河进入苏联境内。在本次作战中，伪满洲国军掠夺了军马一百五十四。

那么，这是否意味着抗日联军的根据地完全覆灭了呢？不是的。因为抗日联军仍然以沼泽地带为中心，毫无规律可言地扰乱着伪满洲国的统治体系。一九三九年冬，在日军飞机的指引下进行了大作战，此时仅烧毁了根据地的两三座山寨，连一个抗日联军的影子也没有看到。

3. 特搜班的罪行

在长达三年的大讨伐中，副县长所犯的罪行里面，杀害和虐待爱国者与和平人民最多的是特搜班。他们跟着讨伐队行动，袭击抗日军所通过的村落，挨家进行彻底的搜查盘问，逮捕和平居民或是养伤中的爱国者，根据刑讯的结果加以杀害。

由于特搜班的这种行为过于残暴，反而对于欺瞒宣传是不利的，因此，伪满洲国政府在表面上制定了需要经过正式的审判手续才能杀害被捕人员的法令，但实际上仍是照常杀害，于是便在报告中随便加上些什么“因为在押送途中企图逃走而被杀害”或“因为反抗不得不杀害”等毫无根据的理由。不用说，上级机关对于这种理由连一回也没有查问过。所以，特搜班认为在讨伐中被逮捕的人是该死的。

如某一个日本警尉将一个庇护年老母亲的女儿一齐杀死，而他却把这件事说成是英雄事迹一般得意洋洋。如依兰县的西村警佐亲手砍死爱国者并将其脑子煮着吃，他却因此而自豪。还听说，有的警察官居然把爱国者的肝脏拿回去配药。特搜班的这种行为简直不是人干的。当然，帝国主义者是没有人类情感的，特别是特搜班的人有着杀人的兴趣，除了说他们是杀人魔鬼以外，再也找不出能够形容他们的言辞来。

我们手头上虽然没有在三江省三年讨伐中特搜班杀害爱国者总数的基础资料，但毫无疑问他们犯下了非常多的罪行。仅就讨伐的最后一年——一九三九年来说，根据我的估计，被杀害的人就达二百六十九名之多。

讨伐队回来后，副县长总是要把讨伐队的干部召集到一起，以“慰劳会”为名大喝一顿。副县长听到特搜班成员特意报告他们残酷的罪行时总是喜笑颜开，这就是恶魔头子副县长的嘴脸。

4. 汤原事件

一九三七年四月，抗日联军第三路军在汤原县民的支持下袭击该县城，占领了县公署，击毙宫地副县长及手下数名日本人警察官，解放了在监狱中受难的无辜和平人民，然后打开仓库夺回了武器弹药。当时汤原县城里驻扎着步兵少佐原弘志率领的一个步兵大队，他们被抗日联军的勇敢攻击吓住了，没敢作任何抵抗，只是在兵营里胡乱地发抖。

这个事件是当地副县长为了移入日本开拓团，已经把他的先遣队调到县城来，准备从农民手里剥夺土地的直接原因。也就是说，此次事件是中国人民对于日本帝国主义的侵略进行反抗的正义斗争。

5. “三一五”事件

三江省的治安肃清工作是根据关东军拟定的治安肃清工作的要领实施的。其要领分为治标工作、治本工作及思想工作。思想工作即根据宪兵、警察等镇压机关的思想对策，跟政府的行政机关与协和会的欺瞒宣传、宣抚工作同时进行的愚民工作。实际上，就是讨伐行动。

治本工作，即全省、县行政机关所进行的集家工作、警备道路的修筑、警备电话的架设及禁止高秆植物的栽培等工作，用以断绝爱国者和人民之间的联系，为增加侵略军的机动力而进行准备。

思想工作包括思想对策和思想工作。思想对策：目的在于利用宪兵、警察、特务等镇压机关对共产党的地下组织及反满抗日组织进行搜查、逮捕和破坏。思想工作：利用协和会和省、县的行政机关进行所谓的建国精神的普及宣传，用以麻痹人民的反抗心理。

如前所述，三江省次长及各县县长以治安维持会为中心，作为该地区的治安维持委员会的委员长进行活动，副县长即在这个委员会中扮演着重要的角色。

“三一五”事件是指在一九三八年三月十五日对全三江省的共产党进行的大镇压。“三一五”的开端是，一九三七年八月下旬，熊谷旅团的森原部队在讨伐或搜查中逮捕了约四十名和平人民，刑讯的结果是判明其中一位叫尹洪明的是共产党干部，认为有交警察处理的必要，将他移交给汤原宪兵分队队长藤原大尉。

同年九月下旬，汤原宪兵分队特务冯述贤探知了中共汤原县委组织负责人周兴武的所在地，把他诱捕了。通过对周兴武的审讯，获悉在汤原县委下面设有汤区、涳区、格区、龙区、鹤区等委员会，在区委的下面还有党支部小组，此外，尚有作为外围团体的抗日救国会的组织，并且得知像这样的组织遍及三江省的各县。也就是判明了由中共北满临时委员会领导的党组织和它的外围团体。藤原大尉把这个情况报告给佳木斯宪兵队队长儿岛正范。

这个时期日本宪兵队队长关于思想对策（对共产党的逮捕和镇压）有着对各警务机关统一处置的权力，因此，儿岛队长以三江省警务统治委员会的名义发布了命令，命令全三江省的宪兵和警察协同一致，为搜查和发现共产党地下工作者而努力。经过这样的侦查，大体掌握了事件的全貌。一九三八年三月十五日，佳木斯宪兵队队长向全省的镇压机关发布了一齐逮捕的命令。

在这个“三一五”大镇压中，犯下了仅在汤原县一个地方就逮捕了中共北满临时省委系统的爱国者八十一名，在依兰县逮捕了中共北满临时省委、吉东省委爱国者合计一百三十六名的罪行。其中，汤原的四十九名、依兰的三十二名爱国者分别被判处死刑、无期或有期徒刑，也就是大部分被杀害了。

这虽然是以宪兵队为中心犯下的罪行，但是各县的副县长指挥特务、警察也都积极地参与了这些罪行。

6. 汤原县第二次袭击事件

这是一九三九年三月里发生的事。汤原县城再度受到赵尚志军长率领的约百名爱国者的袭击。此次是在城门附近发生的战斗，因为爱国军很快地撤退了，所以并没有发展成为上回那样的事件，日军的两名步哨负了伤。

省警务厅吃了一惊，当即命令依兰、桦甸两县的副县长组成警察讨伐队和汤原县警务队合力追击赵尚志军，但是赵军已经深入兴安岭的山中，并没有发生战斗。

此时，随着讨伐队前进的各县特搜班彻底地搜索了赵军所经过的村落，犯下了杀害约五名爱国者及和平居民的罪行。比这事更严重的是，逮捕了赵尚志军袭击县城的那天晚间所住宿的那个村子约一百名居民，刑讯后的结果是将其中约三十名移交给日军杀害。

当时的副县长中村宜也在宴会上对当时任三江省特务科科长的我洋洋自得地谈起了这件事。这是我的罪行，同时也是全体侵略者的罪行。

7. 方正县的起义及其后的大惨案

一九三九年五月前后，发生了方正县警察讨伐队与在该县小岭地带打游击的抗日联军第三路军第九军军长李华堂联合起义的事件。在驻扎依兰县的日军守备队队长的指挥下，依兰、勃利、汤原、通河及方正的副县长派遣警察队与伪满洲国军协力，对此进行攻击，击毙了约三分之一，逮捕了剩余的三分之二，又枪杀了其中的二十名左右，制造了此次惨案。

再有就是，在此次讨伐中，特务班逮捕了许多和平居民，将其中的五名杀害。

8. 第一次通河事件

三江省是中国共产党的老根据地，特别是这个通河县继第一次起义之后，连续地发生了第二次、第三次等一连串起义。

一九三九年十月，发生了通河县警察官警尉（共产党员）和同志共谋，救出了被拘禁在通河县警察署拘留室里的爱国者约七十名，袭击县的兵器库把自己武装起来，然后又攻打县公署的事件。三江省岛崎警务厅厅长立即命令依兰、方正、汤原的副县长对此进行追击，但是，此时爱国军已经深入小兴安岭的山中，没有发生战斗。我当时是三江省的特务科科长，与方正县副县长山田登相勾结，搜查此事件的幕后联系人，犯下了让县特务逮捕许多和平人民、利用刑讯制造联系人、判处将近十名爱国者死刑的罪行。

9. 长发屯事件

一九四〇年二月，发生了驻扎于桦川县长发屯的警察讨伐队在队长的率领下击毙两名日本人警察官并全员起义的事件。

当省警务厅厅长命令勃利、桦川、富锦的各副县长派遣警察讨伐队的时候，长发屯已经空空如也，爱国军早已踏着雪地往富锦方面去了。但是雪地上留下了爱国军的足迹，讨伐队寻着足迹前往追踪，并且还有日军飞机出动，从空中引导富锦讨伐队迎面出击。爱国军取道山中，但前进方向是没有道路的山岳地带，因此被讨伐队的大军所追上，激战后损失约半数，其余半数不得不投降了。

我是三江省特务科科长，命桦川县特务对逮捕的爱国者进行刑讯，又在长发屯逮捕了三十八名和平居民，将其中的五名处以死刑，其他分别判处有期徒刑。

10. 一九三九年度的其他罪行

除以上所述外，对活动于完达山山脉中的爱国者的讨伐、对桦川和富锦间沼泽地带的讨伐、对绥滨县沼泽地带的讨伐，此外对谢文东、李华堂的诱降工作，对抚远县“卡杂桥宜奇”水道警察队起义的镇压，等等，单就我现在所记起的罪行来说，就已经达到相当的数量，而县里的讨伐队独自进行的讨伐罪行更难以数计。毋庸置疑，在这些讨伐里面，一定伴随着特务班的罪行。要论在什么地方进行讨伐，总是出不了某一个县的范围，而该县的责任者——副县长一定得出动警察讨伐队并对此加以领导，因此，任何讨伐都和副县长脱不了干系。

在治本工作中副县长的罪行

与上述的讨伐和逮捕同步，各县副县长除了在修筑警备道路或是架设警备电话中奴役人民以增强侵略军的机动力以外，还在全县设立集团部落以断绝爱国军和人民的联系继而切断他们的物资援助（粮道）。关于治本工作的内容，在《治安维持会的罪行》中已经详述了，这里不再重复。此外，还做了通过协和会的欺瞒宣传以麻痹人民的反抗心的工作。

三江省被鲜血染红了，在长达三年的大讨伐行动中，没有一件不是和副县长的罪行有关联的。

怀抱对苏联侵略企图的关东军，在大讨伐期间在伪满洲国国境线上引发了南屯事件及其他，对苏联进行各种挑衅并从事对苏情报搜集工作。伪满洲国国境各县的副县长必须对此承担重大的罪责。

供述十六　在诺门罕事件中的罪行

伪满洲国蒙古军少将　久保田源次郎

诺门罕事件当时的罪行

起因于一九三九年六月日本侵略军在兴安北省诺门罕附近侵犯外蒙古，遭到了外蒙古军队为保卫领土的正义反击，爆发了诺门罕事件。在本次事件中，日本侵略军被外蒙古优势的机械化部队给狠狠地打垮了。在这期间，当地的参事官自不待言，就是兴安蒙旗的各参事官把日本军吹嘘得像是多么强大似的，煽动蒙古民族由苏联夺回外蒙古，一方面把蒙古人子弟驱赶战场充当日本帝国主义野心的炮灰，另一方面在各地撒下了间谍网逮捕由外蒙古进来的情报人员。

杀害诺门罕战场逃兵的罪行

许多蒙古族青年被送往诺门罕的战场。一队是海拉尔部队由乌尔金中将率领的两个团，因为负责甘珠庙的正面，所以没出现一名逃兵。另一队是前日军的预备役少将野村登龙江率领的蒙古军师团，这是在开战前由募集的蒙古族青年组成的，并没有受过任何军事训练，仅是在来到战场后才发给了武器的一种速成部队。在野村师团里，有一个叫野田又雄的日军大尉占据着顾问的地位。他把野村当作傀儡，自己总揽一切，因此野村愤然退到后方，上演了一场同室操戈的丑剧。

这个队伍一到达前线就受到苏联飞机的轰炸，开战的第三天又受到苏联战车队的攻击。蒙古族青年嫌恶没有意义的杀戮，于是或杀死日本人军官逃往外蒙古，或是三五成群地脱离战场，因此兵力便减少了一半。日本人军官监视自己的逃兵比对付外蒙古的军队还要付出更大的力气。

脱离战场的蒙古族青年多数逃往乌珠穆沁方面去了。他们在这里得不到一点儿吃的，痛苦地在山野里徘徊，最后进入伪满洲国境内到处向居民索取食物。旗参事官们把他们看成是“国贼”，派遣警察队进行逮捕。被逮捕的人或者被投狱，或者被秘密杀害。通辽特务机关长金川耕作大佐担任这一切的领导。

巴林左翼旗警察官（警长）大塚（日本人）被逃兵捉去当作人质，也就是这个时候的事情。他们是想通过大塚来保全自己的性命。从战场上逃走的蒙古族青年们，回不了自己怀念的家乡，在约达一年的时间里饱受侵略军追击之苦。

日本帝国主义对于无辜的青年不加以训练就把他们驱赶战场，捉住逃兵就把他们杀死。这就是说日本帝国主义认为对于那些不能为自己利益贡献生命的人都该杀死。日本帝国主义的这种野蛮残暴的行径是天下人所不能容许的罪行。

供述十七　对东南地区爱国者的大讨伐

关于东南地区治安肃清工作

伪满洲国治安部警务司警务科科长　三宅秀也

由于伪满洲国建立以来采取了一连串的治安肃清工作，伪满洲国内的治安大体上来说达到了良好的程度。但自一九三七年以来，抗日联军的活动依然频繁，特别是杨靖宇将军所率领的抗日联军第一路军在通化、吉林、间岛三省的活动极为活跃，成了伪满洲国治安的眼中钉。当时关东军鉴于中日战争的进展和对苏作战的准备，认为有必要尽快巩固伪满洲国的治安，迅速地把日军从治安肃清工作中解脱出来。从一九三九年九月到一九四一年四月作为以日军为中心的最后讨伐，实施了以歼灭抗日联军第一路军为目的的东南地区治安肃清工作。

肃清地域是以通化、吉林及间岛三省为中心，此外还包括牡丹江省的一部分。通俗上把这叫作“东南地区讨伐”。

关东军为了此次讨伐在吉林设立了讨伐司令部，以陆军少将野副昌德为司令官，以陆军少佐北部邦雄为参谋，使之统一指挥驻扎于吉林、通化及间岛三省的日满军警。为了讨伐两千兵力的抗日联军，被动员的日满军警仅直接参加讨伐部队的就超过了六千（?），再加上各县的警防队和自卫团，数目就更大了，而且在此次讨伐中为了搜索和联络还由营口海上警察队派遣了两架陆上机参加。

讨伐司令部里特别设置了警察部，设置有庶务、警备、特搜、刑事、电报及指纹等各班，在领导三省警察进行肃清工作的同时，各班员还直接参加了肃清工作。

肃清期间的治安部警务司和各省警务厅的首脑如下：治安部警务司司长植田贡太郎及其后任谷口明三、警务司警务科科长三宅秀也、警务司警备科科长田中要次、警务司特务科科长鹤永次、通化省警务厅厅长岸谷隆一郎、间岛省警务厅厅长袖冈静太、吉林省警务厅厅长森丰及其后任井村矢之助。

此次肃清工作，是以讨伐队为中心，以武力镇压为宗旨，以特务警察官组成的特务班为主体，强行搜查和逮捕分散潜伏的抗日联军。除用指纹班发行居民证的方法极端地妨碍抗日联军战士在人民中间的行动之外，还采用了宪兵曹长长岛玉次郎所指挥的“特别工作队”，专门从事对抗日联军进行诱降等各种阴险而残忍的活动。

在肃清工作中，治安部警务司把业务重点指向于此，不仅使奉天、安东、牡丹江等与肃清地区比邻的各省警察参与其中，而且也领导了全伪满洲国的警察对此次肃清工作进行协助。如奉天省根据警务司的命令派遣该省警备科科长赤司库太指挥约一千名警察前往间岛省援助该省的讨伐。

在此次的讨伐中，通化省警务厅厅长岸谷隆一郎所指挥的警察讨伐队的行动最为活跃。他们采用了“狗豆子战法”，也就是说在只要是和抗日联军碰上就“叼住不松口”的方针下进行追击，给予苦于粮食、弹药补给不足的抗日联军以重大打击。

一九四〇年二月，通化省警察队在蒙江县终于杀害了杨靖宇将军。这天早晨杨靖宇将军和四名同志下了山，来到山根底下的村落，走进一家农户，拿出现金，委托购买粮食。听到这件事的农民中之一人，为了获得悬赏金密告了驻扎在该地附近的警察队。警察队立即出动了。杨靖宇将军发觉了警察队的来袭，双手各持一支一号手枪，一边进行巧妙应战，一边在雪中大踏步地向山中撤退，但终于中了警察队的子弹而英勇地牺牲了。

通化省警察队把杨靖宇将军的首级割下来拿到野副昌德讨伐队司令部及治安部警务司供干部检验，并将将军的首级拍成照片付诸印刷，并附上宣传文字，用飞机撒在将军生前活跃过的地方，企图用来防止和镇压人民的反抗。并且还把将军的尸体剖开，取出胃袋，检查其在山中吃的是什么东西。他们竟然做出这样残暴的行为！

抗日联军战士对与这样凶残的日满军警的抗战是极其勇猛而果敢的，给予讨伐队以极大的打击。一九四〇年三月末，和龙县警防队队长前田警佐率领约六十名警察追踪金日成将军。他们在红旗河南方的密林中受到潜伏着的金日成将军部队的夹击，遭到仅仅生还十人的毁灭性打击。

在此次肃清工作期间，各县副县长让县警察队进行讨伐，让警防队和自卫团负责各部落的警备。此外，奴役许多农民或从事警备道路的修筑，或从事讨伐队粮食、弹药的搬运。为了切断抗日联军和一般县民的联系，到处设立集团部落，并时常进行“检问、检索”等，为达到此次讨伐的目的而全力出击。

进行了一年半的讨伐的结果：杀害了杨靖宇将军以及两千名抗联

战士，诱降了一千余名，逮捕了许多支援抗日联军的爱国者，给予抗日联军第一路军以毁灭性的打击，对以后在东北的抗日联军的活动造成致命的影响。

东南地区治安肃清工作镇压了东北的民族解放运动，阻碍了中国革命的胜利。

指纹班的罪行

伪满洲国野副讨伐司令部指纹班班长　大美贺好一

当日本侵略军的大部队大举袭击爱国军的时候，爱国军便化整为零地混进居民里面隐藏起来；当侵略军疏忽大意以小部队行动的时候，爱国军就组成大部队进行突然袭击，因此，侵略军经常受到很大的打击。封锁这个巧妙而依靠人民支持的爱国军的战法，就是指纹班活动的目的。

这就是用发给当地居民印有他们食指指纹的居住证并随时进行检查，以便发现和逮捕潜伏中的爱国者的一种狡猾的方法。

一九三九年七月东南地区治安肃清工作以前，对于爱国军活动的根据地吉林省的磐石、桦甸、敦化、蛟河各县，牡丹江省的宁安县，通化省的蒙江、抚松、长白，间岛省的和龙、安图及延吉各县都派遣了指纹班，对于十八岁以上未满五十五岁的男子发给了按有指纹的居住证，数量达四十八万之多。从事这项工作的有新京指纹管理局的职员和吉林、通化、牡丹江各省的指纹管理室的职员。这些人有时候动员到五十名以上。

一九三九年九月，讨伐开始了。指纹班在当地随时检查居民的居住证，负责发现和逮捕嫌疑人。我从一九三九年十一月以指纹班班长的身份到吉林讨伐队本部，至一九四〇年二月在当地领导指纹班的活动，其间逮捕了约五十名爱国者，移交给当地的特搜班。这些爱国者在当地副县长领导下的特搜班被刑讯、殴打、虐杀了。

我为了提高指纹验证的成绩，写了一本约三十页左右的教育资料——《居住证明书问答》，印成许多份，发给了当地的警察官。指纹班的主要罪行：

1. 剥夺了爱国者在居民中避难的可能性。

2. 利用指纹逮捕了许多爱国者。

3. 名之为“检问、检索”，不知道给数百万中国人民造成多少灾难。

4. 在当地行动时，犯了白吃白喝、殴打、掠夺等各种残暴罪行。

东南地区治安肃清工作的罪行

伪满洲国间岛省和龙县警务科科长　宇波彦次郎

一九三九年九月初，开始了以侵略军少将野副昌德为司令对所谓东南部（通化、吉林、间岛三省）地区的爱国抗日军的大讨伐。野副少将以北部中佐外加两三名少佐为参谋，率领副官、配属宪兵及伪满洲国军警等许多部下，在吉林设立本部。占据了“名古屋旅馆”的特别房间，一方面游荡于“金花”“博多屋”等妓院，过着极为淫乱的生活；一方面指挥对爱国者进行残酷的屠杀。他对有关的日本军队、伪满洲国军警、铁路警护队就不用说了，就是对行政机关协和会等也有处置的权限。他决定讨伐方针，并把它付诸实施。

间岛省警务厅厅长袖冈静太组成了下列间岛省警察讨伐队：以和龙县警务科科长宇波彦次郎为队长的一个大队；由和龙县警察官前田警佐率领的一个中队；由延吉县警察官村上警佐率领的一个中队；由珲春县警察官小坂警佐率领的一个中队。各中队有人员八十至八十五名，粮食输送队约四十名人员。

以安图县警务科附属官大神警佐为队长的一个部队（由安图县自己的警察官组成，人员有一百五十名），以及以省警务厅特务科科长永富直明为首的特搜班（人员不明）。

间岛地区的日本军队（大场、赤羽、根中队）、伪满洲国军（木全部队）以及前述的警察讨伐队在日军布上中佐的指挥、命令下进行活动。此外，汪清、延吉、安图及和龙各县自己组成警防队，进行警备警戒，动员了一部分的警察官和许多的自卫团。

协和会承担了“匪民”分离或“诱扣”工作和搜集情报的任务。

宇波大队在九月中旬到十二月上旬期间对从和龙、安图县境一带直到遥远的长白山麓的大密林地带进行“扫荡”，搜索抗日爱国部队特别是金日成部队，破坏兵舍三处并掠夺了大量的粮食。在这次的行动中，我曾奴役农民、掠夺粮食和杀家畜吃，名之为断绝抗日军的粮道，把边疆地区散居的房屋集结在一定的区域之内设立集团部落，或禁止入山使农民无法打柴，陷人民的生活于穷困的深渊。

一九三九年十二月中旬，在奉天省组成的奉天省警务厅警防科科长赤司库太指挥约一千名警察为支援间岛地区来到当地，因此，宇波的讨伐队受命解散，回到原所属的县内从事本县的警备、警戒。宇波仍回到原来和龙县的警务科科长的旧任，从这时起，抗日联军的反击活动日益激烈起来。

一九四〇年三月中旬，为使木材容易被掠夺而派遣的红旗河森林警察队遭到抗日军金日成部队的反击，蒙受了巨大损失。接到这个报告的布上中佐下达了“击灭”抗日军的命令。当时他说：“绝对不能允许‘小丑’的跳梁!”

侵略中国的强盗军把保卫祖国的爱国军称作“匪贼”，可真是过于颠倒黑白了。于是，开始了对大密林地带的讨伐。

在安图方面有奉天警察部队的堀内大队约三百名，在和龙方面有日军赤堀部队及伪满洲国军某少将率领的约一千名出击。此时宇波命和龙县警防队队长前田武市警佐率领警察官八十名、武装自卫团一百二十名出动了。

一九四〇年三月二十五日午后四时前后，前田警佐指挥的部队在红旗河以南约二十八公里的大密林地带中与抗日联军遭遇，发生了激烈的战斗。抗日联军的被害情况虽然不详，但从战场上遗留的六具爱国者的尸体来看，估计所受的损失是很大的。前田队长和手下六名士兵战死，还有许多负伤者，不知去向的也很多，几乎全军覆没了。

在此次讨伐中，日军首脑所表现出的横暴和腐败堕落，是令人不齿的。

间岛省省长李范益是个“朝奸”，一九四〇年正月利用假期到朝鲜京城去旅行。恰巧这个时候，在连接明月沟和安图的铁道上，日军和伪满洲国军受到抗日联军的英勇反击，几乎遭到覆灭性的打击。野副少将认为负有间岛治安责任的省长在离开任地的时候不向他报告便发了怒，公然叱责省长李范益。李省长认为自己的旅行是根据间岛省的特殊性（朝鲜人多），和朝鲜总督府有紧密联系的必要，况且有朝鲜总督的招电和上司的许可，没有受叱责的理由而加以反驳。

野副为了解恨，在治安最坏且交通不便的安图县城召开了治安维持会，把李省长及下属的首脑都召集在一起，恶狠狠地故意刁难说：“治安维持得简直不像样子。”李省长抱怨道：“胳膊再粗扭不过大腿！”

但是在安图会议的归途，李范益把野副等邀请到延吉，在一家名叫“都”的妓馆里设下了酒池肉林的大宴会讨他的欢心。日本军队的将军野副这个人只要有酒和女人就能够喜笑颜开，因为这件事已尽人皆知，副县长们也就采用这个方法拼命地讨他的欢心。

由于头子是这种样子，间岛省的治安负责人布上中佐也就公然地向副县长要求酒、色，不用说，每次农民的血税——警备费源源不断地流进妓院。副县长和我在狂饮之余，高声喊叫，乱闹一气。

对东南地区爱国者的大屠杀就是在这样丑恶干部的指挥下使用残酷的手段而进行的，夺取了许多和平人民和爱国志士的生命。这个惨案到一九四二年初才结束。东边道地区是爱国将士与日本帝国主义侵略军做英勇斗争而流血的圣地，也是日本帝国主义犯下万恶罪行的土地。

供述十八　街、村制度的罪行

街、村制度的本质

伪满洲国吉林省敦化县副县长　荒川秀次

伪满洲国的街、村制度是在一九三七年十二月实施所谓“撤废治外法权”的时候，为了适应“满铁附属地移让行政权”而急速建立的作为成文法的制度，但也不过是模拟日本的街、村制度而已。在满铁附属地除了成为市的都会地改为街或村，在此外广大的地域上并没有实施，暂时仍实施原来的保甲制度，准备逐渐过渡到街、村制度。吉林省从一九三八年起预计在三至五年内，根据各地域的情况进行改编。

街、村制度中的街、村长和街、村公所的干部都是由当地的土豪劣绅来担任。在制度上虽然有“街、村咨议会”的条款，但是委员是从土豪劣绅中选出的。把这样的制度竟夸张成什么“自治”啦、“宣达民意”那样理想的制度，进行自我宣传。但连上述的“咨议会”在一九四一年也被取消了。与此同时，由作为协和会的下层机构设立于街、村区域内的协和街、村分会的“街、村协议会”代替了。协和会的街、村分会长兼任街、村长，进一步强化了作为战时体制的最下层的机构，和对居民进行镇压、奴役、掠夺的工具的街、村制度。提供劳工、供应粮食、参加勤劳奉公队等成为加在农民身上的重压，通过街、村组织这个工具越来越残酷地压迫着农民。

运用街、村制度的罪行

伪满洲国滨江省肇州县副县长　岛村三郎

我当肇州县副县长的时候，曾犯下了利用街、村制度掠夺东北农村的罪行。之前我在兴安蒙古当了大约三年旗参事官或副参事官，后来又在白城县当了一年的副县长。但是，这些地方比起在肇州县的时候，我利用街、村制度的机会确实是很少。

蒙古的街、村制度是“努图克”① 制度，村长叫作“努图克达”。

在这里，“努图克”除了被用于各种调查或经营小学校以外，它最大的罪恶就是被利用作为掠夺租税的工具，没有其他罪行比这个更能带给当地居民极大的痛苦了。这是因为预算太少，想要做更多坏事也无从下手。但是，一九四一年，我侵入肇州县的时候，中日战争逐渐紧张起来，由于战事而发生的物质缺乏开始逐渐地动摇了日本帝国主义的基础，因此，统治者们实施战时经济统治，想利用对东北农民

① 在蒙语里是区的意思，是旧时代内蒙古特有的行政单位，比旗县小，比乡镇大，相当于区一级。——编者注

的残酷榨取来突破这个危机。我来到肇州县，首先面临的难题就是整理恶性摊派的问题。这就是以讨伐抗日联军第三路军第十二支队支队长徐泽民所率领的爱国军为名，在肇州县内横行的日军、伪满洲国军及警察讨伐队所需的吃饭钱（讨伐队所支付的饭钱不到十分之一），这些农民需要分担的款项尚未处理完毕。据各街、村的报告，这笔摊派的款项金额达七万元之多。我就把这笔款项按照农民的人数完全加在他们的身上了。当然，我很明白农民所担负的金额超过实际金额，村长和屯长从中发了一笔财，但是我对这件事并不打算过问。

其次是一九四一年三月掠夺军马的问题。这是我最初经历的事，所以什么也不懂，以为军方一定会以相当的市价来收购，农民也不至于太吃亏，因此也就没把这件事放在心上。但是一旦开始检查，却是很严格。两百匹的预计收购数目，却聚集了三百匹马，其中合格的尚不足五十匹，给出的价格尚不到当时市价的三分之一。军方强硬地要求无论如何要凑齐两百匹，这使我吃了一惊，于是通过警察署长命令三天之内把管内的良马三百匹集结到县里。这回，军方的采买官非常高兴。农民看成自己孩子般可爱的马只要被尺子一量，就被用二百元或二百五十元买去，当时市价六百元的马并不算好马，其中有价值一千元以上的马，但收购这样的马也不能超过二百五十元。我在农民含着愤恨的泪水怒目相视的情况下，望着采买官的笑脸，心想这回地位算是保住了，心里一块石头放了下来。

再次是臭名远扬的供应粮食工作。

第一年度（一九四一年）九月十五日降了霜，庄稼受了很大程度的损害，预计减产两成。尽管如此，提供八万五千吨粮食的负担被摊派到街、村。我召开街、村长的会议，宣布道：“你们能够负责交出粮食吗？如果交不出来的话，那么，我就要派警察署长干这件事了，怎么样？”

街、村长们听了我的话吃了一惊。他们认为若是由警察干这件事，街、村长的面子就算丢尽了，而且一定会被县方看成是反满抗日分子加以注意。再加上残酷的警察要是干这件事，村民就要倒霉，这样街、村长就一定要受到村民的埋怨。因此，街、村长们无条件地接受了这件事。供应粮食工作开始了。我每天都要给街、村长打电话恫吓："能够完成任务吗？如果完不成的话，就要派警察干啦！怎么样？"

街、村长急得一边冒汗一边请求："一定照办，一定照办，请暂且先别派警察来呀！"

我就是这样一个使用无形的警察恫吓手段掠夺了八万吨粮食的狡猾的魔鬼。

第二年度（一九四二年），由于听说肇州县的大部分粮食在去年供粮初期就被肇东县给买去了，便把责任全部扣到街、村长的头上。这回提前一个星期冷不防地动员警察官到农户家去威吓，像追赶耗子那样地吵吵嚷嚷地到处骚动，一下子就把分担的数目完成了。不堪警察官殴打的农民们流着眼泪交出了自己的食用粮。由于粮食供应量远远超过自己的产量，为此两名农民最后投井自杀了。不，这不是自杀，而是被我虐杀的。我从协和会听到了这个报告，叫嚣着说："再好好地调查调查，一定另有原因！"

警察官认为这件事关系到自己的饭碗，便报告说："因被负债所苦而自杀的。"我认为这样就说得过去了，对此就不加以过问了。

第三年度（一九四三年），这个地方的农民只给庄稼除了两次草。其实，多除一回草一垧地就能多打一石粮。但听到农民中有这样一种情况，认为多打的粮食抵不了除草费，所以谁也不愿意干。于是决定除草费的不足金额由政府负担，贷给农民两元钱以欺骗他们多生产粮食。制订了全滨江省用约两千万元金额作为三回除草"奖励金"的交付计划，得到了省里及中央政府的认可。但是，这笔钱要比粮食的收购价格低，也就是用贱买的方法来把这个负担又加在农民身上，因此这绝难称为奖励金。对中国人民使用这种极其明显的欺瞒手段的就是我，就是日本帝国主义。

然后是提供劳工。因为这部分内容已经叙述过了，这里就不再重复，但实施这项工作把人强拉到县公署里来的就是这些街、村长。

在实施征兵制度时，使许多青年当上团兵，欺瞒他们充当日本帝国主义的炮灰。这也是动员街、村长把责任加到他们身上的罪行。

其他方面，像提供猪及干草、搜刮租税和补修警备道路等不胜枚举的事实，这都是“恶用”了街、村制度的罪行。

大体副县长对人民所犯之罪有两种，一是利用警察组织直接逮捕人民加以刑讯；二通过这个街、村制度来掠夺人民的财产，用牺牲人民的方法，来为日本帝国主义统治者的利益服务。

供述十九　兴农合作社的罪行

伪满洲国兴安西省阿鲁科尔沁旗参事官　岛村三郎

农业行业组织是兴农合作社的前身，它是一九三五年在两三名日本帝国主义的走狗——参事官的合计下自发地组织起来的。

而这个运动作为废除中间商人的一种纯经济性的运动，是在参事官把自己打扮成好像是农民的“朋友”那样的情况下发生的。佐藤大四郎作为它的先驱者而知名。

这个“先驱者”中的许多人是过去曾经与学生社会主义运动有过关系的一群叛徒，他们在口头上散布着某种程度的似乎是民主的理想、理论。

那个时候，有个满铁调查科的人，现在忘记了他的名字，曾发行了《行业组织运动中的典型指导理论》的小册子。认为行业组织运动应以先进经验为“榜样”，在互相的启发下进行发展是最好的方法。这种观点似乎是当时产业部领导者们之间的一个共通的观点。政府对于参事官们的这种行业组织运动给以全面的援助，暂时不直接干预这件事。

从而，这些农业合作组织强烈地表现出各县的特殊情况，各县的作风各不相同。某县由于离城市近，便出现了供应蔬菜的形式，把重点放在这上面。也有以对山药、苹果等特产的贩卖、购买、利用及以金融等事业为出发点的县。

我于一九三六年秋天在兴安西省阿鲁科尔沁旗设立了以抵制汉族商人为目的的供销行业组织，这是以旗内的蒙古人作为正式组员，每人缴纳五角钱作为加入费，以此为资本到奉天采购日用品再卖给阿鲁科尔沁旗蒙古人的供销行业组织。由于价格比当地的中间商人要便宜百分之四十左右，这于我是一个使蒙古人认为“真是替我们做事的人”的好机会。我还计划通过这个事业对阿鲁科尔沁旗的特产——甘草、羊毛等也加以贩卖，但由于转任未能实现。

到一九三七年，这个行业组织运动受到伪满洲国政府的大力支持，成立了农事合作社，在长春设立了领导它们的本部，成立合作社的县的数量相当多。这些合作社在各县共同贩卖粮食，装出一副好像是农民朋友那样的面孔，开始和一直垄断粮食的粮栈资本发生冲突。粮栈不仅拥有大量资本，而且从同民族的关系上来说，和农民也有老交情，收购粮食的丰富经验和知识简直不是合作社所能赶得上的。另外，粮栈虽然找农民要很高的利息，但是还贷给春耕资金，因此，农民宁肯去找粮栈，也不愿意到合作社里来。

但是，参事官拥有强权的武器。起初本打算利用粮栈，但这么一来反倒增加了中间商人的数目，受到粮栈的愚弄，终以失败而告终。我当时担任兴安西省的特务科科长，只要是遇见产业部的人就给他们出坏主意：“用法律来取消粮栈。”

金融合作社是以有城市的县为中心，对农民通融资金，或是接受农民的存款，在伪满洲国统一实施。然而，与其说这是行业组织，倒不如说银行的色彩更浓。

一九三九年把这些合作社（金融、兴农）统一起来，成立了伪满洲国统一合作社的时候，中央政府初步采取了作为农民自主组织的形式，将它和日本的垄断资本直接联系起来，以进行榨取。但是，作为首倡者的副县长想包办县内政治、经济而发挥其独裁者权威，对于这种情况当然是不能答应的。他们互相凑在一起掀起了反对运动，要求“合作社社长由县长、副社长由副县长来担任”。

我当时是三江省的特务科科长，主动出来参加这个“副县长运动”，写了这样一篇代表伪满洲国全体副县长的意见书：“农民通过自己的组织来掌握经济的实权，将弱化县行政的基础，不能使满洲的行业组织运动成为社会主义农民的反抗运动，合作社必须是政府掌握农民经济的一个机关。”

我把这个意见书提交给当时对方的指导者——岩崎久雄。这虽然是一种谬论，但得到了副县长的共鸣，他们都把辞呈揣在怀里去对付政府。

发生了以上那样的事情后，金融合作社和农事合作社合并起来，成立了兴农合作社，副县长作为董事参加进去。兴农合作社的工作是购买、贩卖、利用及信用等所谓一般行业组织的四大事业。但其运用，根据各县的情况多少有些不同。各县所共同的地方是取消了一直以来就成问题的粮栈，改为直接单独收购粮食，合作社负全责把粮栈当作助手来使用。农产公社（伪满洲国特殊公社）变成了日本垄断资本的完全代理店，榨取农民。信用事业也不过成为城市大银行的一个分行罢了。

虽然它这样地走了许多弯路，但是在参事官们的欺瞒下，好像是农民为了拥护自己的经济生活而设立的有名无实的行业组织。现在，完全变为日本垄断资本剥削中国农民的抽水机的龙头口了。

这就是太平洋战争时代，我们公然地暴露在中国农民面前的本来面目，这是一条彻底的走向毁灭之路。

供述二十　用租税搜刮大众的罪行

用租税来搜刮

伪满洲国吉林省敦化县副县长　荒川秀次

确立县的财政，是副县长显示身手的地方。一半是用搜刮国税的附加税——“地捐”来进行的。

县公署代替税捐局征收国税的地税。这是因为县公署是土地证书的发行机关，便于掌握土地的数目。从而，关于所谓“浮多地”或“黑地”那样的土地，也就是地册上没有登记的土地，地主和县当局之间公然进行讨价还价的买卖。

一九三五年，敦化县参事官的手下有一名称作“经理官”的日本人属官负责会计和财政事务，他的主要任务就是搜刮、征夺所有的财源。

再有，这个时候，县长还兼着司法公署的署长，通过他部下——

兼任司法公署的承审员，用传唤地主或将其拘留于警察署等方法，强迫居民缴纳税捐，像这样的事是很多的。

县收入预算的大宗是地租附加税，伪满洲国政府成立当初，“提成奖金”制度作为搜刮的奖励方法而施行，但不久（一九三四年末）就被取消了。

敦化县当时的耕地面积估计约四万五千亩，地税的收入约四万五千元的规模。此外，县一般的收入来源是杂捐，杂捐为房屋税、屠宰捐、家畜捐及车捐等。全县预算约九万余元，由省公署作为“行政补助金”补助将近两万元。

一九三八年以后由于新制定的《省地方费法》，中央政府对于县的统治通过省公署而强化，经费负担区分的确立和掠夺税源区分范围，虽然时常由于税法的改正而被变更，但其目的不外是为了推行侵略战争。比较大的财源由中央掌握，缩小地方财源，使地方依存于由中央流到地方的补给金制度，以强化中央对地方机构的支配力量。

一九三八年吉林省内一市十七县一旗的全年收支预算为一千万元强，其中，支出的四成六强为警察费，三成五强为县公署费，从人民身上搜刮的财富又用在对人民的镇压上。全年收入预算的五成五以上是来自地捐的。

因此，同年吉林省也实行了“鸦片麻药公营特别会计”。一年间，从人民身上通过鸦片和税捐搜刮了将近一千万元的财富。

通过整理地籍搜刮地租

伪满洲国滨江省肇州县副县长　岛村三郎

我从一九四一年八月到一九四三年五月辞去肇州县副县长职务转任中央保安局为止，在不满两年的时间内犯下了领导肇州县整理地籍的罪行。

整理地籍需要特殊技术，因此，由中央地籍整理局派来科长（高级属官）以下十名内外专家（受过特殊教育，大多数是日本人）在县公署一角开设地籍整理科，开始了地籍整理的事务。

他们首先根据由飞机从空中拍到的照片预测土地的面积，把它拿到当地和农民们所持的地照对照，然后，再用尺测量当地的实际面积，再和附近农民商量后进行土质的认定。

肇州县是在三十年前开放郭尔罗斯后旗的土地而成立的县，开放当时地照分发的事务办得很杂乱，因此到当地一调查，大多数地照上的面积和实际面积不相符，实际面积要大得多。

我们把这些新调查出来的土地作为“浮多地”写在地照上，预备明年对此课税（或是那时立即就课税了，此间的事情记不确实了）。

我们测量农民的土地，准备进行更多的搜刮。

供述二十一　对北满地区爱国者所犯的罪行

伪满洲国警务总局特务处特高课属官　铃木介寿

一九三七年日本帝国主义侵略者制造了七七事变，开始对中国本土进行大规模的侵略。在作为日本帝国主义侵略基地的伪满洲国三江省、牡丹江省、东安省、黑河省及滨江省的广大地域上，热爱祖国的人民站起来，为反抗日本帝国主义的侵略，反抗剥夺人民土地的开拓移民政策，进行了英勇的斗争。关东军为了一举歼灭中国人民抗日的精锐——抗日联军第三路军，确保侵略中国本土的基地并巩固对苏作战的基地，以比抗日联军兵力多约十倍的日满军警约四万人的大部队，对主要是在三江省地区进行游击的第三路军，于一九三七年到一九三八年进行了一连串的武力镇压。

抗日联军的勇士在人民的支持下，在各地展开了为民族解放而奋斗的英勇斗争，给日满军警的侵略以很大的打击。抗日联军第八军军长谢文东、第九军军长李华堂中了日本帝国主义诱降的阴谋掉了队；第三军军长赵尚志率领的部队越境到了苏联。由于这些事件的发生，第三路军认为有必要将部队进行集结和整理，以便展开新工作，便于一九三五年底召开中共北满省委党、军联席会议，决定实行战略转移。根据这个决定，北满临时省委及第三路军开始向小兴安岭移动。

抗日联军第三路军向小兴安岭转移成功，在该地进行了如下的部队改编：

总司令——张寿篯

政委——冯仲云

政治主任——金策

第三支队支队长——王铭贵

第六支队支队长——冯治刚

第九支队支队长——于天放

第十二支队支队长——徐泽民（三肇地区）

一个支队的兵力大概为两百至三百人左右，此外尚有若干的武装兵力。

移到新根据地的第三路军作为新工作展开了平原游击。在平原地区开辟了新游击区，与进攻热河省的八路军保持联系，扰乱日本帝国主义后方侵略基地，为从日本帝国主义侵略下解放东北而进行英勇的斗争。

日本帝国主义认为，剿灭三江省地区抗日联军根据地，给以毁灭性的打击，把抗日联军赶到小兴安岭的山中去，这就相当于将其彻底地歼灭了。但是这次第三军展开的新活动使它吃了一惊，很是狼狈。日本帝国主义认识到对于中国本土的侵略逐步扩大，呈现出长期战的样子，恰巧又赶上涉及苏满边界问题的诺门罕事件爆发，再加上抗日联军的活动受到绝大多数人民大众的支持，因此为了使抗日联军从人民中孤立起来，对它使用武力包围的方法，进行逐个击破，在指使各地驻扎的日满军警进攻的同时，组织开拓团的武装及强制各部落民众组织武装自卫团，同时命令警务机关成立特搜班，以封杀抗日联军的活动。但是，燃起火一般愤怒的抗日勇士的爱国斗争是不可能被任何凶恶手段遏制住的。

受到中国人民绝对支持的抗日军，用极巧妙的作战行动，突破日满侵略军警的警备线，深入后方，解放人民，给日满军警以很大的打击，夺取武器弹药，充实了自己的武装力量。

一九四〇年一月，进入北安省和龙江省交界地区的抗日联军第三路军第六支队支队长王铭贵将军率领的部队奇袭戒备森严的纳河县城，占领县公署，打开警务科兵器库，夺回许多兵器弹药而撤退了。这件事使日本帝国主义惊惶失措，龙江省内第一粮食产地的这块土地成了抗日游击区的这件事，最使日本帝国主义感到头痛，因此为了夺回这块土地倾注了全力。副县长督促警察、特搜班，为了切断抗日联军和人民的联系，对县民进行了穷凶极恶的镇压。但是帝国主义任何的暴行也摧毁不了人民的力量，王铭贵将军的英雄行动愈益鼓舞和激励着人民的抗日意志。

龙江省警务厅特务科科长井上时常来到当地，为强化特务班的组织、搜索抗日联军外围组织——抗日救国会和抗日联军的情报而奔走。抗日联军把日满军警的这种焦躁不安置之度外，大胆地向各地出击，以此来愚弄他们。

一九四一年九月，王铭贵部队袭击北安省克山县城，占领县公署，打开警务科的兵器库，夺取了许多兵器弹药，击毙地方警察学校主事警正依田准，解放监狱，救出了一百五十余名被监禁中的爱国者。此事件完全震撼了日本帝国主义者，克山县城有日本帝国主义一个大队警备着，有着三公尺高的城墙，县公署的周围设有通着高压电流的电网，各城门都有武装警察严密地把守着，而且这次的袭击是在远离根据地的后方地区进行的，并且还要把它占为已有。这一切完全出乎日本帝国主义的预料，使它感到极强烈的震动也是理所当然的。警务司接到这个电报后，决定立即派遣特务科思想股铃木属官去当地调查情况，采取今后的对策。我受命到当地进行一星期事实调查并作了报告。北安省次长及警务厅厅长大畑感到这一事件的重大性和责任的严重性，向国务院提出了请求处分的申请书。国务院总务厅鉴于事件的严重性，决定实行国务院的一部监察，以总务厅荒川监察参事官为首，组织了警务司督察参事官及下属官约十五名到当地进行彻底调查。我再次参加了这一行动，调查当时的情况并讯问了警察在当时所采取的行动。结果判明了如下所述的情况。

当时克山县警务科科长冈田警正出去讨伐不在家，副县长因病入哈尔滨医院疗养，警察留守部队的负责人是特务股股长石田警尉。当夜九时前后，警察官发现被袭，为了赶到警备岗位，各人由宿舍急忙赶到警务科。警务科这时已经点着电灯有人在集合着，所以大家也就毫不介意地信步跑进警务科的房中一看，才明白警务科早已被抗日联军给占领了。警察官这一惊非同小可，连滚带爬地拼命逃出了警务科，有的爬上房顶，有的跳进下水道，丑态毕露。没跑得了的李警佐叫他给带路到兵器库。住在县公署院内的地方警察学校主事依田准警正一只手拿着军刀往警务科跑，在半路上被击毙了。占领部队的另一部分占领了县公署隔壁的克山监狱，救出了被监禁的一百五十余名爱国者，在附近铁匠炉切断铐子，将他们完全解放，奏响了凯歌。

我正和一行人从事调查，接到由警务司拍来的电报："现在王铭贵部队得力的队员经过诱降工作来到北安省警务厅特务科投降，需要赶快去北安对该人进行调查。"我接到这个指令后，立刻中止了监察的业务，赶忙去北安，和北安警务厅特务股股长永井一同审讯投降者。结果，判明了下列事项。

他是第三支队王铭贵部队的交通员，姓方，是一个十八岁左右的青年队员，也曾参加过对克山县城的袭击。据他说，王铭贵将军率领的第三支队在决定袭击克山县城后，从一星期前就秘密地开始了行动，白天在高粱地休息，用夜间行动来接近克山县城。袭击的当天晚上七时前后，来到克山县城郊外，在那里和预先潜入县城里充当剧场茶役探听消息的联络员会合，然后便开始指挥队员袭击县城。在该联络员的引领下，队伍接近县城，用一部兵力奇袭驻在城外的日军，完全封杀了他们的行动，主力则越过东部城墙进入城内，又越过县公署的后院墙，潜进了院内。日军由于主力出动，留守部队被袭击，所以吓得晕头转向，完全被封闭在守备队的营内了。当时守备队队长这样主张："因为受到大部队的袭击，小部队简直是没法儿出击。"他采取了极力回避责任的态度，拒绝调查官接近。

方交通员是个十八岁的青年，我看他有点儿动摇，便鼓励永井使用恐吓、欺瞒、怀柔等各种手段巧妙地诱导他，终于找到重大秘密线索，探明北安县设有抗日救国会的民众组织，在龙江省的纳河县有王铭贵部队派遣的情报员，确实有救国会的组织，袭击纳河县城的也是王铭贵部队。我听到这个重大消息很高兴，便结束一星期的公出，回到警务司去打报告。警务司特务科非常重视我的报告，这次代替我派遣专门对付共产党的冈本再度前往北安进行指导。冈本是个对逮捕工作有着丰富经验的特务，进一步对方某进行诱导审讯，结果探明了齐齐哈尔市内有由王铭贵部队派遣的宣传科科长小刘在工作。为了搜索小刘，永井特务股长和方某一同来到齐齐哈尔。正在市内搜查的时候，偶然遇到了小刘，根据方某的眼色，便把他逮捕了。审讯的结果表明纳河县确实有抗日救国会的组织，便命令龙江省特务科逮捕救国会联系人——三十余名农民，在北安县也以抗日救国会联系人的罪名逮捕了中国农民二十余名。警务司把大畑警务厅厅长叫到新京使之拟订警察今后的活动计划，为了更进一步强行镇压，并迅速达成肃清治安目的而加以指示和鼓励。

然而，这样的事不但不能使抗日联军的爱国活动有所改变，反而使它的活动更加活跃起来。克山县被袭后约一个月，滨江省肇州县又被奇袭了。第十二支队支队长徐泽民将军率领六十余名抗日联军勇士突破日满军警的警戒线，进行了更深入的平原游击斗争，袭击并占领了肇州县城，震撼了日本帝国主义者。进击到这个地区里来的徐泽民部队在肇源、肇东、肇州所谓三肇地区进行猛烈果敢的游击，解放村落，鼓舞人民，领导驻在王岗的伪满洲国军飞行队起义，使日本帝国主义乱了手脚。但是，由于遭到日满军警的疯狂包围攻击，徐泽民不幸终于被滨江省特搜班逮捕，宝贵的爱国者的生命牺牲在日本帝国主义者的手里。王铭贵部队将其游击区扩大到大兴安岭，第六支队支队长冯治刚将军率领的部队进入滨江省东兴、木兰及巴彦地区展开了斗争。一九四三年滨江省特务科探知该地有抗日救国会组织，前后两次进行逮捕，实施了残酷的镇压。木兰县警察王某目击了这种残暴行为，燃烧起民族的怒火，组织同志起来反抗日本帝国主义，引发了木兰事件。在北安省组成了以特务股股长永井为首的特搜班，执行了鬼畜般的镇压人民政策，逮捕了于天放及百十来名爱国者，将其中八十余名作为死囚送交检察厅，处以野蛮的极刑（于天放越狱逃走了）。一九四四年三月，龙江省特务科在科长的指挥下组成以关根特高股股长为首的特搜班，在纳河县两次镇压抗日救国会，逮捕了四十名农民。我当时以龙江省特务科警正的资格到任后直接指挥了本次的审讯，采用了恐怖手段，刑讯爱国者王增福，结果将其杀害了。其他全部送交检察厅处以极刑。在这些爱国者中有两名由于刑讯过重死于狱中。这是由于我的野蛮行为所致。

以上是抗日联军第三路军在当时所进行的主要活动的概要。抗日联军向小兴安岭移动的目的，是为了利用小兴安岭的天险，防止无谓的兵力消耗，并不仅仅是由于受到日本帝国主义武装力量的压迫逃避山中保全兵力那样消极的作战方法，始终是从积极的战略目的出发的。日本帝国主义知道了这个事实后，便十分慌乱，急忙应对，无论采取什么样的手段也要尽快把他们歼灭。

小兴安岭地区的平原地带移入了许多日本开拓民，被剥夺了土地的中国农民过着极其贫困的生活。关东军计划对苏侵略作战，边界上驻扎着重兵，所以急于使该地尽快得到安定。

正值这个时期，在这个地区出现了新游击区，解放被侵略所苦的人民，与进出热河的八路军的活动相呼应，扰乱日本帝国主义的侵略基地。这件事在日本帝国主义对中国本土进行大规模侵略战争的形势下是最重要的工作，但对日本帝国主义者来说却也是最棘手的事。抗日联军转移到小兴安岭，出其不意地进行了积极的平原游击战。日本帝国主义震惊了，开始督促武力镇压，同时极力警戒八路军和抗日联军的联系。

一九三五年，韩守魁接受共产国际中国共产党代表部改组在满共产党的指令来到东北，不久他就把之前被破坏了的满洲省委进行了改组，将南满、吉东、北满的三省委和哈尔滨特委的三省委合并为一特委，重新建立起组织，展开新的活动。但是韩守魁于一九三七年四月在哈尔滨被日本宪兵逮捕，以此为开端，哈尔滨特委和苇河、珠河、穆棱的中心县委及奉天、长春市委组织被镇压，数百名爱国者被逮捕，以此结束了“四一五”的检举事件。此后，驻汤原的宪兵于一九三八年三月十五日进行了“三一五”大逮捕。这次的逮捕主要是对汤原、依兰、勃利及桦川县的下江特委的重建组织进行了镇压。这次的镇压最后使共产党组织的活动愈来愈转入地下，日本帝国主义的各警察机关虽然拼命地进行搜查，但始终也没有新的发现，便认为不复存在了。他们认为在这种情况下中国共产党对在满共产党的领导被切断了，在满共产党失去了独立活动的空间。之前在满共产党是通过共产国际中央代表部接受中国共产党中央的领导，但自从发生七七事变，由于中共代表王明、康生回到延安去了，因而也就失掉了领导。根据当时截获的情报，在苏联的吉东省省委书记周保中和共产国际联络，在七七事变后又接到恢复和中共中央联络路线的指令而回到东北，这个消息是周保中的部下——第五军政治主任宋一夫负伤被捕后通过诱降工作而透露出来的，这使警察机关大为紧张。

之后，根据警察所得的材料，判明了抗日联军的活动是由一个叫王森林的人领导着。继续侦查的结果是王森林这个人原来是苏联远东军的一个上校级的人物，抗日联军正是临时接受这个人的指令而行动的。把这个结论和获得的无线电指令的一份抄写发给全体警察，使之进行侦查。从当时抗日联军的活动目标指向破坏铁桥和军需仓库这种情况来判断，认定这带有苏联远东军谋略部队的性格，但这不过是一种临时采用的便宜方法，料想一定在最近还要恢复中共中央的领导展开正式活动，因此提醒警察在对中国的交通线以及抗日联军与八路军的联系方面加以注意的同时进行侦查。

一九四二年，哈尔滨警务厅特务科逮捕了中共中央派遣的倪某等五名工作者（内有一名妇女），他们所负的使命是恢复中共中央和在满共产党的领导，判明他们被称作五人班组在牡丹江地区活动，进行抗日联军与在满共产党的联络，但未及成功即被逮捕。后来在哈尔滨是否被策反就不详了。

如前所述，抗日联军第三路军第三军赵尚志率领的部队于一九三八年一月进入苏联境内，其原因是赵尚志将军和吉东省委周保中将军之间继续着激烈的理论斗争。根据当时所得到的材料，周保中评论赵尚志为左倾关门主义，赵尚志则反驳周保中为右倾妥协主义。警务机关推测赵尚志的入苏大概是由于负了这个问题的责任而被共产国际中共代表召唤去的。因此，以后对这方面的动向加以注意。一九三九年，发生了诺门罕事件，不多时，赵尚志将军由黑河省瑷珲县进军东北，袭击该地的金矿村后南下袭击了三江省。日本帝国主义者得到这个情报后认为赵尚志将军是由苏联接受了扰乱后方的新使命而来到东北的，非常重视，便动员大部队想要一下子将其消灭掉，开始了对他的追击。终于在一九四二年二月前后，在三江省实施了杀害赵尚志的野蛮行为。

在吉东省委指挥下的第二路军及第四、第五、第七军，主要是在苏满边界地带进行游击，其活动带有搜集情报、策划谋略的倾向，很少进行像第三路军那样果敢而广泛的斗争。

供述二十二　掠夺粮食的罪行

对粮食的掠夺

伪满洲国警务总局保安科事务官　进藤静雄

在伪满洲国所进行的对粮食的掠夺，是作为每年日本帝国主义本国的物资动员的一部分而计划的。也就是日本政府和伪满洲国政府先制订纲领性的计划，然后再由伪满洲国国务院总务厅在关东军司令部第四课的协助下而拟订。伪满洲国兴农部粮政司在执行的时候，还要拟订具体计划。

在占领东北的当初，除根据当地的军情命令进行直接的掠夺之外，主要是根据自由买卖设立特殊会社——满洲粮食专管株式会社，通过各县的土豪劣绅所经营的粮栈对农民进行掠夺，这个会社就是榨取农民血汗的一个组织。后来中日战争日益白热化，掠夺的方法也随之变得更残酷、更直接。就是从一九三五年末起，伪满洲国设立了最初的经济警察，并急速地把它发展和扩充起来，用警察的权力对农民进行直接的掠夺。

这个掠夺的数量一年比一年激增，其范围也越来越广泛，虽然不是准确的数字：最初（一九四一年）的掠夺量为四百万吨，一九四二年就增加到约六百五十万吨，在第三年（一九四三年）增加到八百万吨。制订这一年（一九四三年）掠夺八百万吨计划的根据，只不过说是为了推进战争所必需的数字，并说在过去汤政权时代，这个数目的粮食作为商品也曾经在市场上周转过。

中央政府制订了掠夺计划后，召开省次长会议，分担给各省，各省再召开副县长会议，把这个再分担给各县、旗。时间是每年四五月之交。各县、旗再把管内的街、村长召集在一起，把单方面的掠夺计划强加在他们的身上。在摊派这个计划的时候，各省、县、旗和街、村普遍分担给下级的数目要比上级下达的数目多百分之十到百分之二十。因此，最后到实际被掠夺者农民那里的时候，摊派数目就更高了。

一九四四年初，在小松仁早担任副县长的龙江省，要求农民把所生产的粮食全部都交出来，像这个县的做法并不算稀奇，伪满洲国差不多哪个县都是一样。副县长及旗参事官在每年掠夺计划决定后，便把街、村长叫到跟前，不容分说地将这个过重的掠夺计划硬加在他们的身上。每当春耕、中耕及锄草等重要的农忙期，由县里不断地派遣官吏和警察到现场监视、督促耕作的进展情况，此外还让分驻在各村、屯的警察派出所或是分驻所报告每天的工作情况。农民如果因事迟缓了春耕或是晚几天中耕，便立即把街、村、屯长叫去，或是去当地狠狠地斥责农民。就算是在家中有病人或因提供劳工而缺乏劳动力的情况下也是毫不容赦的，特别是在锄草期，就连住在街里的妇女和儿童也被搜罗出去参加全县民的强制动员。一九四二年至一九四三年担任阿城县副县长的岸要五郎特别擅长干这些坏事。

来到掠夺粮食的季节——九月，副县长首先要做的事就是和兴农合作社商量决定向交易所运送的计划，并将各村指定运送的日期布置下去，不管这天农民愿意也好不愿意也好，势必把预定数量的粮食交到交易所里来。为此，他们就连马或马车的移动也要加以禁止。到了当天，派遣警察官、官吏挨家去督促，警察官们走在成群结队的大车前面吆喝着强制农民往交易所里运送粮食。前面所说的岸要五郎和双城的高比虎之助就是干这件事的典型。

经济警察一到这个时候，即根据县、旗公署的计划同时动员全体警察官，撒下水泄不通的镇压网。一九四二年，我担任滨江省公署的经济警察时所采用的方法，就是对各县、旗境和省境及通往交易所以外的主要道路设立有五六个人监视的固定盘问所，并在此间组织以六人为单位的游动盘问班，并让该班准备数人专门对行人及可能隐藏粮食的地点、住家彻底搜查。在实施搜索的时候，不论是墙壁、棚顶或是地板都要把它揭开看个明白。一九四一年八月末，我为了估计究竟能够掠夺多少粮食，在哈尔滨颜乡屯所进行的调查中，把所有的墙壁都破坏了。

与上述在农村所进行的镇压同时，在城市中对火车站、通往农村的主要道路经常派遣警察监视，对来往的马车、汽车、卡车及行人的所持物品一一进行检查。对于从农村的亲戚那里分来的五公斤、三公斤当天吃的粮食准备拿给患病的孩子或是老人的人，也一概加以逮捕，或羁押于拘留所或投入狱中。

在上述的镇压中被逮捕、监禁、投狱的人数，在全伪满洲国来说，从一九四三年九月到翌年九月的一年中，最少有十万人。

上面说的是掠夺粮食的一般情况，在伪满洲国的各市及县、旗来说，即使有着若干程度上的差别，实质上到处也都一样。尚有特殊的具体例子，列举如下：

1. 一九四三年初在哈尔滨市，认为有私造小麦粉的可能，便把家家的转磨全部贴上了封条。

2. 一九四二年十二月六日在双城县，也以同样的理由，对县内三百一十五家磨房全部封了门。

3. 一九四二年四月一日到十月五日，在五常县，由于没有完成掠夺计划，动员了全部警察官和官吏挨家挨户地搜查了粮食。

由于实施了这样残酷的非人道的掠夺，使农民陷入了如下的窘境：

1. 一般自己家庭生产的粮食不够数，便偷偷地去其他县、旗出高价买来粮食，再以它的十分之一的贱价卖给交易所。因此，农民的生活急速恶化。

2. 对于没有做到前面所说的办法，无法应付的农民便被县公署的职员或警察官们狠狠地责难，殴打致死。一九四一年或一九四二年秋龙江县发生的事情即其中一例。

3. 有的农民即便没有被打死，也只好选择自杀。一九四三年二月呼兰县发生一件，肇州县发生两件。

4. 由于连种子也被拿去，或是由于上述的原因，就连掠夺也无法进行了，于是放弃耕地的各县都有，从数十垧乃至数百垧。

5. 无论城市还是农村，在春夏之交，由于粮食不足采树芽和野草吃的人数急速地增加了。

如上所述，我们一步一步地断绝了中国人民的生路。

掠夺粮食的罪行

伪满洲国间岛省开拓厅厅长　今吉均

一九四一年间岛省供应粮食的分担额为十余万吨，实际掠夺的数目为九万余吨。一九四二年的分担额为十三万余吨，实际掠夺额为十一万余吨。一九四三年龙江省的分担额为七十四万吨，实际掠夺额为七十四万余吨。我在间岛省开拓厅厅长和龙江省警务厅厅长任上时，从中国农民身上掠夺了九十四万吨的粮食，这个数目必须我劳动几万年才偿还得了，真是无法估量的罪行。

1. 省的处置

年初分配耕种面积，每年检查三次收成情况，此时省里也派人参加。第一次检查发芽情况，第二次检查成长情况，第三次按单位面积产量调查籽粒情况，综合这些调查的结果决定分担额。

为了供应粮食，每年在十月里召开县长会议、副县长会议、实业科科长会议，除协商供应量的分担及供应的方法等外，在警察方面还召集县警务科科长会议、日本人首席警察官会议、负责取缔工作的经济警察官会议等。

到了供应粮食的季节，省里组织督促班，省长、次长及各厅厅长担任班长，适宜地督促各县的实施。为此中央政府还给各省一笔机密费，关于这个的用途，由次长来决定。一九四二年，间岛省的机密费为六千元。龙江省的机密费虽然不太清楚，估计不会少于两万元。这笔钱全都消费在省、县干部的饮食上面。

2. 各县的情况

在间岛省，在交通要点配置手拿竹枪的警察官，看到拉干草、稻草、谷草的大车，便把竹枪刺进去检查是否藏有粮食运往他处。

农民因为所有的粮食全部被夺，为了自卫起见，把粮食埋在地下，上面浇上水冻结起来，但是一旦被警察官发现，不仅要掠夺其粮食，而且要惩罚本人。

还有的农民把粮食装在里外双层的容器里面，以便从外边敲打的时候能够发出“空”声来，这样做如果被警察官发现也要被处罚。

朝鲜族的农村妇女把鸡蛋拿到城里来，偷偷地到市民的后门去卖，她们不要钱而要市民配给的粮食。大米产地的农民却不得不用这种方法谋得粮食。这就是我们所干的都是些什么事的最好证明。

朝鲜族的农民们由于农产品价格被定得过低，加之收成供应负担重，陷入了穷困的深渊，不得不卖掉自己最心爱的耕牛借以维持生活，但到第二年因没有耕牛，不用说就会大大地影响耕作。卖牛不过是为了不致饿死所采取的穷途之策罢了，现在想起自己曾将他们置于如此悲惨的境地，我不禁感到痛心。

龙江省在一九四一年供应粮食期间，省次长山管正诚在副县长会议上作训辞道："农民是越打越能出东西，农民是愈勤愈能出东西。"

结果导致林甸县犯下了焚毁没有完成供应量的农民房屋的罪行。

在一九四二年的供应粮食工作中省次长马込信一命令说，种子后给，把所有的粮食全部都交出来。农民照办了。但是到了第二年，中央政府不许可配给种子，无法履行前言，从而在副县长中间引起了大问题，但这不过是一丘之貉中的丑剧罢了。在副县长看来，问题并不在这儿，而是在于这样一来就不能够大大地进行榨取了，所以才成为问题的。并且想把这个当作问题的目的，只不过是为了使人们知道按照副县长的意图问题得到了解决，落得"真是个好副县长"的名声罢了。

在这个问题上，龙江省发生了下列事情：由于供应粮食的负担过重，农民们把草掺在粮食中做成团子吃。龙江县副县长浜尾卓二把这个团子拿到省次长那里放在桌上说："农民吃着这样的东西！"

他这样做的目的就是要表明"自己受到农民憎恨的苦衷"，可是马込次长简单地回答道："中国农民就是在不被强制供应粮食的时候，也是吃着这种东西。"这就是日本帝国主义的本质。

3. 预付契约

一九四一年和一九四二年的收成供应是用"预付契约"的欺瞒方法来进行的。所谓"预付契约"就是在春耕期，农民迫不及待地用钱的时候，通过兴农合作社贷给农民春耕资金，在这个时候，与农民约定到秋天能够交出的供应量，按照农民所约定的数目来贷给现款。在农民中有的对“预付”的意义理解得不清楚，只知道可以借给钱，所以一借就很多，但是到了秋天，被要求供应的数量是超过自己收获的数量的，因此甚至有的人就得到别处买粮来应付。这完全是抓住农民的弱点而进行的欺骗行为，从而受到农民的痛恨。

4. 警察的取缔

关于警察的配置，在各县境、交通要点设置临时派出所，监视粮食向他县的流动，同时县或村组织的督促班一定要派遣警察官参加。也就是说采用了先张网然后再把鱼赶到网里去捉的方法。但是，这些督促班是绝不会去赶屯长或是大地主的。假使去赶，那也是因为屯长或是大地主并没有以某种形式贿赂督促班。

在城市里，在由农村来的道路上设立临时派出所，监视粮食运进来，同时组成移动班，随时对各农户盘问搜查。

掠夺粮食的具体事例

伪满洲国热河省农林科科长　坂田义政

伪满洲国龙江省次长山管正诚在一九四一年度掠夺粮食工作中，就算副县长因为别的事情而来的时候，只要对方一迈进他办公室的门，立即就得向他报告掠夺粮食的数量。如果没有得到预想的结果，他便说：“另外一些事没有向我说的必要了，给我出去！”然后把副县长赶出去。

林甸县副县长由于接受过这样严肃的命令，“不管采用什么样的手段，无论如何也得完成供应计划”，因此他在各地巡视督促掠夺粮食时，发现一个农民逃跑了，便大怒，在该农民住房的一角放了一把火。

农民只是想从强盗的手中把自己一年间辛辛苦苦收获的粮食保存下来，房屋却被山管无情地焚烧了。山管在这次事件后，反倒当上了奉天的副市长，真是天理难容！

在吉林省，从村庄到收购所很远，农民要想送粮必须凌晨四时前后出发，送完粮晚上回来也得很晚，道上又遇见大风雪，因此，发生过冻死数十人的惨事。

掠夺粮食的实际情况

伪满洲国锦州省黑山县副县长　大濑户权次郎

我正式参与掠夺粮食的工作，是在黑山县副县长的任内。一九四四年三月我出席锦州省公署召开的县长、副县长会议，要提供四万吨粮食的数字被强加在黑山县头上。我当时虽然知道此外还有棉花供应指标，然而光四万吨粮食已是相当困难了，但由于当时我的“名利心”太重，便丝毫没有考虑县民的痛苦，立即就答应下来。

回来后我召开街、村长会议，也让各警察署长、协和会分会长列席，根据县里预先做好了的计划，传达了各街、村的分担数目，把“鉴于圣战的时局”等说辞摆在前面，不容分说地使他们承担下来。对各警察署长严格地命令他们对供应粮食做好配合；同时要求协和会分会长尽量配合宣传。从九月起，我和县长分头到当地去督促。但是，到了十月、十一月仍然不能按照预想的那样把粮食搜集到手。于是便又一次召开了警察署长及各街、村长会议，严肃地命令一定要完成供应计划。尽管我为了这件事费了很大的力气，可是直到十二月末，仅仅掠夺到预计数量的百分之五十。我认为到了使用最后手段的时候了。一月里派遣日本人警察到当地督促了警察署长。我再度和县长分头赴当地监督。日本人警察官为了制造功绩，对于供应粮食表现踌躇的人进行逮捕，拘留在警察署，毫不留情地进行刑讯。受到这种刑讯的，在这个月里就不下五百名。到旧历年末才搜集了百分之八十，到了三月好不容易才完成了供应计划。

这种供应粮食的分担数量，是由街、村长摊派给个人的，因为各街、村长不是地方的名士就是大地主，所以对地主和富农总是尽量照顾，对中农和贫农尽量增加他们的负担。因此，贫农、中农不得不到地主或富农那里借粮食。这样就被地主剥削去一部分很高的利息。在春耕前借一斗粮，到秋后就得还一斗五升。作为供应粮食后的配给物资——棉布、棉线也都落到地主的手里，而中农、贫农的手里只剩下债务了，因此也就愈来愈贫困，相当多的人不得不走向妻离子散的绝境。

在依兰县掠夺粮食的罪行

伪满洲国三江省依兰县警正　引地章

一九四〇年起在伪满洲国开始实施的所谓“粮食供应”，这是一种对粮食的掠夺，对占伪满洲国总人口约八成以上的农民来说完全是个极大的灾难。日本帝国主义随着中日战争的长期化，许多农村子弟被动员奔赴前线，结果开始感到粮食不足，特别是一九四一年末开始了太平洋战争，就更加深了这种倾向，因此才计划从伪满洲国掠夺粮食。

我是在一九四一年三月初到三江省依兰县就任的，当时指挥了一九四〇年度最后掠夺两万吨粮食的工作。后来我又着手一九四一年度的粮食供应工作，给农民带来极大的苦难，对于春耕、播种、中耕、除草都动员县警察官进行了监督。农民被监禁在如同监狱般的集团部落中，每天到自己地里去就得走二十里，因此说，依兰县的耕种不是件容易的事。再加上自一九三四年起这个县的所有土地就全都作为日本开拓团用地而被剥夺了。在我侵入的那个时候，在天田、南靠山屯、北靠山屯、马大屯、岩平松木及倭背等地，已经移进来九个开拓团，把原居民都赶出去了。

我在一九四一年三月掠夺了前一年度的残额两万吨、一九四二年掠夺了八万吨、一九四三年掠夺了十万吨这样巨大数目的粮食。一九四二年度约为八成的收成，由于小麦、豌豆有向县外流出的倾向，我便根据供应工作班所搜集的情报，和副县长商量后，决定对此加以禁止，在县境内十处重要地点配置了四十名警察，从十月一日起对于出入县境的农民一概加以盘问和身体检查。就这样全县都被封锁起来，以监督粮食供应。但是到了十二月末，所取得的"成绩"不过是百分之七十。

由省公署发来以次长名义下达的"要绝对完成计划"的命令，省警务厅厅长给我拍来电报，上写："要最大限度发挥警察权力，完成当前的供应计划！"

我和副县长商量、研究对策，一个接一个地召开村长会议、警察署长会议，命令他们要严格地督促粮食供应。我把两百名警察队队员分成两队，一队自己指挥，一队命警务科科长率领，自一月二十一日开始，对全县农民进行挨家挨户的盘问和搜查。

第一天，我指挥的一百名警察官向着位于县东南部的长发屯出发了。我给每一个屯子各配置十五名人员（警察官十名、自卫团团员五名），挨家挨户地对住房、小库房、仓库进行检查，用铁制的检探器刺探草堆、高粱垛、谷草堆是否藏有粮食，甚至把棚顶、墙壁、土炕都要挑开检查。但是，留下五六个月份自己口粮的农户占多数。贫农仅剩下两三个月份的口粮。这样就很难达到预计数量的掠夺。我因为费了很大力气布置了大规模的搜索，结果都不是很好，考虑到自己的成绩，于是便下了一道"除留下三个月的口粮外，连种子也都给我拿来!”的命令，就这样逼农民把所有的粮食全都交了出来。然后再按照人口的数目，量出三个月的口粮来分给了农民，就好像把自己的粮食拿出来分发给人家似的。农民们面对着这种横暴颤抖着声音发怒了，抗议道：“马和猪的饲料怎么办？马饿死了，明年的地就不用种了!”

我骂道：“你们这群人的牛、马死个一头两匹的，算得了什么!仗打胜了是为了国家。你们这些不知爱国的家伙!”

如果发现有隐藏粮食的人，便让警察官把他打到不省人事。我就用这种方法从这个村子里掠夺了十余吨的粮食。

我用这个方法进行了第二次、第三次的掠夺。然而，有人向我报告说，屯长金某在草地里隐藏了两吨粮食，我却对此置之不问。

在某一贫农家中，四五岁的小孩儿和十五六岁的大姑娘光着身子(因为没有衣服穿)，披着凉席在炕上蹲着。警察官看见说炕中可疑，于是便实施了挑开炕进行检查的暴行，其实早就知道贫农没有把粮食再往炕下藏的胆量，不过是故意刁难罢了。

第二年我用更厉害的方法压榨农民，在两年里掠夺了约二十万吨的粮食，把它献给日本帝国主义，天皇再用这个来豢养他的士兵，反过来杀害中国人民。

供述二十三　在三肇事件中的罪行

伪满洲国滨江省肇州县副县长　岛村三郎

三肇事件这桩事，就是在肇州县丰乐街当商会会长的徐泽民接受中国共产党的领导，决意从事爱国运动，于是在肇州县托古村的一个农民家中构筑了地窖，在里面联络同志进行思想工作。于是以此为中心在一九四〇年十一月间，聚集了肇州县和郭尔罗斯后旗对日本帝国主义进行反抗的爱国人士，组成了共产党第二路军第十二支队（记得曾号称有约六百人）奋起抗日。这是中国人民爱国运动中的一个。

徐泽民军以一部分兵力袭击了托古村的村公署和警察分驻所，将其烧毁，把副县长的注意力吸引到这方面来，更以主力部队一口气袭击了半乐街，将其占领后就解除了警察署员的武装。这个半乐街是连接肇东车站和肇州街的一个交通要地，因此肇州县的兵力就被搁在肇州街里而陷入孤立无援的境地。徐军在这里滞留了三天，作了多种宣传和抚慰，说明中国人民抗日的意义，集聚了武器、弹药而强化了自己的武装力量。在半乐街的很多青年也都参加到徐军中去，遂使其兵力得到增强。

接到这一消息而吃了一惊的哈尔滨地区防卫司令官大迫中将遂和省警务厅厅长并其他有关机关进行了商议，组成了以日本军主力部队（主要是驻扎在安达的子安部队等）及伪满洲国军的几个部队为中心的安达肇东、郭尔罗斯前旗的警察讨伐队，向半乐街进发。

徐军在夜间急忙撤出半乐街，长驱直入袭击了郭尔罗斯后旗的旗公署所在地（该地兵力单薄）——肇源街。打死了旗公署里的日本人官吏十三名，再次把事件扩大，令饱受欺凌的中国人民扬眉吐气。

哈尔滨地区防卫司令官大迫中将和伪满洲国治安部因该事件的扩大再度吃了一惊，遂更增派了兵力。滨江省次长也召集了各县的副县长，使之组成了每县（双城、阿城、美河、珠河、宾县、呼兰、巴彦、木兰、兰西、安达、肇东十一县）一百二十名左右的警察讨伐队，由省警务厅警备科科长渡边政雄任总指挥向肇源进发。吉林省次长除了让警备科科长深田袈裟专门指挥约五百名的警察讨伐队（郭尔罗斯前旗、大质、扶余、榆树各县）北上外，龙江省也让泰质、镇东、安广、白城、杜尔伯特旗等邻近各县组成了警察讨伐队，向嫩江沿岸出动。于是这个四千四百人以上，七倍于徐军的大部队，就一齐向持有少量武器弹药的徐军攻击。

我当时任龙江省白城县的副县长，在一九四〇年底，曾组成了一个约有八十名队员的讨伐队开往泰赉县。之所以要做这样大规模的讨伐，是大有其理由的。那就是因为在满洲的中心平原地区内竟会有这样大的反抗运动发生，这一事件本身（从其影响力方面来说也是如此）固然使伪满洲国中央政府的要人丢尽了面子，但最重要的是因为已经着手准备太平洋战争的日本军部，是绝对要确保东北这个最为安全的后方供应基地的。

在之后的约三个月的时间内，以肇州、肇东、肇源（郭尔罗斯后旗）三县为中心，在扶余、泰赉、安达、兰西各县内进行了激战。徐军沉着应战，在十二月上旬，又击毙了滨江省警察讨伐队队长渡边。但是完全暴露在平原地带的徐军，被众多的讨伐队给包围起来，只能以很少的武器弹药继续着艰苦的战斗。机敏的爱国部队声东击西地打击着讨伐军，但是由于几次的激战伤亡惨重，在第二年一月中旬，不得不把所剩无几的残兵解散。于是在二月上旬，徐支队长竟在兰西县的农村中不幸被县警察队员逮捕。

我于一九四一年一月底，受命任肇州县副县长，于二月上旬侵入了肇州，那一天恰恰正是徐支队长在兰西县落到日本帝国主义者手中的第二天。徐支队长立即被押往肇州县，受到了省里影山特别搜查班长的审讯。

在这次讨伐中，日军曾干出在松花江上残杀了数十名（具体人数不详）徐军俘虏的事件。同样的事情，在我刚刚到任（二月上旬）之后也曾发生过。那就是省的警务科科长山崎诚曾对在郭尔罗斯后旗逮捕来的约两百名爱国者进行了欺骗，说是把他们送往哈尔滨，于是把他们带了出来，却干出了在松花江上把他们全部砍死的暴行。

年底，省警务厅在肇州县设置了以影山事务官为首的特搜班，指挥肇东、肇州、肇源、安达、兰西五县的特务警察负责对与徐军有联络或是进行过援助的爱国人士进行逮捕、镇压和审讯的工作。

与此相呼应的伪满洲国军也派来了军法会审人员，开设了临时审判法庭，原打算对爱国者逐个地判以死刑，但是，这个军法会审在二月中旬取消了。后来哈尔滨的高等检察厅的次长杉原一策派来了真田检察官以下的两三个人，开始了检察事务。哈尔滨高等法院在肇州街开设了临时审判庭，负责对爱国人士进行镇压。

我以副县长的资格指使着特务警察，并亲自出马从事这些残酷的镇压，同时命令街、村长从事架设警备电话、修筑警备道路、参筑警备用城墙、架设桥梁以及抚谕并收缴枪械等一系列工作的应对方法。我还犯下了在肇州街南方一公里的地方，让人砍死受这一事件连累的两名爱国人士的暴行。

在二月下旬，执行了在高等法院里判决的三十二名爱国人士的死刑，做出了在尸体上浇上汽油把他们烧掉的残虐行为。

把徐支队长及很多被逮捕的爱国人士送往哈尔滨监狱的就是我。后来我听说徐支队长曾在哈尔滨监狱的墙上，用血写了“中国共产党万岁!”的字句，最终壮烈牺牲了。

遍及肇州、肇源、肇东三县的数百名爱国人士，有的被残杀在战场上，有的被残杀在刑场上，有的被送往监狱加以苦役之后再杀害。做出这种魔鬼畜类不如行为的，就是作为日本帝国主义的走狗、肇州县副县长的我。现在，我已清楚地认识到，我是应当被中国人民千刀万剐的一个魔鬼啊!

供述二十四　在鸦片政策上的罪行

鸦片政策的本质

伪满洲国总务厅次长　古海忠之

在伪满洲国成立不久即发表的《建国宣言》里面，虽然明白宣布脱离了旧军阀的苛政，要建立民族互相协和的“王道乐土”，但在刚刚成立的那一年所采取的重要政策，却是这个鸦片政策。

在伪满洲国成立不久，各种政策尚未制定就绪，匆忙建造“国家”的基础时，鸦片政策成为一切工作中的首要任务。在一九三二年十月，就已经制定了《专卖法》，专卖起鸦片来了。

日本帝国主义为要炮制出一个所谓的“理想国家”来，就必须先减弱中国人民的反抗意识，萎缩民族的力量。所以日本帝国主义者对于中国人民就进行了欺骗，把鸦片的专卖弄成仿佛是将要禁止吸食鸦片的样子。与此同时，鸦片这种东西又是给日本的垄断资本和伪满洲国政府带来巨额利润的工具，所以，对于鸦片政策的急切采用，也成为关东军侵略热河的一个前提。鸦片专卖处在尚未侵略热河之前，早就把从热河弄到鸦片这件事作为当务之急。关东军认为获得了热河省所产的大量鸦片，既可以将它作为使中华民族衰弱的工具，还可以给伪满洲国带来巨额的收入。

在侵略了热河之后，根据原先拟订的计划，禁止热河省以外的地方栽种罂粟，专门奖励在该地区内增植罂粟，于是在当时，它成为伪满洲国财政收入的有力财源。

吸食鸦片的危害，是人道意义上的重大问题，凡有鸦片的地方必定有腐败和堕落伴随。有官吏的渎职、贪污，定有收购者的残酷榨取或是对农民进行迫害的事情。伪满洲国政府对于密买偷卖、走私以及淫荡享乐等，全然置之不顾，公然地以人民的牺牲来实现帝国主义的野心。

在第一年度有三百六十万元的鸦片专卖收入，在三年后就超过了两千万元，不用说人民由于鸦片所受到的祸害，是以此为比例而逐渐扩大的。

但是，这样积极推行的鸦片政策，到了一九三七年，竟然也遭到了舆论的强烈反对，致使不得不多少在某种形式上改变一下政策，以躲避一下人民的反对而图混过一时。于是就挂出了“在十年之后禁绝鸦片、麻醉药”的招牌。对于这个在实际上并无一点点实行意思的空招牌，我们却得意洋洋地做着宣传。其证据是，以后的历史事实已经把我们的欺诈本质给暴露出来了。

鸦片是光凭登记，不论是谁都卖给他的。栽种罂粟的面积，根本没有一丝减少，政府的收购量又是年年在增加。此外，对于鸦片上瘾者的治疗工作，也是迟滞不前的。

一九四〇年把鸦片从专卖署撤了出来，给换上了一个好看又好听的招牌——禁烟总局。虽然让它来承办关于鸦片的一切事务，但事务内容却和从前并无不同。

在一九四一年伪满洲国政府更制定出一个《再度加强禁绝鸦片、麻醉药要纲》来，打算保持一下体面，但在该年底就爆发了太平洋战争。这就使我们公然地撕破了这种欺骗政策的外衣，现出了本来的面目，公然地拿着鸦片政策去为战争政策服务了。

就这样，我们为了要增加税收就积极地出售鸦片，“管烟所”——鸦片零卖所就成为官方许可的吸食鸦片的地方，甚至不惜以妇女作为诱饵。特别是一九四二年在日本政府的指导下，于东京召开了大陆（满洲、华北、华中、蒙疆）代表出席的鸦片会议。在会议上作了“以满洲及蒙疆作为在亚洲的生产鸦片的供应基地”的决议。我们为了不负日本政府的托付，把栽种鸦片的面积大为扩张，一直以来在热河省和兴安西省一部分地区的栽种地区不用说，竟然在奉天、四平、吉林等省，也使之从事栽植，政府的收入也达到了未曾有过的纪录——七百五十万两（一两为五十万元）。这些鸦片不但积极地助长了在满洲境内的吸食，更大量地运到南京、上海、香港以及德国、日本等地，竟毫无顾忌地把鸦片的毒害传播到世界人民中间去。

由鸦片得到的利润，在当初是三百六十万元，在最后的年度，就是在日本投降的一九四五年里，拿这个将要达到一百倍——超过三亿元的预算来看，就能够充分说明在口中高唱着禁绝鸦片的日本帝国主义者的居心究竟何在了。如果日本帝国主义再晚失败些日子，不问可知，世界人民将会多受多大毒害。现在当反省到这件事情时，我不由得不寒而栗。

鸦片政策的这种罪行实际上是日本帝国主义者借口伪满洲国的革新和建设“理想国家”而计划并加以实施的，不能不说它是个揭示帝国主义者本质的好例子。

掠夺鸦片的具体事例

伪满洲国热河省赤峰县副县长　坂田义政

就像是“说热河就说到鸦片，说鸦片就说到热河”这句话所说的那样，热河这个地方就是日本帝国主义在伪满洲国的一个掠夺鸦片的中心地。特别是在七七事变以后，伴随着日本帝国主义扩大对中国的侵略，由于利用热河的鸦片进行彻底的愚民政策、经济侵略政策，把对热河鸦片的掠夺政策作了进一步的强化。

从一九四〇年度起，一直由专卖署负责的关于鸦片的行政工作，由县、旗的行政机关接管，使用警力从事强迫缴纳工作。因此，在热河省内设置了烟政厅（烟政科科长为近藤二郎，缴纳科科长为高桥某），在县或旗内设置了烟政科（例如赤峰县的烟政科科长三宅某之类），同时更在县、旗内设置了鸦片缴纳行业组织，使之在县、旗的指导监督之下，承担掠夺鸦片的实际工作。

一九四〇年四月，中国人民和它的军队——八路军，在长城沿线一带反抗日本帝国主义侵略的英勇斗争渐渐活跃起来，致使在该地区内种植鸦片变得不可能，因此，伪满洲国政府就禁止了在这一地区内栽种鸦片，而把栽植集中到热河北部和兴安西省境内。

例如，在赤峰县，一九四〇年度为四十万两，一九四一年度则定出了五十万两的任务来。一九四一年度，在热河省次长田边秀雄所主办的县、旗区副长会议上，总务厅次长源田松三、民政部次长土肥高、企划处处长饭泽重一等都翻来覆去地强调着鸦片政策的重要性，强调说无论用什么手段也要完成这一任务。

还有赤峰县副县长坂田义政，在五十万两的分配量基础上加了两成（为了完成自己的负责额数）之多，给各村长定出了强制的分配量。因此，和中央政府作了联络，更对农民作了欺骗，说什么今年“收购价格要提高”，什么要“配给棉布”和“不动员警察官工作”，等等。对于村长则是强塞给机密费而强制定出分配量来。这样，当决定了分配量后，便以此作为根据而去进行其他的强制工作。

1. 完成了比率

烟务科、鸦片行业组织、协和会并其他机关作了密切的联络，组成了工作班（四个班）巡逻于各个地方。各村长对于各村庄每个人都作了检查，确认强迫施行的实际分配量，并进行巡视督促。还发行了“许可耕种鸦片的证明”——一种强制缴纳的“证票”，让农民在手中拿着。

2. 监查烟地

就这样由于权力的强制和欺骗政策被定了分配量的农民，有的为了反抗这种强盗政策故意把罂粟的种子烤焦，为了种上后不能出芽。所以县里就在发芽期，和上次一样，由鸦片行业组织组成烟地监查班（六个班），派到当地去监查耕种地的实际面积，对于发芽不好的就命其重种，以期确保“强制收缴的负责数量”。

3. 调查灾害和产量

为了调查六月间的风、水灾害，曾数次派遣调查班前赴当地，巡视各地以估定受灾程度而定出预计产量来。他们还在收获期前再检查一次然后预计产量，把它写到农民手中的许可证中。调查班员以权力为后盾，尽可能地把灾害往少里估计，打算借此来确保缴纳数量，因此，便向农民强制要求巨额的贿赂和请客等强奸民意的行为，给农民带来了不可估量的灾祸。例如，用这样的手段，所掠取的各种摊派（按人分配的负担额）据说比各村的税额还多。

4. 缴土工作

以片面的早就决定好了的产量为基础，为了要确保强制分配下去的缴纳数量，我们用尽了一切恶毒的手段从事掠夺。身为赤峰县副县长的我，于一九四一年秋，曾利用老府村村长兼协和会分会长的王某，给予他机密工作费，让协和会事务长田代祐作负责这一工作，在“不派出警察官强制收取”的条件下而使之担负起责任来。不过要是有不能完成缴纳的村子，便立即派出警察官去做彻底的掠夺。

在老府村南部的一个小村子，因为听信了村长所说的县里的欺骗政策——“提高收购价格”“配给棉布”和“不派警察官”的假宣传，农民扩大了种烟地。可是这些宣传却根本没有兑现，于是这个村庄就在“未完成的村庄”的名目之下，由从事收买的警察作先锋闯了进去。大黑警务科科长和鸦片行业组织的铃木，在我的巡视督促之下，愈发地蛮横起来，做出了种种残暴的行为。

他们把村庄周围的大门都给关上，让警察官站上岗，将村民聚集到有宽敞房屋的大院子内，让他们把生烟土和许可种植鸦片的证明拿出来，对每个人挨次进行了强制收购。对于契约不够定额的人则加以拷打，追问“有没有隐藏”，更派搜查班把他们的家财器具乱丢出去而进行搜查。还把一个病卧着的老大娘从炕上赶了起来，进行身体检查，发现她藏有少量的鸦片，于是立即把它抢了过来。

有了病而得不到治疗的人们——只靠着鸦片希求脱离病痛的老大娘，就像疯了似的追赶着哀求：“这鸦片是我宝贵的药品，无论如何请还给我吧!”

而那毫无同情心的警察官，却用装有铁钉的皮靴，立即向那老大娘踢去。

另一个地方，在一所大院落中，有个未能完成缴纳任务的老大爷，正在受着鸦片行业组织的铃木和警察官的逼问，尽管详查了他的家财器具之后并没有发现什么，竟加以严厉的刑讯，致使他终于昏厥过去。另一部分的行业组织成员和警察官则一面观赏着这种光景，一面吃着让农民拿出来的烧鸡并喝得醉醺醺地大声喧闹着。

有一个农民正从一间马棚的小窗子凝视着这边的状况，之后一溜烟似的跑了。这个农民就是听信了村长所说的“警察官不来管”的县里的虚伪宣传而种植了罂粟的一个西边邻村的村民。因为他在干完田里活儿往回走的途中，看到了这种惨状，所以才赶紧飞奔回去想把这件事报告给村民。村民们认为自己的村子也将遭受这样的横祸，于是就把老人和孩子留在家中，全体都逃进了山里，点起了烽火，来对县当局这种行为进行抗议。

5. 秘密掠夺工作

到了九月中旬，收购工作总算是告一段落，表面上说是以后将根据《鸦片取缔法》而作处理，实际却秘密地采用特别收购的方法来从事掠夺。

在伪满洲国总务厅古海忠之的领导之下，以张朴林和总务厅委托人安藤某为中心，在各县设置了秘密收购班，从华北买进了棉布用来作为交换。一九四一年十月，对此一无所知的赤峰县警务科，曾对这种秘密收购进行了取缔，可是，他们手里却都持有古海总务厅次长所发的证明书。后来宪兵队和省次长方面来了指示，说对这项工作完全不许过问。这简直是古海自己违反了他自己所制定的法律。这就是伪满洲国的法律，不，这就是帝国主义法律的本质所在。不许违反的，只是那些被统治着的人们。

但是，伪满洲国政府之所以非这样做就不能达到掠夺目的的缘故，在另一方面则是表明了人民力量的伟大。中国人民绝没有对日本帝国主义的统治屈服过。任凭我们怎样凶残地站在当面进行刑讯，人民总是从我们统治经济的根底上建立起第二经济——所谓“黑市”来，一直到日本战败之日仍继续存在着。

鸦片贩卖工作的罪行

伪满洲国三江省依兰县警正　引地章

伪满的鸦片政策，是根据一九三七年制订的“禁绝鸦片十年计划”，在表面上装出一副像是要禁止吸食的样子来，用“受到特别许可的人才许可吸食”的方法大量地把它卖给了中国人民。成为这种毒辣的贩卖鸦片的法律基础的，就是那个《鸦片法》。在这个《鸦片法》中，规定着《鸦片专卖法》《鸦片取缔法》和关于这类事项的施行细则等。一方面对于栽种鸦片定有指定的栽种规则；另一方面对于私种也规定有严格的取缔规则，曾投入大量的经费在每年开花期间进行取缔。对于无人区和山岳地带的取缔，竟使用飞机从事空中摄影，真是无所不用其极。这样做除了为垄断专卖的利润以外，是没有其他目的的。还有，对于鸦片的走私取缔也是很严格的。有铁路警察、一般警察、专卖署的缉私员等，用尽各种方法，从事搜查、逮捕和刑讯。对于没收了的鸦片，则规定了以官方价格的百分之七十作为奖金，把它给予从事逮捕的人的这种方法。

不过，这样的鸦片政策，真的是在禁绝鸦片的目的之下去做的吗？不，我一定拿这个“不”字来作断言。为什么？是因为在东北的上瘾者由于这一禁绝政策绝对没有减少的缘故。不，根据我的体验，县里的吸烟者反倒增加起来。这完全是政府为了鸦片专卖的利益而做的钻空子行为，也是钻这个鸦片使中国人民萎靡不振的空子。这就是一个阴谋政策。

从一九三五年起，专卖署从栽种鸦片者手中直接从事收购，把它制成加工品，再经过县的烟务股把它贩卖出去。县的烟务股更随时从专卖署去买一定数量的烟土，在其中掺上若干假的之后，装在小纸包内，再通过零卖所向一般人出售。

县的警务科再经过警察署之手，把鸦片上瘾者的人名登记起来，定出了每人每天的吸烟量（一人一包至两包）。于是对于这些上瘾者，各发给附有本人照片的一个小型的“吸烟证”。上瘾者则从零卖所去购买所需的鸦片，大约都在县所设置的烟馆里去吸食。在快要战败的时候，在这样的烟馆内，竟然把“烟妓”弄了进来。在其中，也有买了烟带到家中去吸食的。但是，对于上瘾者把烟转卖给他人的行为则是严厉禁止的。

根据我的记忆，在一九三五年间，在锦州省的锦县内，曾把由专卖署买来的生烟，在自己所设的工厂内做成制品而把它配给到零卖所去。根据烟务股股长佐藤忠三的话，把当时六元一两的生烟买进来，在其中掺上若干假的，分装在二十五至三十个纸包内，于是把这些从两角一分一包至两角三分一包的东西，说成是卖五角钱的东西，这样就能得到百分之百的利润。

就像是“哪里有鸦片哪里就有犯罪”这句话说的那样，伴随着鸦片的存在，就会有很多的杀人、抢劫和不当正行为发生。警察官在发给“吸烟证”时，实际上是知道其本人没有每天一包以上的必要的，可是许可其两包的量而使其把其中的一包送到自己这里来。为什么这样做？因为把它私卖掉，是可以卖到约五倍（在一九四二年的时候）的价钱。还有吸烟的人也是花两元买了两包来，吸食了一包之后，再把剩余下来的以五元钱卖掉就可以得到三块钱的纯利，这就够糊口的了。

再者，一旦成为上瘾者，就是以怎样的高价出卖鸦片，他们也是非要买来吸食不可的，专卖署就是抓住了上瘾者的这一弱点而贪图巨大利润的。

列宁曾说过，宗教就是鸦片，这是因为他认为鸦片是最坏的一种东西而对之加以斥责。可是我们侵略者却用真正的鸦片给中国人民造成了不可估计的毒害，使家庭最终破产，使其本人孱弱不堪，使其去犯各种罪，从而让日本垄断资本家获利。

供述二十五　棉花强征工作的罪行

棉花强征工作的目的

伪满洲国总务厅次长　古海忠之

我记得强征棉花的工作是从一九三七年起实行的。由于伪满洲国政府制定并颁布了《棉花统治法》，把以奉天省、锦州省为中心栽培的棉花，让与上述法律同时出现的满洲棉花株式会社来垄断。这个会社虽然是由伪满洲国政府部分投资而成立的特殊会社，但是在其中是有日本的纺织垄断会社参加的，完全是日本的垄断资本对于满洲棉花的一种垄断。

棉花一向是由以奉天省、锦州省为中心的南满农民来种植的，再由小资本的中国人的纺织公司从事加工，但是从这一年起，这些小企业家有的被挤垮，有的在满洲棉花会社的支配下受着压制。

征收棉花的工作，也和对粮食的统治一样，是日本的垄断资本对于东北棉花的一种垄断行为。使用垄断价格得到的高额利润流入日本资本家们的手中，这是以中国东北农民饱受“强买”的惨痛牺牲而得到保证的。除此之外，是没有其他意义的。

棉花强征工作的罪行

伪满洲国锦州省黑山县副县长　大瀨户权次郎

在伪满洲国时代，伪满洲国的棉花总产量为十二万吨，其中海城县两万吨，黑山县两万吨，义县八千吨。尽管黑山县的两万吨是个相当勉强的数字，可是我对于县内的情况也不做充分的考虑，只是为自己的功名利禄，对中央政府的命令唯命是从。我为了分配量的缘故，曾开过街、村长的会议，不许他们提出什么意见来，只是高压地分配下去。

缴纳契约固然是由农民和满洲棉花株式会社直接来签订，但是棉花这种东西，人们都说它是一种“神经质的植物”，稍微气候有些变化，收成会立即减少，所以农民顾虑收成的减少，便时常兼种一些芝麻，为的是即使棉花减产，还可以拿芝麻来作补救。可是兴农部却极端不喜欢这样做，严命把已经和棉花一同种好了的芝麻拔掉。我就完全按兴农部的命令，下令给街、村长，让他们把芝麻拔掉，带给农民很大的灾难。在一九四五年的八月三十日，当我被苏联军队收容在大虎山的棉花工厂内时，曾听到一个农民这样大声地喊：“从此再也用不着拔芝麻了！”现在当我想到拔芝麻这件事曾给农民带来的痛苦时，觉得心都在发痛。

当一九四四年秋收时，果然收成不怎样好，减产了约十分之二，收缴工作简直无法推进。到了年底，仅仅搜集了百分之五十。我于是开了个有各警察署长列席的街、村长会议，为此进行督促，大声地叱责他们，并给各警察署长每人一百元的机密费，还让日本人的警察官到当地去从事催缴。对于迟迟不作缴纳的，则不客气地把他拘押在警察署内进行了刑讯。遭到这种灾难的人达两百名上下。农民不得已，只得从新民县、辽中县出高价买来而作缴纳，并且我也许可他们这样做。至于我到底给农民带来怎样的痛苦，真是无法估算。因为这个缘故，致使很多农民流落他乡。

就这样到了一九四五年的三月底，好不容易供应工作才宣告完成。

因为棉花的强制收缴分配量是由街、村长和棉花公司协商定下来的，结果总是对地主、富农有利，极不利于中农和贫农。这次棉花供应的报酬——棉布、棉线等，也是差不多到不了中农和贫农的手里，结果是滚入了地主、富农的怀抱里去，养肥了地主、富农们。他们将余下来的棉布，又以高价强卖给贫农。

棉花强制征收带给县民的损害，光就内部统计来说，仅黑山县一个县，在一九四四年就超过了一百万元。

供述二十六　强抓劳工的罪行

一、劳工对策的本质

伪满洲国总务厅次长　古海忠之

日本帝国主义在侵略中国东北进行对物资的掠夺中，占有最为重要地位的就是因为有“只用低廉的工资怎样困难的劳动都能去干”的中国劳工的存在。换句话说，就是对中国的劳工进行无限制的榨取，而借之达到日本帝国主义的侵略目的。在从事侵略初期，大半的劳工都是用人数丰富、工资低廉的华北劳动力，所以并没有感到有什么不自由的地方。但是在一九三七年，由于规划了第一个五年计划，特别是由于参与五年计划，致使超常量的劳动力成为必要，所以在缺乏劳动力资源的伪满洲国，就不能不拼命去诱导华北的劳工了。

于是，在一九三八年十二月制定了《劳动统治法》，同时为培植劳动力起见，还设立了特殊法人的满洲劳工协会，借此获得劳动力。虽然如此，自一九四〇年以来，劳动力的情况出现巨变，急速地形成了劳动力不足的局面。一九四〇年一月，为了应对劳工问题的严重化，就扩大了社会司辅导科，新设置了劳务司。由于工人数量的不足而引起的工资高涨是无止境的，到了一九四〇年劳动力的需求极端地增大起来。这样下去，伪满洲国的这一有利的侵略基础，甚至可能发生崩溃。而伪满洲国是有着作为一个在“大东亚共荣圈”（日本侵略圈）中北方侵略据点之使命的。当面临着愈发要进入大规模的第二个五年计划时，伪满洲国关于劳工的问题，是非要树立大胆的根本对策不可的，这是迫切的需要。一九四一年十一月，制定了《确立劳务新体制要纲》，目的就是为了要尽快脱离对华北劳动力的依赖，所以就拿兴起“劳务兴国运动”和树立“国民皆劳”体制来欺骗人民，打算借此来确立“劳动力的自给自足”体制。还打算通过劳动力供给关系的计划化、调整工资、防止劳动力流动、劳务管理的彻底、整合劳务机构等，借此提高和扩充劳动力榨取率，去实行强有力的劳动统治。同时决定与这一要纲相联动的，则是成立了一个劳务兴国会，使之与政府的强力劳动统治相互配合。因此，就改订了《劳动统治法》，把原来的“自治统治”的规定加以删改而作出了一个强有力的《劳动统治规定》。这就是关于招募劳工、采雇、供应、使用，对于移动劳动工资、劳务管理、劳工的培养，以及其他的指定业务的雇佣限制等，能够发出必要的命令。还有，政府关于公共事业或在国策事业中要实行其重要事项的时候，在紧急的时候，可以让人民从事其所指派的劳动。更还特别设定了关于所谓“贡献劳动”的规定。

刚采取了上述措施，就爆发了太平洋战争。这一要纲的目的，是极其适合帝国主义性质的。在一九四二年度，扩充了劳务司和其他地方的行政机关。订立了以总务厅企划处为中心的“劳力动员计划”，制定了招募工人的统治规则和工资统治规则。创制了征集劳工制、勤劳奉公制度、保安关押制度，从而确立了强制劳动的制度。又于一九四三年十一月实施了“国民手册制”，用来防止劳工的流动。

在一九四四年度里，由于认识到劳工问题是执行战时经济中绝对重要的事情，于是大胆地进行了对劳务机构的大改革，把有关劳务的行政从民政部独立出来，设立了勤劳部并附设一个国民勤劳奉公局，以确保劳力统治的万全。

东北人民就这样普遍地被驱使到强制劳动中去，也把普通劳工束缚在一筹莫展的地步。于是为了使东北人民从事于增产侵略东北的物资以及增产战时必要物资并增强对日本的援助，就对劳动力进行了彻底的榨取，使其身心两方面的精力消耗愈加严重，肆无忌惮地摧毁了大多数人民的生命，为了使日本帝国主义能够进行它的侵略战争，把侵略中国东北的日本人组织起来，犯下了严重的罪行。

在龙江省强抓劳工的罪行

伪满洲国龙江省警务厅厅长　今吉均

在一九四四年，被分配到龙江省的劳工数量为三十万人。龙江省的全部人口为二百二十万，这个数字达总人口的一成三之多，差不多是一户就非得提供一个人不可的状态。把农家的平均劳动力当作二点五来看，这给农业生产所带来的影响之大，是不难推测出来的。不但如此，由于劳务管理得不善，至少在三百名中就会有一名死亡的人。就是没有死的人，也都由于营养不好、居住条件恶劣、卫生设备和医药品一点儿没有、役使和长时间的劳作，使被征调去的中国人民虽然活在人间，实则是被驱使受着地狱之苦。为构筑珲春机场而被役使着的劳工们的住处，是宽约六米、长约二十米的用席子围起来的小木棚子，他们住的就是这样几栋棚屋。在其四周挖有小小的沟，为的是在下雨的时候，能够把雨水流走。在棚子里，直贯有一条宽约一点五米的小道，在其两旁铺有干草，劳工们就是在草上铺上褥子来睡的。由于潮湿，多数人的关节都有了毛病，尽管如此也是得不到休养和治疗的。劳动时间是从清早起至深夜止，拳打、脚踢、挨骂那是常事。吃的是一碗高粱米饭，根本吃不饱。副食不但缺少肉类、植物油、蔬菜类的东西，就连盐也是不够的。有了病就只有等死而已。病人的最后要求是哪怕能够看到爱妻一眼也好，然后再死，可是，这也不被允许。因为这种缘故，谁都认为当劳工就是去送死而感到畏惧。在农民方面来说，缴纳农产品已经是件不得了的事情，可是，那只是交出东西来就算了事，而这个出劳工，都说这就是来“出命”。在白城街，要出一名劳工，就得摊派（按人数负担的总额）六千元才能做得到。在齐齐哈尔市，用普通手段是不能做到把市民当作劳工拉来的，所以只得用警察的力量使之提供。警察则是把他们在平日认为不好的人预先选定好，把他的姓名写在红纸上，清晨趁着市民尚在酣睡而进行“掏窝”，把红纸扔到他的眼前，当场就把他扯走，送他去当劳工。使用红纸的由来，是因为日本在战时召集兵员使用红纸，所以也就模仿着来做。方法虽各有不同，但使用警察力量，则在各县都是普遍如此的。如果有不愿意去当劳工的人，就把他拘押在警察那里，用暴力殴打而进行强逼。对于从工地脱逃的劳工，警察要对他进行逮捕和加以惩罚。劳工如果因为不堪折磨而逃亡，那么，便连家也不敢回，只得变成无家可归的人而在各地流浪。

强抓劳工，这一日本帝国主义的罪行，将会永远留在中国人民的心头。在中国东北的山野里，因为强抓劳工，充满了悲怨含恨而死的人们。

在黑山县强抓劳工的罪行

伪满洲国锦州省黑山县副县长　大濑户权次郎

一九四四年至一九四五年，在黑山县，为修筑绕阳河的河堤强抓一千名劳工，为奉山线修筑复线强抓一千名劳工，为修建磐山的水利灌溉工程和阜新的煤矿各强抓一千名劳工。此外，更在一九四五年为了修筑兴安岭军事工程强抓了三千名劳工。在兴安岭的军事工程中，四月十五日先令三百名劳工作为先遣队出发，五月十五日再把主力送了过去。这三千名劳工分属于伊里克图和博克图两个地区，被奴役修筑军事工程。在气候和水源条件都不好的山中工地里工作，极大地损害了工人的健康，仅在一两个月之内就出现了将近二百名的死者和将近六百名的病人。在这将近二百名的死者中，直接被从事军事工程监督的日本人给打死的虽然只有两三个人，但是从本质上说这二百人全是被日本帝国主义给残害的。这时的战局对日本帝国主义渐行不利，对于南满地方的空袭也渐次频繁起来，所以在南满地区也必须建设防空设施，于是就把这三千名劳工调到鞍山、大连去。这时，虽然也把病人送回到县里，但在运送途中死亡的就达十人以上。其中还有的人在大虎山车站下了车见到他的爱人后终于放下心来随即悲惨死去的事件。

在兴安岭从事军事工程修筑时，日本人的监工时常从军方的贩卖所买来纸烟和酒等各样的东西，把它用高价卖给工人们。对于不肯来买的工人，则无事生非地寻衅，做出拳打脚踢和辱骂的暴行。像是这样又打又踢又骂的暴行，在鞍山、大连的防空建设工地上也同样存在。这些从来没有犯过任何罪的农民，直到日本战败投降之日才得到解放。

兴安岭的军事工程就不用说了，其他像绕阳河的筑堤工程、奉山县的复线工程、盘山县的灌溉工程和阜新煤矿等所有被强抓来的劳工所住的地方都是小席棚子。在长四十米、宽五米左右的席棚子里，足足装有一百多人，他们都人挤人地被关在里面。下面就是土地，在上面铺了些干草，然后在草上铺上席子，就是这样简陋的所在，加上潮湿气很重，夜间又凉，对健康是很不利的。因此，在从事工程的劳作中把身体搞坏了，在归乡后死去的人也很多。

被强抓来的劳工就是这样受着非人的待遇。我是知道这种情形的，可是我还是强制他们提供劳力，我的罪孽真是深重。就是在出劳工时，也是让街、村长去负责，我则若无其事地待着，结果代表富农、地主的街、村长总是牺牲中农、贫农而自己却免于劳力。在贫农家中，如果有四个男子，那么四个人都将被拉去从事强制劳动，像其中的三人都一个一个死去的悲惨例子是不少的。

以援助被强制出劳工的人为名，不去出劳工也行，而由各家来摊派——按人数分担。结果这些地主、富农差不多什么都不负担，而由中农和贫农来承担。我们对于这样的事情是完全知道的，可是却视而不见。这就是我们和地主勾结在一起的政治本质所在。

我除了以上所述的罪行以外，从一九四四年八月起至一九四五年七月止，曾分四次——每次二百名的劳工，将他们送往黑山县八道坑的煤矿。此外，又曾对参建机场提供了十个人，对建筑学校也曾供给二十名劳动力，像这种被奴役的人数是早就计算不过来的了。

把以上的出劳工量拿一天来计算，则是曾经奴役了二百万以上的人，我今后就是劳动二百万天，也补偿不过来我所掠夺的劳动力。我带给人民的损害，除了杀害以外，光拿工资来计算，就达一百四十万元以上。现在我就是来谢罪，也找不出适当的话来说。

除提供劳工以外，还有个所谓勤劳奉公队的特殊劳动要提供。那就是把“募集落选者”组成勤劳奉公队，使之从事劳动。在黑山县，于一九四四年和一九四五年两年间，就提供了一次二百名，两次共计四百名的劳工。

勤劳奉公队是在协和会内受训练成为协和会运动的一个臂膀，就在这种异想天开的理由下，例如普通劳工是两元，他们则只能得到一元钱的工资。更说是为要培养这个勤劳奉公队的干部，在协和会里曾设置了青年训练所。我在任内就曾培养了这种干部九十名。

这个训练处处长就是协和会本部长——县长，副处长则是协和会副本部长——副县长，主事则是由协和会县本部事务长来充当，专任的训练员则是一名日本人和一名中国人。学科是号称协和会读本的一种教科书，那是彻底鼓吹天皇思想，以麻痹中国人民良心的一种教育。此外，更教以算术和其他一般的常识，也施行了特别学科——军事教练。

军事教官是由伪满洲国军派来的一个中尉（日本人）。上午是学科，下午是术科——军事教练。还以实习为名，弄了个蔬菜园子。

我曾以副所长身份一星期一次到训练处去，向他们讲些个什么“日满一德一心”，什么“伪满洲国的建国精神”等来欺骗纯真的青年，想要把他们培养成日本帝国主义的忠实奴才。

这种训练生是由街、村长推荐来的，结业后将成为协和会青年团的干部或成为勤劳奉公队的干部，经常接受协和会本部的指导。

在肇州县强抓劳工的罪行

伪满洲国滨江省肇州县副县长　岛村三郎

我于一九四二年任肇州县的副县长，曾从事提供劳工的工作。我受命曾把约三百名劳工送往三江省的鹤岗煤矿做了约半年的劳工，这是对于三十个村庄作了分配率而使其提供出这样的人数的。

因为所有的农民都不愿意去出劳工，我遂命令警察强制作了分配，使之担负人员数量之责。这种被强征来的人，一定都是穷困的农民，像地主或富农那样的人一个也没有。村民不得不作出摊派（按人数负担）来照顾这些可怜的被牺牲者的家属。

当他们赴鹤岗煤矿以后，我只有一次派出了一个以行政科科长为首的慰问团，带去了两三口猪和五六袋白面，以后就再也没有照顾过他们。虽然我记得幸好没有死亡的人，但当他们回来的时候，都瘦成了皮包骨，疲惫得不像个样子。我虽然也参加了他们的解散仪式，但是并未想过要犒劳他们。

还有，我于一九四二年七月，曾把约三百名的勤劳奉公队派出从事长春、哈尔滨间的铁路复线工程。这是从以肇州县协和会为中心而结成的青年团中选拔出来的，所以一切的提供事务都由协和会来负责。

这一工程由滨江省的各县来负担，工程地段都各有分担，曾强制其进行高强度的劳动竞赛而对青年们进行了役使。因为吉林省的各县也参加了这一工程，我认为所有铁路沿线各县全部都参加了。

我于八月中旬曾带着一名部下以到当地“慰问”为名而公出，以三口猪和五袋白面为饵，让中国青年筋疲力尽地从事辛苦的劳役。

这件工程约做了两个月才完，因此被动员的青年达数千人以上，我想肯定出现了病伤患者。直到现在我对于当时的事情还是没有什么印象，足见我曾经失掉了人性。我对于中国人的死亡曾认为是没什么大不了的事。

供述二十七　掠夺军用物资

一、在间岛省的掠夺

伪满洲国间岛省开拓厅厅长　今吉均

提供稻草

关东军为了掠夺军用物资，曾强制农民从事绳子和草包的生产，于是设立了满洲产业株式会社，不但用极低的价格收购稻草加工品，还征集了大量军马用的稻草。一九四二年在间岛省仅命令供应稻草的数量就不下两万吨。当时在东北种植稻子的差不多全是朝鲜族的农民，稻草基本上都是用来充作牛的饲料、燃料和供修理房顶之用。农民们对于提供两万吨的稻草感到十分困难，结果是省里不但禁止稻草出境还禁止农民用稻草修理房顶。农民的痛苦和不满非常之大，甚至连像延吉县副县长绪方义门那样的人，也曾再三地向省里申请减少稻草的供应数量。

提供木炭

一九四二年在间岛省曾奉命要供出两万吨的木炭，因为山林大部分在汪清、珲春、和龙三个县内的关系，所以这一重担就都放在这三个县的身上。因为提供木炭这件事是从来未曾有过的，所以各县都对于烧炭经验、劳力、粮食、被服等问题感到苦恼。例如汪清县就曾把有烧炭经验的人从朝鲜找来，劳力是征集人民来干，被服是从哈尔滨的黑市中以高价买了来，所以它的生产成本是很高的。一部分企业得到了厚利，农民则差不多都是无偿地去服务，并且还对耕种有了显著的影响，农民所遭受的损失是非常大的。农民不但由于生产木炭受到了损害，还须去做那一千万包的装炭草包。但是装炭用的草包的制造数，任凭怎样地强迫农民去做也完成不了，结果是把木炭整个地不加包装地装到火车里运走了。在省内的各车站中，随处都可看到堆积如山的木炭。

提供干草

一九四二年分配到间岛省的干草供应量是两万吨。间岛省的农户为十一万余户，每一户就相当于分配了二百公斤干草的任务。农民为了生产合格的干草不得不割出数倍的青草，所费的劳力和所受的损失是难以计算的。

用“关特演”[①] 的名义掠夺

伪满洲国三江省依兰县警正　引地章

一九四一年三月，我以三江省依兰县的警正资格就任县警务科附属官。我就和副县长早川太三郎、县协和会事务长高桥、兴农合作社科长岩井、县庶务科科长东田、开拓科科长渡边等一群人，每天以副县长为中心，对于祸害人民的粮食供应和捐税并警察的取缔等工作，有时共同商议，有时个别交换意见，天天奔忙着做这些事情。

一九四一年七月，省里召开了副县长会议，早川在那里滞留了好几天，像是和关东军商量了些什么似的，但对于其内容却一点儿也没有对我讲。可是从早川的口中，却一个接一个地开始发出具体的命令。例如关于警察工作的事情：对兵事业务（军队的征调事务）的整顿、加强防卫阵容、戒备应保护的场所、整备防空设备、修筑日本开拓团的壁垒、参补军用道路、增添警卫电话等，这些事都是奉命应办的工作。到了后来才知道，原来这些都是为了“关特演”县里所承担下来的工作任务。

“关特演”这件事，是为苏德战争进行准备，要把苏联的远东军牵制在东方，好让德国侵略苏联的行动容易得手。这也就是“佯动作战”[②] 的一种。如果有了可乘之机，日本也准备一举而对苏联进行侵略。所以，在三江省一带，在不知不觉之间，日军的人马就形成了拥挤的状况。在这种形势下，县里所从事的工作，就是给军队供应军需物资，后来也就成为一种定例，这种负担就全加在全县人民身上了。

---

① 关特演是关东军特别演习的简称。——编者注

② 佯作一种虚张声势的行动以达到牵制的目的。——编者注

关于木炭和劈柴

掠夺木炭和劈柴，是从一九四一年的八九月起，依兰县的日本人开拓团滥伐县里所有的山林从事制造。南靠山屯的开拓团则是对南部的森林，北靠山屯的开拓团则对五道河子、四道河子的森林，松木河开拓团则对大青山各个县的所有森林进行了滥伐并从事加工制造。可是，这些木炭和劈柴，到了该年的十二月八日，因为爆发了太平洋战争，到这时为止一直驻扎在这里的部队都秘密地开往南方，所以就全都成为无用的东西了。一千五百丈的劈柴和一千吨的木炭并没有得到任何利用，白白堆在山野之间。

对马料、干草、稻草类的掠夺

从一九四一年八月起，早川副县长曾命各村长收割野生的干草。其数量虽因各村的地理条件不同而各异，但县里交代下的分配率，则是一千五百车（大车）。为割取干草所需要的人力不下于三千人。价格是一车不到十元钱，并且还须把它运到勃利县的车站。此外粟谷、稻草等的供应也被指定为一千五百车（推想），和以上所说的干草事情的条件相同。

强加给农民这样的负担完全是一种暴戾的行为。因为要把一车干草送到车站，再在那里住一宿回来，至少也得花费三十元钱。于是农民就说："希望合作社或是军部到当地来取，那么不必给钱也行。"而早川副县长和我则胁迫他们说："这是为国家作贡献！不然，俄国兵来了，你们就都没有命了！"

猪、鸡、蔬菜的供应

在同一时期，猪和鸡也作了供应。早川副县长通过兴农合作社宣告"这是军部的命令""这是省里的命令"，强制农民交出东西。

猪是按重量，再把它减六成来计算。比伪满洲国的官价还要低——相当于市价几分之一的廉价，完全是用拿不到台面上的价格来掠夺。所以，农民们认为养鸡之类的是在干傻事，就把它们全吃掉了。我每当发现了做这种事的人，就命警察署长将其逮捕并加以严厉的刑讯。

供述二十八 伴随实行经济统治的罪行

经济统治的本质

伪满洲国保安局第二科科长　岛村三郎

经济统治这种东西，并不是像苏联和中国所进行的那种计划经济，而是在资本主义经济的圈子内，想要维持生产和消费的平衡的一种方法，是把国家权力和垄断资本公然结合起来而对人民大众进行掠夺的一种经济体制。这就是把垄断的范围加以扩大，加强利润的剥削，构成帝国主义经济的一个最高形式。在伪满洲国采用战时统治经济，是为了补偿在中日战争末期出现的战争资源的匮乏，以及弥补太平洋战争爆发后日本国内经济体制的破绽。这是一种从农民手中去劫掠军需物资好使垄断资本大发其财的表现。

所以，粮食的征收，带给农民以极大的痛苦。这种经济统治对于东北人民是有着极端的民族歧视的。从商业资本和产业资本两方面使中小商人和中小资本家（中国人资本）走向破产，这对于日本垄断资本掠取庞大利润是有好处的。

首先，生产时所采取的是“实绩主义”。实绩主义的意思就是按照该企业家过去的生产实际能力而决定配给他的原料数量的一种主义。这时，就找出了各种的借口（例如：小资本的生产机器设备不完全，生产成本要高，等等），对于中国人资本家的小规模生产，则停止配给原料，而使日本的大资本得到垄断之利。

我从一九四一年起至一九四三年止一直驻扎在肇州县，在肇州街、半乐街和大同街这三条街上，都有小规模的制造面粉的手工业工厂，把当地的小麦在这里制成面粉以满足居民的需要。但到了一九四二年，政府便下命令不能给他们小麦了。于是只让在哈尔滨的“满洲制粉”① 一家承担制面工作，只把原料配给它。这一结果是从肇州县的人们来看，把在当地好不容易种出来的小麦要运往遥远的哈尔滨，在那里加工制成面粉之后，再把它运回肇州县来，并且是非买这样的东西不可。如果是距离近、交通也发达、运费也不贵的话，那还没有什么，但是，从肇州到哈尔滨的一百公里的道路要用大车去运送，还得由将近八十公里的铁路作联运。因此，白面就成为价格“高不可攀”的东西而再被送了回来，而副县长对于农民们则是连自家食用的白面都不允许自己制造。我们做这些只是想让“满洲制粉”（日本垄断资本）垄断制面的行业，来保障它的庞大利润，并且，强迫居民和农民去买高价的白面，除了把县内中国人所经营的小企业挤垮之外，并没有给人民以任何利益。

这只不过是一个例子。可见日本的垄断资本家们就是这样地和中央政府勾结在一起，驱使着中央官僚们替他们做好“实行战时经济

① 指日本人开设的满洲面粉公司。——编者注

统治”这一绝好的机会，而在所有的生产部门内加强它的垄断作用。

在配给生活必需品方面也是如此。首先是在中央成立生产会社（生活必需品公司），对于地方的中国人做小买卖的，在实际上是把东西批发给他们，而在县里则是使兴农合作社垄断配给的领域，一个挨一个地把小买卖人挤垮。我在肇州县时，在从前曾有五条街（肇州、半乐、大同、突城、启乐）的店铺一个挨一个地供应着县内三十个村约三十万农民的需要。但到了一九四二年，对于这五条街上的店铺只配给仅够街民用的东西，对于其他二十六个村子的物资配给，则是把兴农合作社的分行设在村里，使之承担配给工作。因此，由于对这极少的物资，更用公定的利润率配给到他们手中的缘故，致使很多的店铺都不得不关了门。我在当时，也曾和该街上的大商店勾结起来，谋求了使它能够垄断的方策。

做出了最为露骨的民族歧视待遇的，就是在物资配给方面。因为曾经公然地并且还用法令去实行“中国人不得吃大米”，所以人道主义的假面具早就不存在了。“外食券”① 不用说是不给的了，就连砂糖也是不给的，盐也是同样的。说到盐这件事，在肇州县里的碱性地带上，有几个地方可以产出少量的土盐。农民们到那里去把土盐拿了回来，把它放在大水缸中加以溶化，利用浮在上层的盐水来做他们调味的材料。可是由于《专卖法》，就连这个也被禁止了。当发现有农民把澄浮在上面的盐水煮干制成盐而从事贩卖的事情时，我便立即把他投入狱中。不给人家盐吃，还要把制盐的人们下狱，难道这还不算是暴虐吗？我们从一九四三年起，对于农民，从没有配给过一滴煤油和一钱的食油。他们为了制造夜间点灯用的灯油，就在田地的角落里种了草麻。我们发现了这种情形之后，从一九四三年起，就说“把这草麻充作飞机的润滑油用”而把它掠夺了去。由于对于中国东北农民极端的犹如

① 指大米食用证票。——编者注

对牛马般的压迫，日本帝国主义才能在太平洋上和美帝国主义互相争夺南洋的殖民地，才能在华北、华中大量地去屠杀中国人民。

在“价格统治”方面也是一样。由于一九四一年七月二十五日的“零卖价格冻结会”把贩卖价格冻结了起来，把从农民那里廉价抢了来的原料加工成商品（由日本垄断资本生产出来的商品），用和日本进口的商品同样的价格批发出去。因为原料是在当地加工的所以便宜，如果把它和由日本远道运来商品定为同样价格，那么，垄断资本家们将得到怎样的高额利润，我认为现在在这里是没有列举的必要的。不仅如此，和中央政府的官吏勾结在一起的这些垄断资本家，总是这样那样地制造出理由来把批发价格往上提。做小买卖的人对于冻结令是没有办法的，只能发出惨痛的悲声而破了产。如果发现了违反这一冻结令的人，我们的副县长便让经济警察对之进行镇压，一个个地把他们投入狱中。经济统治完全就是一个恶魔般的法令。

比这个还要厉害得多的，就是把那个经济统治强制加到中国东北农民身上的关东军。它从一九四四年的中期起进行了“才号工作”，就是用黑市买卖物资的工作。那是以哈尔滨、奉天、吉林、长春、齐齐哈尔等大城市为中心，动员了日本人的“御用商人”，去进行把军需物资特别是铜、铁等大量地从黑市中强行买来的一种工作。关东军还自以为是地极秘密地进行，但是，这样的事是无法秘密去做的。为什么？它的对象，就是广大的中国商人。在开始这一勾当的第二天，说它已经成为人尽皆知之事，并没有夸大其辞。

“御用商人”们胁迫说：“喂，听着！这是关东军所必需的！如果不卖的话，就要按照囤积居奇来没收！”

这些商人因此得到巨大的赢利，那自然是不必说了。可是在另一方面，拿着一斤白面来看望住在街里的可爱孙子的老太太；拿着两三个鸡蛋来探视和人家结了婚的产后女儿的中国农民，则由于违反经济统治而每天都有人被逮捕。

自己种出来的粮食，如果自己把它吃了，就会被说是“经济犯”而被抓了去；两三个人聚在一起说了几句话，就被说成是“思想犯”而遭到逮捕。

这是后来我们这些战犯在参观沈阳大青村时，生产合作社主任含着悲愤之泪叙述当时的情形。确实如此，像我这样冷酷地干过这种事的人，在听到主任先生说这种话时怎会无动于衷呢？我们一面这样地折磨着农民、摧残着市民，一面却叫嚣着什么“王道乐土”以及什么“日满一德一心”等欺骗言论。我现在对于这些事作了反省，不由得想：“真是的，居然能够说出那样的话来!”我觉得十分愧悔，心里难过极了。

所有这些物资都是由劳工供应，是用中国工人的血汗做出来的。我们日本人对于哪一样东西也没有权利说这是我的东西。

经济统治的实际

伪满洲国警务总局经济保安科事务官　进藤静雄

配给关系

1. 粮食

对于一般农家，是不配给粮食的。就是对于连种子也给拿走的人家，也只是做一两次形式上的配给而已，尽管农民们在挨饿，我们却视而不见。

对于城市和街镇的配给，也是趁一时高兴把库存品无计划地进行配给。例如一九四二年从五六月起到十月，在哈尔滨市，就有过约两个月没有配给过什么的例子，并且一回的配给量也只是五公斤乃至六公斤的少量东西。沈阳、长春等地大致也是如此。但在沈阳自从一九四二年以后，两三个月配给一次甚至成为普遍现象了。

只给在伪满洲国当了走狗的那些高级官吏配以少量的大米，对于其他的中国人则完全不予配给。关于大米，从一九四二年起采取了饭票制度。当旅行、公出时，日本人不论到什么地方去都给予饭票而能够吃到大米；对于中国人是没有饭票制度可言的，或是自己带着粮食去或是走到哪里就去买黑市的粮食，那是必须出高价去买的。但是带着粮食到处走，就有可能被经济警察官毫不客气地给拘押、投狱。

对于小麦，是有《麦粉统治专卖法》来进行约束的。就是农家留作自家吃用时，也必须得到专卖署的许可。但这也是从一九四三年起才不被许可的。例如在哈尔滨市，竟然做出把农家石磨全都给贴上封条的暴厉举动来。在一九四二年，把滨江省内外县的磨坊（制造面粉的手工业工厂）都一齐给贴上了封条。

从一九四二年起，对于住在城市的中国人的配给，只限于在春节、端午节、中秋节配给三次白面，但也只是每一个人配给半公斤的极少数量而已。可是，对于日本人，则是配给一公斤。一九四四年，一个白面馒头能卖到五毛钱，是原先价格的十倍。

2. 调味品

从一九四二年起，盐是一年配给一次。虽然承诺为秋天腌咸菜之用允许配给约两公斤盐，但在县、旗实际上是什么也不配给。例如在乾安县，竟趁着农民缺乏食盐的机会，借口对鼠疫防疫而规定给予抓住老鼠的人配给少量食盐。

豆油也是从一九四二年以后竟以向德国出口三十万吨大豆不易进行为理由，对农家停止了配给。因此农民不但是食用油，就是点灯用和作润滑油用的油也缺乏了。但对于日本人，就是到了一九四四年，也是每月配给白绞油或是豆油三百公两的。

至于砂糖，对于日本人是每月五百公两（一九四二年间）或是三百公两（一九四四年间）的配给；对于中国人每月则只是按平均五十公两来计算，并且还是不到春节、端午节、中秋节三节不予配给。实际上，这些砂糖早就在县、旗公署里被官吏、日本人全都给用完了。所以，日本人方面是砂糖有剩余而对于中国人则是完全不给。

3. 衣料

棉线布类总算是采取了配给的形式，但实际上仍然是日本人和伪满洲国官吏得到优先的配给。只是到了秋季粮食上市期，钻农民缺乏衣料的空子，将若干不像样子的棉线布类卖出去而把送到交易所来的粮食的数量给扣除下来（由于品种不同而多少有些差异，大致一吨的粮食给予三尺棉布票）。农民只有从他人手中把高价的粮食买了来，才能把供应量如数交足，而他们是把这样来的粮食以买价约十分之一的贱价卖给农产公社，因此，他们是丝毫没有购买棉布之余力的。所以，农民们不得不用空面袋和破布条子去过生活。

价格问题

在各种商品中，首先受到价格统治的就是农民生产出来的粮食，它在最后就落到满洲粮食专管会社的手中去。

面粉在伪满洲国成立当初就根据《专卖法》使价格受到了统治，农民自己做出来的东西是被禁止向他处贩卖的。到了一九三七年和一九三八年的时候，根据《米谷管理法》《粮谷管理法》《特产物专管法》等法令，米、高粱、苞米、小米和大豆在交易场上的收购价格是被压低了的。一九四〇年把以上三个法令综合起来，做了个《主要粮谷统治法》，把满洲粮食专管会社改组为满洲农产公社，禁止了交易场以外的买卖，粮谷类于是经过在交易场上从事以贱价强买的粮栈之手，除了受农产公社的掠夺以外是没有其他办法的。在这个时期的价格，是兴农部和关东军第四课商定好的价格，从农民方面来说，这就像是把生产费都给抹了去似的一种低廉价格。

关于棉线、布类。在一九三七年间，制定了《棉线、布类统治法》，只对棉线、布类价格采取了所谓“公定”制。在一九三九年又改为《纤维统治法》，对棉线、棉布以外的纤维制品也采取了官方价格制。此外，还有《皮革类统治法》。至于一般的东西，由于一九三七年的《物价、物资统治法》，对于粮谷类以外的食品、文具、舶来品杂货等，也都定了官方价格。

一般的官方价格的制定，是由主管部、局来担任，例如公共汽车、电车等的车价是归交通部，金属制品是归经济部，林木类则归兴农部制定等。这是由多个部、局来作区分的，至于共通的原则则都是由于垄断资本家或是和他们有勾结的人们所操纵的行业组织等的申请，可是差不多都是“准如所请”的。所以，所有的商品价格都是为了要使这些垄断企业者能够得到庞大的利润而制定的。例如罐头、茶叶、砂糖等都是归满洲生活必需品株式会社一手贩卖而向百货店、小买卖人批发，一般对于这样高的批发价是抱有怨言的。当然，这个会社的贩卖价格就是这样，譬如生产价格只是百分之二十，可是其余百分之八十则是在什么运费、仓库保管费、捐税、利息的名目之下计算出来的。因为这完全是和日本进口的商品价格一样的缘故，因而在伪满洲国内制造出来的东西是能获得暴利的。

官方价格只是适用于生产会社和畜产公社等大公司所承办的货物。这些公司每当原料变贵时，便立即拉拢主管部、局的官吏们往上提高价格；而小买卖人和摊贩业者即便想使用这种方法也是无处去使的。所以，当日本帝国主义的掠夺行为愈发激烈起来的时候，物价也就跟着不断上升，特别是抓住中小业者出卖商品命根子的生产会社等的批发价格就不住地上升，因此，这些中小以下的从业者的营业就一步一步受到压迫。在这时，尤其起决定作用的，就是在一九四一年七月二十五日制定的《价值等临时措置法》《价格冻结令》。

官方价格制定的另一个特征，那就是对于大城市和县、旗中的主要街市而制定出来的这件事。这种事大约也就是对于像是双城街、阳城街那样的地方——只对于县城的所在地把官方价格制定出来，至于此外的农村地区，因为没有这一官方价格的制定，所以商人们对于农民就是拿怎样高的价格都能去卖的。

农民自己种出来的东西，受到了低廉的官方价格的剥削，而他们却得用贵得惊人的价格去买衣料等，这就是官方价格在伪满洲国农村中的实际情形。

一九四一年七月二十五日，在太平洋战争爆发之前突然施行的《价格等临时措置法》，由于以上的关系受到溃灭般的影响。那就是在之前或者是在以后，所有没有官方价格的东西，就不许拿比这天的实际贩卖价格高的价钱去出卖，所以，城市中的中、小以下的商人不用说，就连农村的贩卖人（商人）也完全不能拿超过一九四一年七月二十五日的价格去卖东西了。然而，他们的货物来源——垄断公司却一步一步地和有权力的人勾结在一起，渐渐地把价格抬高起来，所以，就把这些小企业者置于无论如何也非要把这个《价格等临时措置法》冲破不可的绝境之中了。于是经济警察就根据这种情况，接二连三地把城市和农村中的中国人小企业者逮捕起来，把他们关在拘留所内，而要杜绝这种情形。

一九四三年一年之中，在全伪满洲国由于违反经济统治而被逮捕起诉的数目竟达十万件。其中仅次于违反粮食统治居于第二位的，就是与《价格等临时措置法》相关的案件。

禁止运往县外

从一九四三年起，由于城市的粮食陷于紧张，为了补救粮食不足的形势，对于在农村中生产出来的蔬菜、肉类、蛋类等的需求迅速加大了。因此，从城市赴农村去买东西的人多了，从农村到城市来卖这些东西的农民也增加了。县的副县长、旗的参事官于是发出布告来对于物资的买卖加以禁止，更派出经济警察去逮捕违反的人，并没收他们的东西。

像满洲畜产公社那样的由伪满洲国政府投资出来的特权会社就和副县长勾结起来，把自己需要的东西用垄断的方法进行掠夺。手里拿着省公署畜产科发下来的证明书的所谓采购员，尽可能地往内地的农村里去钻，把刚生下还不久的小猪用开玩笑似的低价强制买入。对于不肯出卖的农民，便拿出副县长和警察署长的命令逼着他们出卖。用这种方法把小猪大量买到手中的畜产会社采购员，又把中国的儿童扯了出来，让他们把小猪群一直赶到县城。在途中，当走到养有大猪的农家门前时，他便故意地把他赶着的小猪撵进这家庭院里，然后再把大猪也一齐赶了出来，硬说“这就是我的猪”而加以掠夺。农民们对于这些采购员的蛮横无理感到愤慨，像恨蛇蝎那样地憎恨着他们。满洲畜产公社就是用这样的法子，把等于不花钱弄到手的食肉用家畜抢了回来再拿到城市中用高价把它卖掉而攫取巨大的利润。

一九四四年秋，在长春的商店中差不多见不到鸡蛋的影子了。在日本人的店铺有很多的“吉野町”，在那空地后面，可以看到有中国农民的子弟穿着褴褛的衣服，手里提着装有十个、二十个鸡蛋的小筐子向过路人贩卖的情景，这已经成为普遍的情形了。但是，这种现象并没有持续多久。在五月间三角钱一个的鸡蛋，在两个月之间，竟涨到了约三元钱一个。需求愈来愈大，而农村的产蛋量却在减少，因为到街上去卖的人们都一个个地被经济警察给逮捕投狱了。

到一九四二年八月底，在伪满洲国的长春、沈阳、哈尔滨等城市，到处都有中国农民在街头卖烤得半熟的苞米棒子。在司法部刑事司经济科科长池田某主办的法令审议会上，我曾和兴农部粮政司的楠见事务官一同主张：“如果把这种事放任自流，那么，本年度的粮食供应计划将会落得从根本上颠覆的结果，必须加以镇压。”而在同一席上，我们却对在街头贩卖日本人所嗜爱的给啤酒下酒的毛豆角（未熟的大豆），以这是日本人普遍爱吃的东西为理由决定不予以取缔。

从上述几项就可以看出，在日本帝国主义侵略下的中国农民，自己做出来的东西自己不能吃，对自己有益的事情不能去做。“对大众作彻底的搜刮”这句话，就足以暴露伪满洲国经济统治的内幕了。

日本侵略军的“收购”

伪满洲国的统治经济一贯是以适应日本帝国主义侵略战争之需要为最终目的的。所以，掠夺来的粮食、肉类都是尽快地供应到日本侵略军中去，但这还是不能满足日军的需要，于是军部就直接侵入农村去从事收购，主要是干草、土豆、蔬菜等。这时，伪满洲国副县长就积极地帮助军部派出来的军需官。他们就拿从农民那里榨取来的捐税，一面喝着酒一面来商议，于是把分配量发到村长和屯长那里去，让他们把这些东西紧急送往指定的地点。为了运送这些东西，农民只得丢下自己的生产，费两三天的工夫把分配下来的物资用马车去运送。等运到了目的地，要过“收购”这一关的时候，就得经过对物资质量的仔细检查，要不然就以捆装不好等为借口，饱受不买等的刁难，最后则是以低廉的价格强买了去。从农民方面来看，为了把这些东西送到这里来把仅有的一些东西拼凑到一起，有的还从附近邻居那里买来把它送到这里，马也累得够呛，结果是不得不按照所给的价钱把东西出了手。军部这样的“收购”方法，简直是给已濒破产的农民生活添加了进一步的苦痛。

在盖平县的农产品及其配给上的统治

伪满洲国奉天省盖平县副县长　三田正夫

盖平县人口有六十四万、耕地有二十万垧、农家为十万户，被称为中国东北南部的温暖地方，适合于种植棉花、烟草、花生、蔬菜、水果等，这些特殊作物占耕地面积的约四分之一——五万垧。

县的东部有一半是山岳地带，耕地极为稀少，耕地只是沿着铁路、面向海岸线由北向南接连在一起而已，而其北部的约两万垧的土地因受到营（营口）盖（盖平）盐田的影响，已成为碱性的不毛之地。

在这样人口众多、耕地稀少的地方，再把其中的大部分土地耕种特殊作物，致使主食用的粮食作物不多，这就是一个在平时也不能自给自足的县。

因为仅有北邻的海城县拥有丰富的耕地，所以就通过和它做自由交易来弥补自己的不足。

一九四三年以来，实行了种植粮食和特殊作物以及收购的统治，当日本帝国主义要彻底劫掠战略物资时，盖平县就制定了年产粮食约三千吨、棉花约一万三千垧、烟草约一万垧、花生和麻类约七千垧的分配量。同时，海城县也由于这种统治，禁止了粮食向外县流动。

因此，县内特别是在东部山岳地带的十三个村子，缺乏了粮食。对于从来就和海城县所做的交易，现在盖平县也以警察的力量把它禁止了。这时农民们为了解决这件事，除了避开警察眼目冒着危险把很少的粮食偷偷地运进来以外，是没有其他办法的。如果遭到逮捕，则是除了东西被没收之外，更须被处以罚款，还得受到拘押和刑讯。如果想要免去这一难，除非对于从事取缔的警察偷偷地送他们很多的钱，求他们睁一只眼闭一只眼，此外是没有其他办法的。

因此，东部山岳地带的村民们很多人只好到县外找饭吃。这样被逼走的竟达到四万人之多。

在山村中靠着吃树皮、草根来充饥的人，已达到相当多数。因为在农村形成了这样的状态，在盖平街（人口三万）、熊岳城街（人口一万五千）等街市里，粮食也绝对难以搞到。县公署为了欺骗人民，在口中说是要从伪满洲国北部地区买粮食作配给，其实是仍然让农民去种那些特殊作物（棉花等），不但没有什么配给，在四平竟把企业存剩下的四千袋荞麦面，强制性地用高价卖给中国人。更因为县内的耕地稀少，我们就叫嚣着说：因为这个才使粮食不够的。于是欺骗人民说是要为住在东部山岳地带土地不足的人们开垦营盖盐田东部碱地约两万垧，把它给予土地不足的人们。于是从县内每村赶出一百个人，共计三千六百人，从一九四一年五月起至一九四三年初止约两年时间，奴役他们从事开垦。等到开垦完了，就把日本四国、爱媛县的开拓民（移民）叫了来，把土地分给他们了。

对于分配到县内的粮食三千吨的掠夺，也是由县公署对铁路沿线各村强制定出了分配量的。对于村内的分配量，则是让村公所去负全部的责任。因此，这个分配量是对于地主从轻而对于贫农加重的。这个分配量也是在盖平县的对农村进行指导的借口下，被派往县内和尚村、万福庄村、九寨村、博铺村等处的日本人农业指导员和这些村中的村长，还有该村的旧村长在一起组织出来的农村相谈部员（农村协商部员）们，把平素掌握在手里的各村情报作为基础，把协和会和各地——特别是汤地、卢家屯、博海铺的警察署员动员起来，使之进行了强制的征收。对于对此反抗的人，就加以房屋搜查、逮捕、刑讯和没收粮食等。对于粮食是用对生产费也给打折扣的官方价格，由兴农合作社来取得，然后再把它交到满洲粮食会社手中。

盖平县是个适宜种植棉花、烟草和花生等的地方，特别是在县内南部地区烟草和花生很多，从中部到北部则是棉花很多，其总面积约为三万垧——棉花约一万三千垧，烟草约一万垧，花生等约七千垧。对于这些东西，也从一九四〇年度起实行了种植、供应的分配，这也是以“农村相谈部员”和各村公所的意见为基础，而由县公署定出了强制种植分配计划的。

关于种植棉花的问题，对于必要的灌溉用井的挖掘和对于烘燥烟草所必需的干燥场设备，并没有加以任何顾虑，只是强制他们去种罢了。

对于棉花、烟草的供应，也是以可以换回肥料和粮食为欺骗手段，而把全部生产出来的东西劫掠去了。更动员了协和会的职员和警察署员采取了搜查家舍、没收、逮捕、刑讯等手段，以期达到彻底掠夺的目的。

这也全是拿不足偿还生产费用的价格，通过兴农合作社之手加以掠取：棉花是交予满洲棉花会社；烟草是交予满洲烟草会社，并且还丝毫不客气地连棉籽也都拿去了。

还有，县内的山村地区自古就是有名的柞蚕产地，可是自从日本帝国主义侵入以来和内地的交易就不顺畅；又因为用来驱逐害鸟的洋炮也由于收缴枪械而遭到没收，所以蚕厂就只得听任其荒废下去。不过，山村地区的经济还是仗着这个饲育柞蚕来弥补一些耕地不足的，因为这一微小的手工业加工仅能维持这里的经济。

一九四〇年三月，全伪满洲国对柞蚕实行了管理，设立了满洲柞蚕会社，从劫掠原茧起直到加工为止，一切都须在这个公司和这个公司所指定的工厂内去做。在盖县也不例外，根据这一统治，把全县约两万柞蚕农家所饲育的茧，不论是春茧抑或秋茧，全都强制予以“收购”。从事这一工作的，是在县公署的指挥之下，让兴农合作社去担当。从事柞蚕业的农民，竟对于自己所生产出来的茧不能自由处分，价格也是由单方面来决定，以不足偿还生产费的官方价格把年产约有九千万粒的全部蚕茧都给劫掠了去。不仅如此，更从约两千户的柞蚕手工业者手中把一切从事手工业的机械都给拿了去，禁止他们自由加工，从而夺去了他们的生意。还有，从事柞蚕业的农民们根据多年的经验，使用着一种他们自己最信赖、最适宜的挑选种茧的方法，那就是与安东省凤城县爱阳边门地区的柞蚕农民订下契约，把感染病毒最少的优良种茧，在每年的适当时间弄到手中，然后再把它孵化并饲育起来。但是这种方法竟然也遭到了禁止，而由柞蚕会社强制对种茧进行统治配给。

由于这一统治配给而分配过来的种茧，是通过兴农合作社之手，在酷寒期间填入到麻袋里再运出去，因为放在寒冷的仓库里的缘故，致使被冻死很多。还不止这样，染有病毒的也不少，因之减退了农民对生产的兴趣。就是这样，由茧种起至加工为止的全过程中，对农民实行了彻底的掠夺政策。

副县长就是这样在上述对农产品的统治、掠夺中，以副县长的资格并且还以盖平县兴农合作社副社长的资格，更以盖平县协和会副本部长的资格，把县内的行政、经济、思想的统治权完全集于一身，操纵着县公署的一百五十名职员和四百名警察官以及属于下层机构的村公所、协和会分会、村合作社的组织，更指挥着在县里特别设置的农村相谈部——以此为名从事情报、宣传的阴谋机关。副县长还每月赴县内各村作巡视，带着县公署、协和会、合作社干部以及其他人员，通过在当地举行的“官民恳谈会”，为的是使当地农民逃脱不了自己的掌控而把那些政策彻底加以施行，以及为了督促着部下对于反抗者进行镇压。就是这样，不但进行了对于生产物资的掠夺，并且与此相关联地遭到了逮捕、刑讯和没收财物处分的人，从一九三九年七月起至一九四一年八月止，竟达约五千人之众。

在配给统治的开始，从一九四〇年三月间起，是曾作过棉布、豆油和砂糖等的配给的。县内人民为要领到这种配给，道远的人就得拿着配给簿跋涉远达六十华里（三十公里）的路程赴县城和盖平街等指定的配给店去领，还得不惜往返之劳才行。而他们所领到的东西，也仅是一年一次的几尺棉布、几斤豆油以及其他的极为少数的物资而已，却白白浪费了走长途的时间和劳力，对于生活和耕作上的影响是很大的。

一九四〇年，盖平县公署根据这种情况，和警察工作相结合，把原先按物资门类做成的物资配给簿统合起来，改成一种综合配给簿，拿它来和户口簿一起使用。这是以配给物资为饵食，利用它来对县内人民进行控制和镇压的一种工具。于是，就把这个综合配给簿，对县内的约一万两千户的人家，逐户强制做了分配，且每户强制要去一册两毛七的工本费。与此同时，更强制县城内以及其他商人，将运费、食宿费并其他一切经费都归其本人来负担，而使之赴县内各村从事巡视配给的工作。

在新京的经济统治的罪行

伪满洲国首都警察副总监　三田正夫

对马车从业者的统治

掌握、分配新京市内的大车和拉客的马车，是有利于战争时代搬运力的分配、征集的，因此，于一九四二年在新京市的车辆企业区域的地点，使新京马车行业组织成立一个马车收容所，在该所内把约八百辆马车和赶马车的工人并其家属都强制收容起来。

一九四三年九月，在该市的南新京车站西方，圈定了上述收容所的地皮，使新京马车行业组织在那里建筑一个收容所，在那里面把约两百辆的马车和其从业人员并其家属都收容了起来。

于该月更规定新京市内运送距离和按照装载重量的运费，对于违反规定的人们便加以处罚。当分配搬运工作时，也是以煤和车站上的货物以及其他的军需物资为主，强制收容所内的马车夫去承担。一九四三年十二月，由于受到国际运输会社的要求，曾以警察的力量，强制一百二十辆马车承担对于该公司货物的运送。

对配给簿的检查（即对假人口的镇压）

在新京的生活必需品的配给，也是在战争局势之下，益发把统治加强起来，其配给的数量也渐渐减少。和日本人相比，中国人受到了极端的民族歧视待遇：配给日本人以大米，而中国人则是高粱和苞米等；油也是日本人为白绞油，而对中国人则有歧视，配给豆油等，并且配给数量也是有差别的。所以，一般市民特别是中国人在日常生活方面，吃穿都不能如意，如果想要向他处去找，则是非得冒着被警察镇压的危险不可。即使把它弄到手中，也非得花费十倍的价钱不可。在这种情况之下，毫无权力的人民除了虚报人口冒领配给之外，是没有其他方法可想的。于是在一九四二年秋以后，在新京的生活必需品配给簿上的人口数目突然增多，竟至出现了七十万这样的数目。伪满洲国首都警察厅遂和市公署、协和会作了联络，制订了一个对配给簿进行联合调查而大量削除配给簿上假人口的计划。一九四三年二月十日，警察厅在全市发出了布告，告诉市民须把在生活必需品配给簿上的不实人口取消，并说万一经过调查被发现或者是性质恶劣的将被严厉惩罚而向市民作了威胁。于是就以这次的调查为基础，将旧簿册全部更换成了新簿册。

由于在实施调查前用布告威胁的结果，因此取消了一万五千名的假人口。从二月二十日起，以各警察署派出所所员、警察厅经济保安科科员等为中心，并把市公署署员和协和会会员组织起来，开始了户口调查并连带着做了全市统一的配给簿检查。

就是用这种方法，对借此来弥补日常生活必需品不足的穷苦人们做了一家一家的彻底检查，把两重登记的、伪名登记的等取消了两万五千人。经调查的结果，由于作废和其他缘故而被宣告无效的达三万名。总共是把七万名从配给中剔除了。于是当初被登记的七十万名新京市民，一下子就减为六十三万。根据这次调查，对于那些没有自动取消不实人口的人停止配给豆油、味素、砂糖、火柴等两个月，更对约九百人作了刑事处分。

至此把旧配给簿全部换为新配给簿，以后的配给登记全部都得到派出所去申请，只有被警察认定的才给登记，警察的户口调查和配给簿上的人口必须保持一致。由于控制了人民的口粮，从而对警察的查讯和对人民进行镇压起了作用。

对于各种杂业的镇压

一九四三年，以新京的刑事案件增加和破坏经济统治的黑市的扩大为借口和警务总局作了协商，于是警察厅便以疏散城市人口为名，想对新京市内的摊贩、行商以及其他的杂业人员一并镇压。因此在该年的四月十九日，以敷岛区、大同区、长春区、宽城子区为中心，动员了派出所、各警察署、警察厅保安科。在警务总局有保安科科长和南事务官；在警察厅有警察副总监三田、警务科科长池田、保安科科长温某等各赴当地去指挥，一个地区挨一个地区地进行了包围，把依靠零星小买卖糊口的中国人都逮捕起来。对于那些把摊子丢掉东跑西跑的人们挨个地加以逮捕，再加上那些没有工作而把饥饿的身子坐在春天的阳光之下晒暖的人们共千余名，又在该夜更以繁华的地方为中心做了一次出其不意的袭击，进行了一网打尽的逮捕，又逮捕了两千多人。在这两次的逮捕中，共计逮捕了三千一百六十人，于是对这些人进行了严厉的审讯，然后给安上了些“做黑市买卖”或是“窃盗”的捏造的罪名。于是对八百八十九人都给予行政处分，如停止营业、没收物品等；对一百二十人则给以刑事处分。

因此，生意被剥夺和走投无路的人更多了，使受苦的人民更加深陷到贫苦中去了。

对于在这次镇压中得以幸免的人，则让他们在身上戴上了警察厅发下来的标志，为的是便于管理，并宣布“对于没有这种标志的人，不要买他的东西”，并迫使他们须按照官方价格去做买卖。

因此，饱受惊吓的做小买卖的人，一时都不敢出去做买卖。在新京市内的繁华地带，一时竟没有一个摆摊子的，真是萧条极了。

甚至连贩卖蔬菜的人也禁止他们摆摊，指定长春区的大桥旁或其他地点作为他们做买卖的地方，因此给商人和买主造成了很大的不便。

对营业人员的镇压

一九四三年，警察厅认为大饭馆、小饮食店和吃茶店等是在战争时期所不能容许的营业。为了加强配给统治，遂于该年九月制定出《保安营业刷新要纲》来，对于让吃茶店关门和裁减饭馆、饮食店的从业人员以及其他的强制事项曾和警务总局作了协商，更在《满洲新闻》和其他的中文报纸上发表了这件事，同时还让各警察署把这些营业者召集来，强制要求他们彻底遵照实行。虽然营业者再三哀求，但是仍然强硬地执行了。到了该年的十月底，这种政策实现了。于是，十二家吃茶店关了门，饭馆、饮食店的从业人员因此而失业的约达两千名。

警察厅虽然在口中说着什么将把男女从业人员分配到战时状态下的劳动部门去，并且还说已经建立起战时体制来了，可是，对于就业的事情却绝对不肯帮忙。

与经济取缔相关的镇压

在新京市内由于和经济统治有关的《物价及物资取缔法》《粮谷取缔法》并《价格等临时措置法》，从一九四二年十二月起至一九四四年六月止，对于和平居民进行逮捕的件数约为一万五千零五十件，被逮捕人数约达一万七千人，对这些人曾进行刑讯、没收其物资，并将其中的约七千名给予刑事处分。

供述二十九　巴木东事件[①]的罪行

伪满洲国滨江省哈尔滨市地方检察厅检察官　沟口嘉夫

“偷日本人的东西那还行！这个坏家伙！”这是在哈尔滨地方检察厅的检察官室内，我把一个贫苦瘦弱的中国老人一把推倒时说的，还下命令说：“把这个家伙塞到监狱里去！”地方检察厅次长冈本武雄，检察官龟冈忠彰、横幕胤行、相原忠治和我曾指挥着庞大的警察力量，为了保卫日本帝国主义的“权力和利益”，拼命地向哈尔滨的市民进攻着。我们对于那些在日本侵略者的刺刀之下遭到掠夺、受到榨取、被推入贫困的深渊之中的中国人民，对于他们的为了要活下去而从事的艰苦斗争和正义反抗，则拿着被日本帝国主义者制造出来的法律说他们是盗窃、冒领或是违反经济法等对他们进行镇压，逮捕了很多的中国人并把他们投到监狱里去。于是，很多人都在监狱中死

① 指对滨江省巴彦、木兰、东兴三县的抗日组织的镇压。——编者注

去了。

一九四三年三月上旬，哈尔滨高等检察厅次长杉原一策从地检给龟冈、椙原和我打来了电话找我们去。“啊，大概是思想事件吧！”我们就一边谈论着一边集合到南岗长官公署街的高检官厅那里去。于是杉原下命令说：“现在已把在滨江省的巴彦、木兰、东兴县，北安省的庆城、铁骊、绥化县里和抗日联军有关系的救国会武装组织成员逮捕了，你们可在富中的指挥下公出到当地去进行审讯！”于是就在哈尔滨高等检察厅思想系检察官富中二郎的指挥下，我和龟冈立即公出到巴彦，椙原到木兰、东兴去了。

东北人民不但亲手生产出来的农产品全部被日本侵略者给掠夺了去，而且还要受到残酷的奴役。他们身上穿着破烂的衣服，饿瘪了肚皮，连骨髓都被榨干了。只要稍微露出一点儿不满，立刻就被说成是反满抗日分子而受到毫不客气的镇压。中国人民从这种忍无可忍的痛苦之中生出了烈火般的愤怒和憎恨，对日本侵略者进行了反抗，渴望打倒日本帝国主义，建立独立的国家，过上和平幸福的生活。在北满的抗日联军第三路军，对于日本侵略者的军警进行了反抗，展开了勇敢而巧妙的游击战。在伪满洲国滨江省的巴彦、木兰、东兴，北安省的庆城、铁骊、绥化等县的中国农民，以他们自己的军队——第三路军为中心而团结起来，并在接受这支队伍领导下的农民中间组成了救国会。于是农民们就向他们自己的军队供应必需的物资，把日伪军警的情报一一向他们报告，和他们察密地团结在一起，支持他们、拥护他们。为了配合第三路军从事武装斗争，于是就成立了武装组织。

在日本侵略者看来，第三路军是个最可怕、最可恨的存在。当人民和第三路军紧密团结在一起，全体人民都站起来进行反抗的时候，日本侵略者便再不能把中国东北看成是自己的所有而从事掠夺了。于是日本帝国主义就把日伪军警动员起来，发出了“打垮第三路军，覆灭农民中的反满抗日地下组织”的叫嚣，像狂人般地向第三路军进行了攻击。

滨江省和北安省警务厅组成了以滨江的特务泉屋利吉警佐、北安的特务永井警佐为班长的特别搜查班。在滨江的泉屋之下，有特务科的望月、高野这些凶狠的特务作他的膀臂从事活动。特搜班对于其属下各县的特务进行了指挥。于是警察的特务组织就增强了它对第三路军和其地下组织的侦查能力。泉屋的特搜班从一九四二年底起，就潜入当地，化装为私种鸦片的人和烧炭工人，顽固地继续从事侦查，因此就把救国会已经组织起来的事情探听明白，于是这一情报就由省飞报到中央政府。闻此大吃一惊的中央警务机关，就匆忙地研究起应对之策来。研究的结果是，于一九四三年二月，在哈尔滨市道里的中央大街和警察街拐角处的警察宿舍“松花塾”的会议室中举行了“联络对策会议”。参加该会议的有伪满洲国治安部警务司特高课课长西辻定彦、科员竹村百子德以及从检察厅来的哈尔滨高等检察厅次长杉原一策、同厅思想系检察官富中二郎和滨江省、北安省警务厅特务科、警防科等有关人物并其他人等共计三十名。这次会议决定，由滨江省和北安省联合起来向第三路军发起攻击，同时对在农民中间成立起来的救国会等地下组织进行颠覆工作。

一九四三年二月，在巴彦、木兰、东兴、铁骊和绥化各县内开展了统一逮捕行动。在副县长督促之下，不但特务警察和日本人官吏参与其中，还有从滨江省警务厅来的特务科科长重富贡、警正山寺佐三郎、经济保安科科长饭岛武光、警防科通信股股长富田静雄、刑事科警佐内田寅次郎以及其他许多警察官，他们为了参与逮捕和审讯都从警务厅、哈尔滨市警察局涌向巴彦、木兰、东兴各县。警务厅厅长池野清躬也直接到了当地，督促着部下的逮捕、审讯工作。

继该年二月的逮捕行动之后，更于三月十五日进行了第二次大逮捕。再把以后的零星逮捕合在一起，至六月，在巴彦、木兰、东兴、庆城、铁骊、绥化全部地区共计逮捕了六百余名中国人。

一九四三年三月十日，我和龟冈以及椙原带着书记官、翻译官一同在呼兰车站下了火车，坐上从巴彦县来接我们的县里的大卡车到了巴彦，于是就住在县里给准备好了的日本人开的“巴彦旅馆”内。不久，县里的警察官来到了旅馆，根据副县长的命令，说是供给我们以一切的便利。我对于副县长为了对中国人民进行镇压而给予我们司法机关的人以积极的配合非常感激，并且觉得有了倚重。

第二天，椙原到木兰去了。我和龟冈为了要协商审讯的事务就到了巴彦警察署。在署中，警察官和被逮捕来的中国农民挤得乱成一片。在署长室中，滨江省警务厅特务科的警正山寺佐三郎正在指挥着巴彦县的警务科附林佐和特务股股长研究逮捕的方案。

已经有近百名的中国人被逮捕了。警察署的拘留所是装不了这么多人的，并且也没有审讯的屋子。副县长于是把警察署的近邻县立医院腾空，把它当作因为这一事件而被逮捕的人们的收容所和审讯室。

四五天以后，副县长在一个最高级的中国大饭馆内招待我们。在宴席上，副县长在讲话中强调：“巴彦的人心已经恶化了。”他要求：“趁这个时候，须对反满抗日分子加以彻底的、严厉的处罚，好拿它来惩一儆百。”我们就发誓说：“一定要把他们彻底地肃清。”于是，副县长、省警务厅和司法机关把力量合在一起对中国人民进行了进攻。

和我相熟的泉屋利吉警佐从县立医院内的客厅兼办公室——一个比较宽敞的房间内的沙发椅上站了起来，迎着我和龟冈，面上带着和蔼的笑容说道：“辛苦辛苦，你们可来了！”

特务科的泉屋和保安局的后藤令治一样，都是被哈尔滨，不，全北满的中国人民像对蛇蝎那样嫌恶、憎恨和畏惧的凶恶的特务。他所到之处一定有阴谋跟着，被他盯上的人必死无疑。现在就是这个泉屋，指挥着特搜班，高坐在巴彦县内，直接指导对被逮捕的中国人的审讯工作。他问道：“怎么样，审讯进行得还顺利吗？”那个穿着皮革上衣，脸膛微黑，不太胖也不太高的泉屋的部下，在脸上堆起了微笑回答道："还算顺利，现在不过是刚开始，一定要彻底地大干一场！"这时候，他的部下把审讯的供词拿了进来。泉屋对我们说了一句"请等一等"，便用眼睛向那供词扫视了一遍，在这一瞬间从泉屋的眼睛里射出一道异样的光芒来，他瞪着部下严厉地说："不行，哪有这样浑蛋的事情，让他接着说！"

接下来泉屋平静地对我们说："我对于收拾抗日联军这件事觉得比吃饭更起劲呢。我就是在厕所里也在心里琢磨着该怎样办才好。能够给我以帮助的，就是这帮家伙手中的文件，我常常专心致志地去钻研这些没收来的传单，至于对利用的特务当然是绝对必要的。为了进行侦查，只要稍微有些用处的中国人，对我说来简直比自己的爱人还宝贝。因此，不论什么样的事我都会替他们去做，不过，如果弄不来情报……"说到这里他把话顿了一下，然后又继续说下去："那么，对我来说他们就没用了，干脆宰了他们！"于是，他就笑了起来。我就在心里想："对，讲什么人情，作为检察官哪里用得着人情呢！凡是成功的检察官，都不是什么好东西。我一定要让对方，不，要让敌人发抖！"我一边这样想着一边被领进了一个大客厅。在县立医院的大客厅的中央，有每排约十五名共有六排的中国人被绑在那里，他们之间都有相当的间隔，一排一排地坐在那里。每个人的头脸都被黑布像头巾似的罩着，并有数名日本人警察官在旁监视，如果身体稍一转动，棍棒就立即打了上去，这就是临时的拘留所。之后，他们就是从这里被拽到审讯室里去。在医院的另外十几个小房间里，从事审讯的警察官和翻译在那里布好了阵，现在这些房间已经变成了审讯室。就在那里，日本人的警察官们疯了似的进行着审讯。在那里所能听得到的，就是灌凉水、把人吊挂在天棚上、各式各样的刑讯和叱骂的声音，噼噼啪啪棍棒打到肉上的声音，力竭声嘶的呼号声，等等。我对各个房间作了巡视，督促他们要加油干。这使我觉得全身都在紧张着，仿佛有一种力量涌了出来似的。现在，以治疗县民的病患为名、利用压榨出来的捐税建立起来的县立医院变为夺取中国人民生命的刑讯室和拘留所；医院用的急救车则变成警察押解人到监狱去的押送车了。

我和龟冈遂把巴彦警察署内的小房间分别作为我们的审讯室。因为觉得在巴彦区检察厅里的中国人碍眼的缘故，我便把警察方面的审讯供词和中国犯人要了过来，开始进行刑讯。

中国农民瞪亮了燃烧着憎恨的眼睛看着我，全身都在作着反抗。他说："我不知道。"我听了骂道："你这个家伙！"说着我就抄起放在旁边的棍棒向他打去，骂道："好哇，你既然不知道，我就好好管教管教你！"然后我立即喊警察官来，并把口供扔了过去："这家伙不承认他在你那里的供述。"这时，担任审讯的警察官就跑过来大喝一声："你这家伙！"于是他就一面用脚踢，一面把这个农民扯了出去。

这时候我就说："警察真没用，应该狠狠干才行！"我和书记官、翻译官互相看了一眼，不由得想到这一次警察将会对这个农民进行怎样拷打的情形，于是目送着被扯了出去的农民的身影悠然而笑，并说："真是个糊涂虫啊！"

接着，我又说："那么，把下一个家伙给我带上来吧。"就这样，如果中国农民在这里的供述是和在警察那里的供述不相符，就把他仍交回警察那里去，经过反复刑讯直到他连转动身体和说话的力气都没有的时候，才把那逼迫出来的胡乱口供制造出来，录成供词而使之按上手印，然后再把他丢到监狱里去。

富中二郎更对我们讲："在审讯记录的一开头，就要把自己是个检察官这一点写清楚，否则在公判的时候，他们就会说'虽然受到了警察的审讯，但没有受到检察官的审讯'。"

可是，警察和检察官究竟有什么区别呢？就是公审也罢，也是由我们的审讯记录来作判决的。在审讯的空当，警察官走了进来说：

“人类的腿真想不到会这样脆弱。从前面打人的腿很不容易断，可是从后面一打很容易就会断的。”我们听了就说：“是吗，真是一个经验之谈，我也试一试看怎么样？哈哈哈哈……”于是，哄堂大笑了起来。我们就是这样在审讯中不问青红皂白地把中国人弄成残废并加以杀害的。

这就是我们的审讯和我们的判决！

伪满洲国的检察官和警察，继续地从事疯子般的逮捕和审讯。椙原刚到木兰县不久，就增派中村义夫检察官到木兰、东兴从事审讯工作。黑河地方检察厅也把木村宽检察官增派到巴彦去。牡丹江高等检察厅的血田彦次郎也被增派去了。伪满洲国司法部刑事司思想科科长玉泽光三郎和最高检察厅检察官野村佐太男也都从中央对审讯进行督导来了。

从巴彦、木兰、东兴、庆城、铁骊、绥化一带逮捕的六百人中，在检察厅接受审讯的有五百五十二名，对其中的四百零三名提起了诉讼，不予起诉的一百四十二名，未决的七名。被起诉的全体被判了刑，其中死刑六十六名、无期徒刑六十名、有期徒刑二百七十七名。还有，在不起诉的一百四十二名之中，已有六十名在审讯中被严刑杀害。在其他的五百五十二名中，在巴彦有一百五十五名得到检察厅的受理审讯，一百一十四名被起诉，其中十八名被判死刑、九十六名被处徒刑。我在巴彦曾对一百五十五名中的五十五名进行了审讯，将五十一名予以起诉，对其中九名判处死刑、四十二名判处徒刑，并在审讯中有四名由于刑讯而丧命。日本帝国主义就是这样像狂人般地毫无任何理由地将为了求得祖国的独立和和平的中国人民杀害的。但是，尽管遭到这样的凶狠镇压，中国人民却一点儿也没有屈服。中国人民在第三路军的领导之下，抱着对侵略者烈火一般的憎恨，一个个地站起来了。对于这种形势，于该年八月，日本帝国主义更进行了和上次同样的大逮捕，通过残杀和投狱而对中国人民加以镇压。

一九四四年底，滨江省警务厅特务科因为探知在巴木东一带在第三路军的领导之下，又组织起一个救国会的地下组织来，特务科科长坂田义政打算和邻省三江省作紧密联络合力进行逮捕，于是就和三江省警务厅特务股股长在哈尔滨和木兰县作了协商。因此强化了三江省通河县的侦查工作，于是就以一九四五年二月春节为期，逮捕了救国会会员四百名。通河县的和平人民每天皆能看到由监狱被送往检察厅的爱国人士的面貌，真是觉得有一种不可抑制的怒火在燃烧。

四月上旬，警尉补王井面对侵略者的残暴涌起了民族的热血，决然地进行了起义，收缴了警察的枪械子弹，解放了县城，从监狱中把爱国人士给救出来。

被第三次通化事件给弄得慌了手脚的日本军，急忙把伪满洲国军警动员起来，从空中和地面上对其加以攻击。

对于日本帝国主义的任何镇压，中国人民是绝对不会屈服的，前仆后继地开展了英勇的斗争。中国人民经过艰苦斗争终于将日本帝国主义打倒了，全中国解放了，胜利的喜悦让巴木东沸腾起来。在北满的每一寸土地上都抛洒着中国爱国烈士的鲜血，而我和副县长的罪恶也深深地渗透其中。

供述三十　《国兵法》的罪行

伪满洲国奉天省盖平县副县长　三田正夫

《国兵法》的目的和经过

旧日的东北和中国其他地方一样被军阀割据着，他们残酷压榨和镇压人民。在伪满洲国建立的同时，日本帝国主义对于伪满洲国内的旧军阀残余势力进行了怀柔工作，将其编为“国军”，打算利用它来镇压爱国抗日的人民。因此，关东军便从政治、经济、文化各方面想把这个“国军”作为它的忠顺奴隶，使用了各种方法去对付它。

伪满洲国建立时的军阀兵力约有十四万，这些都是旧军阀用募兵方式募集来的。关东军打算把这些士兵作为自己的工具，于是拿出了三千万元把其中的四万士兵进行了整编。到一九三四年为止，虽然各部队仍在实行着募兵制，但从一九三五年起至一九三九年止，由中央政府施行了统治，仍使各军管区从事征募。关东军早在一九三二年就实行了军事顾问制，向这些军司令部里派去了日本军官，更使他们加入“国军”之中，利用军官学校、高等军事学校等教育制度改变了士兵的思想，从军队组织和内容上使之完全成为关东军的附庸。

一九四〇年，伪满洲国又一律都改为征兵制。日本帝国主义为了达到其侵略亚洲的野心，遂与对农村青年的思想工作相呼应，向全东北青年课以征兵的义务，企图扩大它的侵略力量，建成一支有力的殖民地军队。在一九四〇年四月十五日公布了《国兵法》，于一九四〇年十月对伪满洲国做了统一的国力调查，以这一调查作为伪满洲国殖民地政策的一切基础，同时以此为依据把民籍制度巩固起来。从一九三九年十二月三十一日起至一九四〇年十二月三十日止，对于满二十岁的中国青年男子强制进行征兵检查，以从中选出对日本帝国主义有用的炮灰。

关东军打算在这一征兵制度下，将新旧交替后的伪满洲国军队的人数定为十八万人，并拟在四年之内完成这一目标数字，但至溃败为止才达到约十三万人。但是关东军却打算拿这支部队去推动对亚洲的侵略，成为日本军的手足来牵制苏联军队，使之从事对伪满洲国人民的镇压和作前线部队的炮灰。

一九四一年实施了首次伪满洲国国兵检查，直至战争结束时仍然继续进行着这样的检查，强制征兵四万人。一向和伪满洲国军没有什么事务的副县长，通过这一征兵制才和伪满洲国军产生了罪恶联系。

《国兵法》的内容

《国兵法》系于一九四〇年四月十一日，经过伪满洲国皇帝的“裁事”，四月十五日更以伪满洲国“勅令”的方式向全伪满洲国颁布施行。于是，就让满二十岁的中国青年男子按照民籍全部去接受检查然后强制征兵。

在伪满洲国按照军管区的数目划分了征兵管区，从事这一征兵工作的行政机关的负责人由各省的省长来担任，至于和伪满洲国军有关的事项则由军管区司令官来担任，关于中央的统辖则是由军部大臣来担任。各征兵管区以一个市、县或者是数个市、县来区分为几个征兵区，而征兵区的行政机关负责人为市、县长，与伪满洲国军有关事项的负责人则由伪满洲国兵事处来担任。在征兵检查时，由伪满洲国市、县长和兵事处处长任征兵官。

在各征兵区（市或县或是数市、县）内，把征兵署设在各警察署所在地，使之承担征兵事务。

在上年度的十二月，军部大臣就将下年度征兵事务的准备通过省长和军管区司令官下命令给市、县长和兵事处处长，市、县长便命街、村长对其区域内的壮丁情况进行调查、掌握，使之把壮丁名簿、壮丁连名簿和壮丁事故名簿至次年的一、二月为止制成提交上来，把它加以整理之后，再通过省长向军部大臣提出。军部大臣即根据这一调查报告将各征兵管区、各征兵区的征兵分配数作出决定，然后使之进行检查，再将必要的人数选定出来使之入伍。凡是在民籍上被登载的满二十岁的青年男子，全部都得到民籍上所记载的原籍地去接受检查，不管远隔多少里程，不论从事什么工作，否则将根据《国兵法》而受到处罚。

实行征兵检查时，由军部大臣将分配数决定之后，马上任命伪满洲国军的兵事处处长和市、县长为征兵官，把在征兵署管辖区域内的全部壮丁都集合到各征兵署内，然后对他们进行严格的检查，把合乎条件的人强征入伍。

在营的期限为三年，更欺骗青年们说将根据受教育程度以及成绩等将其在营的期限予以缩短。

预备役的制度虽然尚未制定，但是根据需要是可以采取其他措施的。也就是说，对于普及军事教育和确保军事上的预备力量，是可以借此而充分实现的。

《国兵法》的实施状况

一九四〇年十二月，根据《国兵法》，进入了对第一次征兵检查的准备阶段。在奉天省盖平县，奉天省省长根据军部大臣下达的命令，在实施伪满洲国兵检查时，固然由征兵官——县长张树声出面，但副县长三田正夫却在指挥着关于征兵的一切事务。三田正夫督导警务科科长刘茂昌、行政科科长王义善，开始了征兵的工作，把县内的二街、三十公村分为八个征兵署，命令各街、村长和警察署长要根据该年十二月国务院和民生部所做的国势调查而做成民籍簿，更对于应征壮丁分别用指定的纸张把壮丁名簿、壮丁连名簿和壮丁事故连名簿制造出来。

在这段时间内，为了预防受检查壮丁及其家属们逃避或是反抗受检，遂把县行政科科员分别派到各街、村中去，更命各警察署长和街、村长同时要进行宣传以及威胁工作，还动员县协和会职员以及县内从事搜集农村情报和从事宣传的农村相谈部部员（由旧村长出身的三名中国人、一直领导农村工作的三名日本人组成）让他们去宣传：

"这是用自己的手来保护满洲国的光荣义务。"

"尽到第一次的全体国民的义务，乃是光荣的。"

"好人不当兵，那已是过去的事情，今后则是好人才能当上国兵。"

就是这样尽一切之能事进行欺骗宣传，同时进行威胁：

"如果逃避检查，不但要受到军事刑法的严厉处罚，就是对家属也是极其不利的!"

副县长三田正夫也在农村中实行已久的"官民恳谈会"上拼命地把这样的意思用作欺骗宣传。对于住在县外的壮丁，也督导街、村长对其家属进行胁迫，并让他们保证壮丁一定能回县里来接受检查。

一九四一年三月，作出了全县四千人的应征壮丁的壮丁名簿，通过省长向军部大臣提交。

该年五月，开始了第一次县内的伪满洲国兵检查。县里是由副县长三田正夫任征兵官，任命警务科科长刘茂昌为翻译兼辅佐征兵官的工作人员，此外，还有行政科科长和警务科科员三名。伪满洲国军方面是奉天兵事处处长佐藤中校任征兵官，其他尚有军医官、军士、军属①等共计七名，还有伪满洲国军宪兵一名。在县里征兵署（万福庄、榜什堡、汤池、博海铺、盖平、熊岳城、九寮、芦花屯各警察署）所在地的小学校内，一处平均有五百人共计四千人来接受检查。一天平均的受检查人数为二百名，共检查了二十天左右。

在检查的前一天，壮丁们在各街、村长的带领下，集合到各征兵署所在地内来住宿，各街、村长因为能否把全部受检人员平安无事地带到这里来受检查，当作保证他们自己的安全和维持自己地位的关键，所以他们便都红了眼睛，哄骗着壮丁并威胁他们而把他们带到检查室。在检查室内，有伪满洲国宪兵在场内作着严密的监视。

检查是和日本的征兵检查一样，一人一人地去接受身体检查——对身高、体重、胸围、耳鼻喉眼、内脏、性病等各方面进行检查。副县长征兵官三田正夫对于受检完了的人，更对其家庭状况、财产、学历、技能、职业等进行了调查。根据这种身体检查和调查的结果，征兵官佐藤中校便决定其合格（甲种、第一乙种、第二乙种和丙种）

① 指行政军官。——编者注

或是不合格（丁种及戊种）等。对于合格的人，在征兵区的全部检查完了后，征兵官便对于甲种而且是高中毕业并有土地财产的人，在原则上决定使之入伍。

伪满洲国军宪兵和征兵官都瞪圆了眼睛监视着有无逃避征兵和冒名顶替的人，如果发现了顶替者，不但本人要遭到处罚，就是其家属和街、村长也会受到处罚。

就这样，中国的有为青年沦为日本帝国主义的兵奴，他们的生活和职业被剥夺，和家属告别去服那三年的兵役。在盖平县的四千名壮丁中，符合上述条件的约有六百名，强制使之在奉天第一军管区内的各部队入了伍。

在实行这种检查中，因为看穿了体检人和其家属极力想从征兵额中把自己去掉的这种实情，于是征兵官一行人便经常在检查地内强迫当地人民举办招待他们的宴会。

至入营前的一段时间，副县长三田正夫命令街、村长和警察署长对应征者本人和其家庭进行监视。到了入营的时候，街、村长要亲自把他们交到部队手上。

以上所举的固然只是盖平县的一个例子，在整个伪满洲国全都使用着与此相同的手段，强制中国的有为青年去充当实现日本帝国主义野心的炮灰。仅就一九四三年伪满洲国第一军管区内的人数来看，就有约一万一千名之多，至战争结束的那一天，全伪满洲国约有强制征兵四万名之众。这个给日本帝国主义当雇佣军的伪满洲国军，在战争结束那年，已经扩充到约十三万人之多了。

在这里面副县长所起的作用，如上所述，是侵略统治者的一个组成部分。他们把中国人县长当作幌子，实质上在县政管理中起决定性作用，当实行《国兵法》时也是如此。实际上，如果没有副县长在伪满洲国的统治行为，《国兵法》的实行是不可能的。

供述三十一　对于所谓的“游民”的镇压罪行

关于《保安矫正法》

伪满洲国司法部刑事司司长　杉原一作

随着日本帝国主义对中国全土进行侵略的日益激烈，从关里到关外来避难的人逐渐增加，伪满洲国内人民的失业和穷困也严重起来，无家无食流浪的人也多起来了。伪满洲国作为侵略基地的重要性愈发突显，对于这些为生活所苦的中国“游民”，一方面想以他们来弥补劳动力的不足，另一方面又要防止反满抗日运动的扩大，所以就让司法部起草了镇压法令。当时的司法部次长前野茂和刑事司司长太田耐造等经过协商之后，于一九四三年四月二十七日公布了所谓《保安矫正法》。其内容是：“对于没有一定住所，没有职业或是避忌劳动而有犯罪之虞的人，可以不用法院的裁判，而根据各市、县、旗所在地的区检察厅的拘押决定，给予两年以下的拘押处分，还可根据需要将时间加以延长而使其从事劳动。”但真正的意图则是，凡认为对于日本帝国主义的侵略行动有妨害的人，便可以不问什么理由而进行逮捕关押，在恶劣的条件之下，强制其从事繁重劳动。这是比所谓“经过审判的刑罚”还要残酷的一种奴役，并且当实施这一法令时，还可不费“国家”预算中的一文钱，从而可以明白看出，所有的一切经费，都是从被收容者的劳动利润中得来的。这真是一种史无前例的法西斯的镇压方法！

各区检察厅时常指挥着管辖区域内的警察官吏使之进行逮捕，然后根据自己的“拘押决定”去执行。对于这种执行进行监督的机关，为上级的地方检察厅和高等检察厅。

至一九四五年六月，被拘押的人总数约有九千名，在战争结束时已经超过了一万名。自一九四三年五月至一九四四年底，我在新京高等检察厅当次长的时候，在所管地区内的伪满洲国新京特别市、吉林省、四平省、兴安西省、兴安南省的一部分地区，对共计一千八百名“游民”根据这一法令课以强制劳动，以后我更是以刑事司司长的资格对全伪满洲国的这一工作进行了督导。

矫正辅导院的设立经过及其业务管理

伪满洲国司法矫正总局局长　中井久二

伪满洲国司法部次长前野茂得到了关东军的指示后，就把并无任何罪过的和平中国人民以“有扰乱治安之虞的流浪者”这样的借口，竟把他们关押达两年之久并强制其从事劳役，于是制定了用劳动来改造其“流浪性”的《保安矫正法》。这样的法律是史无前例的非人道的东西。实际上，制定这一法令的本来居心就是，当时已经走到战败边缘的日本帝国主义，为要继续从事侵略战争，从而解决从事挖掘铁矿、煤、磷和制造铁、人造石油等在满日本大企业的劳动力问题。他们把受到日本侵略统治的压迫、在地狱一般的社会中受尽苦难、被赶入流浪生活中的中国人民，竟用维持治安的名义加以拘禁，并且把这些劳动力提供给日本的大企业。

根据《保安矫正法》的拘禁处分是由检察厅的检察官加以决定的，而把收容被拘禁人的地方就叫作“矫正辅导院”，更把司法部的行刑司改组为司法矫正总局——作为部外的一个局，并决定由局长对于这个矫正辅导院和伪满洲国的监狱用特别会计制度来掌管。这个矫正辅导院的房舍是役使了被拘禁人劳动力的日本大企业家们献出来的，经改建后对付着使用；至于矫正辅导院的经费（职员的月薪和津贴也包含在内），都是从强制劳动的利润收入中获得，这完全是专门从事掠夺的一种方法。

从司法部参事官被调任为第一任司法矫正总局局长的我，在哈尔滨、长春、沈阳等城市是与当地的行政机关，在抚顺县与抚顺煤矿，在鞍山是与鞍山制烟厂，在本溪湖是与本溪湖煤铁公司等分别交涉，使之献出收容所必要的房舍来。在哈尔滨，共开设了十三处矫正辅导院。从《保安矫正法》的实施至“八一五战败”为止，从检察厅送到这里拘禁的中国人总人数共计一万名。其中有一千名在两年的拘押期满之前被认为在劳动中已有了改善的实绩而被释放了，有一千零四十名在院内死亡，到“八一五战败”时尚有约八千名在院。现将各矫正辅导院的开设日期和至“八一五战败”时的具体拘禁状况记述如下：

矫正辅导院名称	开设时间	拘禁人数
哈尔滨矫正辅导院	一九四三年六月	五百名
本溪湖矫正辅导院	一九四三年八月	八百名
鞍山矫正辅导院	一九四三年九月	一千一百名
鹤冈矫正辅导院	一九四三年九月	五百名
抚顺矫正辅导院	一九四三年十月	一千一百名
阜新矫正辅导院	一九四三年十一月	六百名
沈阳矫正辅导院	一九四三年十二月	四百名
沈阳矫正辅导院 同和汽车有限公司分院	一九四四年六月	二百名
沈阳矫正辅导院 满毛毛织有限公司分院	一九四四年六月	二百名
沈阳矫正辅导院 铁西的某金属工业分院	一九四四年八月	二百名
大石桥矫正辅导院	一九四四年四月	四百名
弓张岭矫正辅导院	一九四四年五月	四百名
长春矫正辅导院	一九四四年八月	四百名
齐齐哈尔矫正辅导院	一九四四年九月	三百名
和龙矫正辅导院	一九四四年十月	四百名
通化矫正辅导院	一九四四年十二月	五百名

没有罪过的中国人就这样被不讲人道地拘禁在辅导院里，其中的百分之六十至七十，每天被日本帝国主义的重工业和轻工业的大资本家给赶出去从事劳作，在森严的刺刀监视下受着役使，强制他们从事劳动十个小时以上。尽管这样加以役使，被拘禁人的衣、食、住等待

遇仍是恶劣的。吃的是高粱米饭和煮菜叶的盐汤；衣服和被褥也不齐全；因为医疗的设备差不多等于零的缘故，有了病只有等死。所以自《保安矫正法》施行至“八一五战败”为止的两年半时间内，实际上已有一千零四十名之多的中国人抱着对日本帝国主义的无穷愤恨而死去。

逮捕“游民”的实际情况

伪满洲国首都警察副总监　三田正夫

对于“游民”的政策

从日本帝国主义侵略中国的目的来看，就可以知道它轻视中华民族，认为没有大和民族对中华民族的领导，对方连国家也将无法治理。这种想法就是它作为经济侵略的一个标志和这一思想的根源。因此，认为不论是怎样的中国人，他的能力就是比日本人差，所以不应当把中国人当作平等的人来看待。这样的思想，是在日本帝国主义者中间，不论是谁都会有的一种想法。

伪满洲国自建立以来一贯所采取的这种态度，固然在表面上有“民族协和”那样欺骗人的美词丽句，但在实际上对于中国人民是给予尘芥一般的待遇，常把他们当作警察管制的对象而加以残酷对待。

所谓“猎取游民”这件事，就是因为中国人失了业、没有家的缘故，便可以毫无理由地加以逮捕、奴役和处罚，这样的事实是自伪满洲国建立以来就随时随地经常这样做的。特别是自从日本帝国主义者发动太平洋战争以来，对于物资的掠夺需求急速加强，对于中国人民进行强制劳动的阴谋就更为彻底和残酷了。

一九四三年四月，《保安矫正法》就是在这样的目的下而被制定的，同年十月，就把它付诸实施了。于是根据这一法令，在伪满洲国各地设立了矫正辅导院，把中国人失业者一网打尽地加以逮捕，而把他们强制收容起来，主要是让他们去从事矿山或是制铁等重工业的劳动。

新京开始大举逮捕“游民”，正是在这个《保安矫正法》实施的前后，根据警察界的“独出心裁”，于是就不分张、王、李、赵地把失业者和无一定住处的人都逮捕起来，极不讲人道地强制他们劳动。

在新京对于“游民”的逮捕

1. 事前的情况

一九四一年十二月，日本帝国主义发动了太平洋战争，当它把侵略的战火扩大到全亚洲的时候，拼命地要把在中国已侵占的地方确实保留在手里，为了要阻止中国共产党的八路军对占领区的不断进击，于是采取了“三光政策”，就是把和平人民杀光、把物资抢光、把房屋烧光。由于这种野蛮的行径，山东人民因饱受蹂躏而陷入涂炭之苦。为了逃避战祸谋求衣食，从山东流入伪满洲国的人民充斥了各个地方。

在新京，从一九四一年底至一九四二年初起，难民越来越多，特别是中国人密集的地区，如和顺区、东荣区，人口一天天地增加。在东荣区的空地上，这些人盖起来的仅能遮蔽风雨的简陋房屋一个挨一个地落成了。这些日常生活都成问题的人们，为了逃避战火寻求活路而来到东北，不料东北也是一个活地狱。

当时，新京的刑事案件频繁发生，一年竟达八千件之多，特别是“抢劫”和“行窃”最甚，这是那些日常生活得不到保障的人们做出来的反抗行为。因此，在市里，特别是在日本人居住的敷岛区、东光区、顺天区、安民区里，关于这类案件的话题真是每天都能够听到。

警察厅对此沉不住气了，虽然他们致力于逮捕和镇压，但是状况并没能显著改善，这类事件反倒日益增多起来。关东军和国务院总务厅对于作为太平洋战争基地的伪满洲国的首都竟乱成这个样子十分不满，于是一碰到机会就对警察进行激励或者申斥。

一九四二年十二月，我就任警察厅副总监之职。在我到任后不久就面临了此种景况，于是就把它作为新京警察工作中的一个重点，打算彻底地按照刑事案件来办。凑巧的是，在日本曾经当过佐世保警察署署长的松岛友治新调转到警察厅当了司法科科长，我于是就督导他努力查办频频发生的刑事案件。因此，就让他首先严格地调查户口。我更时常地赴各警察署去巡视，除了对署长以下加以督导之外，更穿上便服赴各派出所进行查看，以便了解户口工作能否彻底做好。一九四三年一月十五日，新京市顺天区安达街满洲钻探公司住宅区“试锥庄”发生了杀死日本人的案件。于是就把这一案件看作是中国人民对于日本侵略者的反抗，对于穷苦人民的侦查更为严格了。

当时，新京人口增加的状况也表现到生活必需品的配给簿上来，在簿子上的人口竟增加到了七十万。所以调查户口就是为了实行彻底的经济统治，也是对于人民进行镇压的一个好机会。我遂命令警务科科长池田敬一、经济保安科科长浦野匡彦对全市的户口进行调查，连带着对生活必需品配给簿也一并进行调查。一九四三年二月十日，以警察厅为中心，更使市公署和协和会也相与协力，一齐进行了检查。结果是取消了登记簿上的七万假人口，因此使那些在高物价、物资缺乏中仅能把生活维持下去的人们愈发地陷入穷困之中。

但是，之后新京的刑事案件却仍然不见减少，反倒不断增加，关东军、总务厅更吵吵嚷嚷地作了责问，因此警察厅也焦急起来。在该年三月召开了警务厅厅长会议。在会议上，对于各省的重大问题予以指示时，也把对新京的刑事对策列为重点，指示了根据调查户口对行踪可疑的人进行掌握、通过邻近组织防止这类案件发生以及彻底进行逮捕的方针。

后来，在一九四三年四月十九日，对于市内的摊贩和其他从事杂业的人员作了一网打尽的逮捕，把经营小买卖的三千一百六十人加以逮捕、审讯，对于一千二百八十七人分别予以刑事处分和行政处分。

除此之外，更由于日常发生的无数刑事案件、经济案件，因而对于和平居民胡乱地进行逮捕，并剥夺其生计，致使市内的失业人数愈发多了起来。把中国人逼到这种流离失所的境地后，警察又使出了所谓的“猎取游民”的手段，也就是对于失业的人进行大量逮捕。

2. 实行“猎取游民”

一九四三年五月，身为警察副总监的我，曾访问了新京宪兵队队长橘武夫。访问的目的不过是为了密切彼此之间的联系，在东拉西扯的闲聊之后，就从关东军司令部附近某少将的住宅里有贼进去谈起，又谈到要防止市内刑事案件的发生，“猎取游民”乃是最有效的一个办法。谈到这里我们意见取得了一致，便商量要把逮捕起来的人中的一部分送到宪兵队里去，然后再把他们送往哈尔滨的石井部队，以充作细菌实验的“荷兰猪”之用。我回到厅里以后，立即把司法科科长松岛叫了来，命令他去“猎取游民”，让他彻底地把市内的失业者和因为生活穷困而流浪的人以及警察认为可以逮捕的人全部逮捕。

当时中央政府早就为了劳动力问题和维持治安的需要而制定了《保安矫正法》，但总还未见诸施行。对我而言，那样的法令制定与否是不成问题的。在中国人民中间，穿着破烂衣服、没有职业而迷惘地徘徊着的人们，他们完全是在法律保护之外的一种存在，即使像对野狗那样随便地作了处置也不会有谁来说一句话，并且把他们逮捕起来街上反倒会干净，还可以因此少发生一些问题。当时，我的想法就是这样。

松岛接到我的命令之后，就和宪兵队作了协商，定好向石井细菌实验部队送人的事，于是就连忙去作逮捕人的准备。他先把市内八个警察署的司法主任召集到一起，作了对“游民”进行逮捕的详细指示，把全部派出所所员、警察警备队队员和其他与此有关的署员都动员起来，本厅的司法科科长以下的司法科员，还有特务科员也都穿着便衣去接应，于是以东荣、和顺、长春、宽城子、大同等地区为重点，出其不意地作了一齐动手的盘查。

身为副总监的我，就在警察厅本部的副总监室内，对这一盘查工作加以领导。在该日下午，我赴和顺警察署去观察情况，附带着对他们进行鼓励。

在该署内已经有约一百个人，在狭小的警察署院内，挤得满满地坐在地上。警察署从该日清晨起，就从预先写好的调查户口入手，一个地区一个地区地进行了包围，挨户闯了进去，或者是从过路行人中胡乱挑出毛病来，一个一个地加以逮捕。逮捕持续了一整天，把妻儿的悲伤央求置于不顾，而将一千三百名市民监禁了起来。于是，将其中的七八个人送往宪兵队专供细菌实验之用。然后，更把其余的全部在第二天都送往宽城子的鼠疫防疫隔离所去监禁。当我从司法科科长口中听到这样的报告时，我认为这样一来一举就能使成为市政之癌的刑事案件得以减少，为自己到任后将这桩大事处理得如此得当而感到异常高兴。

该日正午，我便带着司法科科长赴该收容所去查看。这是在铁路干线分出来的支线上通向宽城子的一片树林，从那里就可以看见在平地的中央有一所“冂”形的平房建筑物，其周围有三层铁丝网环绕着，外围更有约三十名警察警备队队员持枪严密监视着。

被收容在那里的人们，因为屋里已经容纳不下，把走廊通路都挤得连下脚的地方也没有。我进去稍微巡视了一下，向担任指挥监视岗的警长说“好好地干吧”，然后就回去了。

第二天清早，当我正在用从各特殊会社那里要来的钱盖起来的自己的官邸中的宽敞庭院内散步的时候，从警务科科长池田那里打来了电话，说昨天刚被逮捕来的“游民”逃脱了。我听了虽然吃了一惊，但仍然装作平静的样子立即上班去了。我以愤恨的心情从副总监室的窗中向宽城子方面眺望着，看见装有机枪的大卡车上坐满了警备队队员从窗下匆匆忙忙地过来了。

我立即带了池田前往宽城子。昨天还收容在那里的“游民”一个也见不到了，只看到在屋中所有的地方都积满了大小便。这是因为对于被收容的人连出去大小便都不准而把他们关闭起来的结果。北面的窗户全被砸毁，栅栏外的铁丝网也被开了个大缺口。衣服的破片、破帽子等都挂在铁丝网上，在其周围现出了一种凄惨状况。

根据池田的报告，由于发生了这一逃走事件，警备队队员曾用步枪打死了两人，更使两人负了重伤，但仍未能制止得住，差不多都逃走了。用手电筒探照并用武器威胁钻入床下的人，才渐渐地把约两百人控制住了。当时我曾想，虽然仅控制了这些人，但也属不幸中的万幸了。我在临回去以前，在池田的带领下，往盖在该建筑物一角的小房子那里去看了一下，只见其中有一个半裸体而全身染有鲜血的只剩一口气的人被放在那里，我只看了一眼便命令道：“让宽城子署来处理!”

第二天，根据司法科科长的报告，说新京车站从昨日以来，不论哪趟列车都被从市内逃出去的人所占满，车站已经呈现一种大混乱的状态。

我接到这个报告后，在心里想，没想到在其他方面收到了效果，这次的失败是由于一举逮捕的人太多的缘故，遂命令司法科科长从今以后不要一次性逮捕，要采用逐批次逮捕的方法。

于是首先把上次逃脱未遂的人送到兴安大路西方越过连京铁路线以西附近的空地上，在那里把一块约有五百坪的土地用铁丝网围起来，在地面上往下挖约一尺五寸深，搭上一个三角形的席棚子，把他们收容在那里。

六月上旬，和我曾为大同学院同期生的兴安东省札赉特旗参事官阿部虎男也不知道从何处听到在新京曾进行了“猎取游民”的事，于是前来拜访我，问能否把这些游民交给他从事土木工程。我本就十分讨厌这些和宽城子事件有关联的人，认为把他们撵走更好，遂命司法科科长把他们都交予阿部之手。

之后，就持续地进行着“猎取游民”的勾当，不但对于失业者如此，凡是被警察看不顺眼的人都一个不留地遭到逮捕而被关到西朝阳路的收容所内。于是我就和大迫幸夫副市长商量好，强制这些人从事市里的土木工程。

这时，当我听到制定了《保安矫正法》，对于失业人员将在伪满洲国范围内根据法律进行逮捕，更设立了矫正总局这一机关，而成为进行这种工作的总机构时，我不禁得意地微笑起来，认为中央政府竟也采用了我所使用过的方法。

由于每日被逮捕的人不断增加，我和大迫副市长都认为在战争局势下光让这些人去干市里的土木工程未免可惜，经过磋商，遂和大迫在鹿见岛高等学校的同学——当时密山县煤矿的负责人杉本某取得了联系。杉本听到了这件事，就飞奔着跑来了。因为在当时，煤矿企业方面为了要采掘战争所必需的大量煤炭深感劳动力不足，况且无论怎样对他们加以役使也绝不会有一个人来说话，并且还用不着去办各种繁杂的手续。竟然把这样容易弄到手的“游民”劳动力送上门来，所以他自然十分高兴。

于是在该年九月，就把第一批人送到密山去，每三人为一组都给加上手铐并用“法绳”穿起来作成“人串串”，把二百五十人填入两辆车内，在车的两端入口处使手执手枪的警察官监视着，而把他们送往密山。

我让司法科科长松岛给密山县警务科打电报，请求他们自这些人被送到地道直到在煤矿里安顿好为止一直予以协助，并且配合煤矿方面做好以后的监视工作以保万全。只要是把他们送出去，对我来说就是减少了一些给我添麻烦的人。

之后，仍然继续对中国人进行逮捕，把他们关到挂有“更生训练所”牌匾的活地狱般的收容所内。在那里是由被特务科科长平冈推荐来的中国人王某担任管理之职，这就是用“以中国人镇压中国人”的方法，利用王某来管理这帮人，使之负起连带责任，并威吓他们说：表现好的放回去，坏的永远不放。等到把这种组织弄坚固之后，就逐次把他们送往密山去。更欺骗他们说，如果表现不好，就把他们的家属叫来一并强制劳动。对于想逃走的人，则用其留在新京的家属进行胁迫，使其一步也不敢走动。

“更生训练所”后来由西朝阳路的临时收容所移到铁路北所谓“三不管”地带去了。为的是趁着他们被收容在这里的时候好强制其从事土木工程，好使他们不能逃走，然后再把他们送往煤矿。

后来从一九四三年四月起施行了《保安矫正法》，新京也设置了矫正辅导院，但差不多都不往这里送，而是直接送往煤矿。一九四四年三月，把第二批的二百五十名也送去了。此外，更从被逮捕的人中，把曾经犯过罪的人或是以其他借口，分批每次送几个人到新京的日本宪兵队，拿他们去供哈尔滨石井部队作细菌实验之用。从一九四三年五月起至一九四四年六月止，至少有七十人。还有，对于失业人员进行逮捕的数目，至少也达两千名之多，像这样的逮捕，直到“八一五战败”为止一直持续着。

这种逮捕一开始是以失业者为目标的，因为这一逮捕致使失业者很多都离开了新京，所以想要进行逮捕的对象也就减少了，于是就开始对反抗警察的人、认为可疑的人以及与警察官有矛盾的人进行逮捕。出现这种情形之后，就是在伪满洲国政府内工作的汉奸之间也引起了不安和不满。有的人曾借着开会等机会向我“吹风”，但我对于这些是连理睬都不想去理睬的。在一九四三年秋，伪满洲国国务总理张某的秘书曾向我交涉说张的亲戚被逮捕了，请求把他释放出来，我遂采取了默允的态度。

由于对中国人作了这样的镇压，致使新京显得清净了，问题也少发生了，对此而感到欢欣的只有关东军、总务厅、警察厅和住在日本人居住地区内的日本人而已。在新京的六十六万人口之中的五十三万中国人民，不得不时时刻刻地过着提心吊胆的日子，什么时候在什么口实之下将会遭到逮捕，什么时候生活中的一切和生命将会遭到剥夺，都处于不能预测的状态之中。

只要是能够逮捕到就行，至于被逮捕的人以后将受到怎样的役使或是将被供作细菌实验与否，像这种问题警察厅和我是根本不会去考虑的。

以上所说的，都是我在新京干出来的逮捕中国人民的罪行。这样的事是由于《保安矫正法》，才在伪满洲国范围内实行了的。副县长不用说是站在前头去干的。副县长在伪满洲国的各县内是掌握了全部权力的，不论怎样的罪行，除了大城市以外，各个地方的罪行都是经过副县长之手干出来的。

供述三十二　热河省大讨伐的罪行

伪满洲国西南地区特务宪兵队队长　桥本岬

九一八事变以后，日本帝国主义以长城线为界占领了整个东北，更由于七七事变而开始侵略全中国。以延安为根据地而把解放斗争扩大到华北一带的中国共产党和其领导的八路军部队，于一九四一年终于以其先锋部队越过了长城线，进入了古北口的两侧地区——兴隆、青龙和滦平各县。

由于七七事变，曾成为侵略华北军事基地的热河，也因为战火渐渐离开了长城线渐次移向了南方，因此在热河的伪满洲国政府各机关、伪满洲国军、伪满洲国警察等也因为中央政府对他们有些鞭长莫及而引以为幸，就像是当上了“南面王”那样，贪图安逸，作出胡作非为的行为来。对于居民是能榨取多少就榨取多少，山林田野都使之归于荒废。特别是因为一九三七年的大洪水，南部各县遭受了很大的灾害，尽管丰宁县黑河流域和直贯滦平、承德、兴隆的滦河流域等地的耕地、村庄差不多都被淹没，却不去讲求任何应对方法，致使居民都在水深火热之中呻吟着。

中共军队在冀察热边区组织的领导下，主要是让骑兵第十团，步兵第十、十一、十二、十三团开进到长城线一带，而向热河省的丰宁、滦平、承德、兴隆、青龙各县开始一齐进攻的时候，则是在一九四一年的三月。这对于住在热河的中国人民来说，实在是犹如“大旱望雨”一样，简直是期待已久的救星；但是对日本帝国主义者们来说，特别是对于那些对热河进行着统治的伪满洲国政府的行政组织、伪满洲国军警来说，则犹如晴天霹雳一般，让他们立即慌了手脚。于是就对那些即使是在平常无事的时候也已经筋疲力尽的人民，竟采取了毫不客气的肃清治安（清乡）的应对之策，对八路军的解放斗争开始了疯狂的镇压。

日军在作战方面，从一九四一年夏以来，即逐次增加了西南防卫司令部所属的独立守备队的兵力；伪满洲国军则是把驻通化地区的混成第五旅拨归伪满洲国第五军管区司令官的指挥之下，打算利用该部队曾在东边道地区对抗日军进行作战的经验，其人数已增加到六千之多；伪满洲国警察则是从伪满洲国各省抽编了约十个警察大队，连续拨到热河省警务厅厅长的指挥之下，其兵力总数约增加到一万名。虽然布置好这样的阵势，但由于看到即使如此也万万敌不过八路军的进攻，遂于一九四二年春更把日军部队予以增强。那就是把驻扎在伪满各地的独立守备大队（每队约六百名）三个队约一千八百名以及其他部队调过来，拨归承德的司令官安藤忠一郎少将所指挥的西南防卫司令部调遣，更从关东防卫军司令部增派了大佐参谋以下的军官，管理、驱使着这些日军、伪满洲国军警，在长城线一带把兵力重点配置在那里，企图用来阻止八路军进来。但这也不过是徒然地疲于奔命而已，中国共产党的解放斗争是逐渐地用确实的步伐从热河的南部而后中部，最后是进入北部而向全部地区扩大，到了一九四三年以后，日本帝国主义侵占、统治的地区，是由面而地区、由地区而点至线，逐次地缩小着，致使承德也呈现出“孤城”“孤岛”的景象，就连从锦州经过承德而到古北口的这条唯一的“生命线”——锦古铁路，也陷入八路军可以随意加以破坏的状态中了。

在这样的状况之下，不用说关东军对于热河的伪满洲国政府、军队、警察、协和会以及其他各机关的统治、督导就愈发严厉起来。

关东防卫军对于在当时的伪满洲国治安中要进行治安肃清工作的唯一而且最大的对象，就是这个热河。所以，不但把防卫军中的主要部队都集结到该方面去，就是伪满洲国政府，特别是在一九四三年八月，从省长以下的伪满洲国官吏中更选拔出“能干”的人来，例如把曾在东边道和北满从事治安肃清工作而臭名远扬的岸谷隆一郎调任省次长；让皆川富三丞任警务厅厅长而强化了行政组织；任命赫慕侠中将为伪满洲国第五军管区司令官，在其下更设置有关东军司令部附属的军事顾问江岛虎雄大佐和中佐、少佐两名。

还把成为镇压人民的中心力量的承德日本宪兵队兵力增强，在本部特高课课长木村光明之下，组成了三个以古北口、承德、青龙宪兵分队长指挥下的宪兵、步兵混编而成的约二百人的游击队。伪满洲国宪兵队是在一九四二年以桥本岬以下的二百人编为特务宪兵队而被派遣到那里去，但在一九四三年又把它解散，归并到第五宪兵团而加强了力量，约增加到三百名。等到治标工作及治本工作的力量充足了以后，于一九四三年九月就对以承德、兴隆、青龙县为中心的爱国人民进行了逮捕，把一九四一年以来对农民所进行的镇压进一步加强，同时让部队的讨伐行动更加活跃起来，对中国人民军队所从事的解放祖国的斗争进行反噬，在热河各个地方每天都在交战。就这样一直到“八一五战败”为止，以承德日本宪兵队为中心，反被伪满宪兵所逮捕送交法院的爱国人民就达一万二千名左右，日本帝国主义犯下的是何等严重的罪行！

就这样在关东军西南防卫司令部之下，以约三千名的日军、约六千名的伪满洲国军、约一万名的警察、约七百名的日本宪兵队、约三百名的伪满洲国宪兵团以及其他铁路护军等共计约两万名的武装部队为基干的兵力，从事着对热河的治安肃清工作。

到了一九四四年，这样的布置到底还是阻止不了像怒涛那样的八路军部队的解放斗争，十月，因为把安藤忠一郎少将所指挥的独立守备队和驻扎师团作了换防，因此日本军在热河、锦州方面的兵力便增到约一万两千多人。

一九四二年春改变了原来的机构，把内容加强和扩大起来的西南防卫委员会，就以司令官安藤少将为委员长，不用说在热河、锦州地区内日满的军、警、检察、行政、经济、宣传、铁路、税关等机关中的高级干部，就是地方上的土豪劣绅也都参加其中，并且还把由关东军以及伪满洲国中央政府所派来的人全都加入到这个组织内，所有的一切行动全都由一个防卫司令官的指示而决定，对于当地人民所采取非人道至极的种种措施，全都是由此而变成具体化的东西，然后成为命令而被发布出去。

而那个既是委员又是干事的热河省次长和警务厅厅长、协和会省事务长等，都把对于居民治本工作的重要部分担当起来，而在从事实际行动的机关内的副县长、县警务科附警正、协和会县事务长等日本人官吏，则是直接地把当地居民的衣、食、住等各基本经济条件加以破坏，不但使人民受到饿死、一家离散、疾病、死亡等灾祸，并且还和日满宪兵互相协力，大量地把无辜居民加以逮捕、投狱，或是进行屠杀。

成为这种实行机关的中心而存在的副县长，就在西南防卫委员会内，也因为这个委员会主要是从事决定治本工作方面的重要事项的一个工具，所以他当然是作为任何事情的一个中心而去活动的了。

一九四一年由于八路军的进击，在各县的前方机关——南方各县内，那些警察署、分驻所或是村公所等，到处遭受到相当的打击，其中的一部分则是被烧毁或是受到破坏。因此而大吃一惊的副县长，于是便从该年的夏天起直到秋天，把当地的居民都赶到一个地方，先把县内的各警察署迁移到远远离开村子而能有瞭望之利的山上去。这种光景不论从哪方面去看，都好像我们从画图中所看到的在莱茵河附近的古城遗址那样：四周有炮台环绕着，更用枪眼和瞭望台武装起来，在不易攀登的峭壁上，傲然地耸立在那里。

县公署也是用同样的高峻的土墙给围起来，在四周也安上炮台，更把它盖在远离村庄的地方，日本人官吏和其家属等都蜷伏在其中，这就是副县长对于八路军的进攻首先作出来的处置。

成了这种状态之后，对于当地居民——即在平日除了榨取之外而不予一顾的居民的对待方法，更是只有日益趋向于残酷之一途。特别是从一九四二年十月开始的在热河省南部和中部地区设置无人区，和随之而来的对于“集团村落”的大规模建造；大规模地构筑侵略部队使用的汽车道路；架设电话网；强制交纳粮食、鸦片和家畜；停止配给日用品或是实行物物交换式的配给和强制征用劳工等，致使居民受尽了涂炭之苦，更由于进行逮捕、盘查、搜查、投狱等，把人民的生活给彻底地破坏了。

其中尤其是无人区的设置，就是在长城线上的各县内，在长城的北面宽二十五公里至五公里，平均为十二公里，全长约有六百五十公里的广大地域内把六万居民祖祖辈辈留下的土地、房屋、坟墓、树木等一切都给毁掉，就是对于在这地区的出入也严加禁止，对于违禁的人不问理由如何立即予以枪毙，就是这样残酷地执行着。

一九四二年九月，在承德的西南防卫委员会会议上，所决定的在长城线上设置无人区的决议就是“到该年的年底为止各县须把它作好”这一命令。于是这就成为副县长在当时最重要的一件工作，在县方面则是认为这正是自己“立功”的时候，所以副县长就亲自跑到当地去，把当地的警察署和村公所全都动员起来，例如无人区的界限，决定“集团村落”的位置，和随之而来的拆毁民房、迁移、重新参盖，在村庄内附设的壮观的兵营、土墙、壕沟、炮台、监视望楼等的建筑，都是在刺刀和皮鞭之下，不分昼夜强制赶造出来的。被强制迁移的人自不用提了，就是没有被迁移走的人，也是对于一年到头辛勤劳动的结晶——成熟了的农作物差不多没有从事收获的余裕的。在田地里到处看到高粱和谷子在严霜里歪歪斜斜地倒着，籽粒掉了一地，不久就被埋到雪中去了。再有，在这些地区内，因为有很多青年，都在“和八路军有联络”的借口下，毫不客气地遭到逮捕而被送进警察的拘留所内，并被送进了法院，所以光剩下妇女和儿童的家庭很多。房屋的迁徙很多都是完全不可能做到的，所以对于这样的房屋就毫不留情地把它烧掉。一望无际的完全是些秃山的热河，真是就连想要找到一根木材也是非常困难的，一根梁木就如同是这一家人的生命一样的无价之宝，可是侵略者们却对于居民的这种痛苦一点儿也不介意，在他们头脑中发生作用的就是“在期限内完成任务”这几个字而已。

关于这种“集团村落”的位置和它的数目，是专以阻止八路军的斗争为目的而被决定出来的，因为对于居民的农耕和生活差不多没有加以考虑的缘故，所以“集团村落”的数目是很少的，并且它的位置也都是集中在高高的山地上或是在汽车公路的近旁。居民都远远地离开了他们的生命来源地——耕地。由于他们不能迁移到光往田地里走一趟往返就得费一天工夫那样远的地方去，结果是，在没有被定为无人区的其他地区内，不得不放弃耕地的人也达到相当庞大的数字。还有每天必须使用的水，为了打水，就非得从山上的村中，下到山沟里去打不可，并且往山上运水也成为一件相当困难的大事情。居民是处在完全和监狱同样的状态中，他们的活路被破坏尽了。

当时就连在无人区规模比较小的丰宁县内，由同文书院出身的副县长柴崎章，也是在丰宁地区警备司令官伪满洲国混成第二旅旅长周大鲁少将和工并少校参谋的指挥下，差不多把县公署中的科长以下会员，都分成数个班公出到县西南部长城线的黑河地区，从十月起的两个月间，都在当地的警察署内摆好阵势，用大卡车满载着武装警察队员驶往无人区去，就是在这样的刺刀威吓之下，强制进行了这一工作的。夺去农民从祖先代代流传下来的耕地面积约达三百垧；拆毁房屋而迫使迁走的户数约有八百户，共达约三千五百人之多。还有，在这一地区内，靠种植杏子和山梨等果木为生的人很多，这样便有约达百户左右的人完全丧失了他们的生活之道。居民因为受不了这种暴政的压迫，被强迫命令迁徙的户数中约有百分之二十的人逃往长城线以南地区，就在这块伪满洲国势力范围外的土地上盖起小窝棚来。但后来由于生活所迫，只好躲过日满军、警的监视，利用暗夜等的掩护，偷偷地来到被定为无人区的自己田地里种上小麦或谷子。但这样做是绝对不容许的。警察队对于踩毁农民好不容易种出来的长有一两寸嫩芽的庄稼这件事，认为是特制麻烦的一件大事。此外，在丰宁县为了设置无人区，因为在耕地的关系上，附近的集团村落是容纳不下那些迁徙的农民的，所以就尽一切可能地把这一地区内的村庄数目减少，于是就命令这些农民中的三分之一左右的人移到县西北方的大滩附近。这个地区乃是蒙古的高原地带，几乎可以说是块荒蛮之地，并且气候也异常寒冷，农作物除了栽植燕麦以外，其他差不多什么也不产，饮食习惯和居住条件和原住地完全不同。因为这个缘故，那些奉命迁移到远达几十公里外的约二百五十户农民中的大部分，最后则流浪到长城以南的察南地区去了。这样的事对于副县长柴崎章那些只考虑完成无人区任务的人来说，他们是早就知道的，不过他们认为不管怎样，只要把无人区做出来，只要把在这地区内的居民撵出去就行了。他们认为，住在丰宁县内的农民跑到其他县里正好少了一些添麻烦的人，是正中下怀的一件好事。

到了十二月，在这个人为的无人区内，农民们一年来的血汗结晶——粮食，由于不能收割而在风雪寒天中被彻底毁掉了。在通向这一地区的必经路口上，更竖上了“擅入这一地区者格杀勿论”的牌子。

就在设置这种无人区的同时，在丰宁县全县，都建立了农家的集团村落。被高高的土墙围绕起来的村落，其目的只是为了阻止中国共产党的解放斗争，所以就牺牲了秋收而强制修建围墙。全县农民全都被刺刀制伏了，因此，被强制迁移的农家约有一千二百户，耕地丧失的面积约有三百垧。

一九四二年秋，副县长在县内各地，特别是西北方高原地带的大滩和小厂等村，掠夺了五百头牛、山羊一千五百只、鸡五万多只。这些东西都是用最低的价钱强买来的，例如一只鸡才给三毛来钱。之后再把从农民处抢来的牛和鸡等当作军需物资送往承德。柴崎经常自夸，常对人炫耀自己是怎样把家畜和粮食从农民处残忍地榨取来，怎样在无人区提前完成了工作任务，和其他县比较起来自己有了怎样的好成绩，等等。

更在险峻的山连山、山套山的县内各个地方，构筑蜿蜒崎岖的警备道路，这些道路都是强制农民牺牲农耕而修建的。特别是在一九四一年，对于丰宁县西北部蒙古高原地带的那条道路——一啃坝的工程，从春到秋每天都把附近的五六百名农民赶出来，让他们拿着原始的镐、锹等去挖岩石的坚壁，就这样把一条蜿蜒长蛇似的约六公里的山坡路给修出来了。这条山道的上面和下面的气候竟有一个月的差异，在下面的柳树上还留有青青的条子，可是在上面已经风雪交加了。为了修建这一工程而被赶出来的农民，约有二十名因伤而死。此外，因劳生病死去的，更是不计其数。这和中国古代修建万里长城时农民所曾饱受的苦痛一个样。一九四二年，又构筑了从丰宁县南部千家店越过长城向南直达永宁的汽车道路。这一地带是长城线上特别险峻的地方，就是在白天长城也总是被遮蔽在白雪之中，有犹如锯齿般的巨岩排列着，在其北麓有黑河向东南流着。在防卫司令部桌子上的地图上画有一条红色铅笔线，就这样简单地决定了这条道路。为了要凿通这条道路——副县长只把它看作是增加自己业绩之路——从县内硬凑出约五百名农民，就和去年构筑一啃坝山道一样，用残酷的方法，甚至可以说是用人民的血和肉把这条道路修出来。就在那个一不小心就会失足落到万丈深涧里去的危险工程中，致使疲劳困惫了的数十名无辜农民负了伤，因而丧失了生命。但是副县长柴崎章却认为这样的事与他无关，自己咀嚼着这个征服天险的快乐滋味，只在后面“干哪”、“干哪”地发布着命令。

这项工程恰恰是和在全县建成集团村落、在长城线一带设置无人区同一时期做出来的，因此，农民所经受的痛苦严重到不可估量的程度。从北面山麓开始越过万里长城再向南通到永宁的那条汽车公路之间，尚有十公里的一段路，完全是些巨大的岩壁。但是，在刺刀和皮鞭的威胁下，这段工程也在预定期限内构筑完成了。

对于这项工程，虽然省里也交下若干炸药来，但柴崎却把这些炸药照例冒领到手，把它用于在丰宁县城西方小山上盖日本神社的开辟地基之用。起先在这里有一座规模不小的土地庙。这座庙是在日本神社地基的下方斜面上，面向南开着的。就是因为这座庙是从山脚下往上走，盖在高约二三百米的高处，所以副县长认为把日本神社盖在这座土地庙下面是不应该的，但又不能毁坏这座庙，所以就在土地庙上方约一百米的地方把日本神社盖了起来。这座山山脚附近全是岩石，于是就在那像马背一样的地方，开辟出一个五十米见方的广场来，准备将日本神社盖在那里。每天在那里从事建设的，是被赶来的约百名左右的协和会勤劳奉公队队员。于是，从早到晚就响起热热闹闹的锹、镐声音来。但结果是在一九四二年没有盖完，直到第二年秋天才盖好。对于县民来说，这座日本神社绝对不是什么守护一方的神，完全是一个带来灾难的神。后来，更强制学校的学生和县公署、警察署的人员前往参拜。当时该地区仅有四五十名的日本人，几乎没有一个人为了神社肯走上山去，可是柴崎章副县长却为自己的作为而高兴得不得了。在县公署，不但副县长的家属过着富裕的生活，就连他家的侍女也都过着相当舒适的生活。当副县长把他的部下日本人官吏召集到他家的时候，就在他那铺有豹、青羊和狼皮的屋子里彻夜畅饮。副县长把县内的生活必需品都掌控在自己的手里，连农民的粮食和家畜也都给席卷一空，这样做竟然让他觉得异常得意。

在这样残酷的掠夺中，居民的生活愈发地陷入贫困的深渊中。居民连日用的火柴、煤油都得不到，只得把蒿草干燥起来捻制成火绳，种植蓖麻而榨取些油。但是衣物却十分缺乏，到了冬天只能披上破烂的单衣钻进破烂的被子里，就是在白天大家也只能挤在炕上来抵御寒气。但是，副县长却费了一星期的工夫，从遥远的承德用大车运来一些微不足道的居民用的生活必需品，把其中好一些的东西都揣入自己的怀中，并且还放大了声音说："根据每人一年的计划，每人配给一公尺棉布。"可是，这些做衣服用的原料——棉布和棉线，实际上，数年以来就没有到过农民的手里。从县里领来的这些东西，早被警察署长和村长等土豪劣绅给冒领了去，其他大部分东西则是原车不卸地流入长城线以南地区了。那些无论如何非到外边干活儿不可的赶大车的人，只得光着身子穿上山羊皮或是羊皮板子做成的衣服，完全像是又返回到了原始时代的样子。因此，由于疾病和饥饿而死亡的农民越来越多，在村庄内甚至连狗的影子都看不到了。

由于对县民进行了彻底的掠夺，还拼命压榨百姓为自己的"政绩工程"劳务，柴崎章副县长终于使他的"功绩"得到了"赏识"，在一九四四年被提升为热河省警务厅警防科科长。

像这种情况，并不单是丰宁县如此。不，丰宁县相较于其他各县算是轻微的哩。和丰宁县东南部邻接的滦平县副县长山上荣，由于八路军在汤河口以南地区的解放斗争而陷入统治危机，于是他把手下的警察都动员起来，在一九四一年十月对该地区的居民进行了大规模逮捕，对约三百名无辜农民作了刑讯，更把其中约二百名送往检察机关。当他迈出这一恐怖政策的第一步之后，更把以四海治为中心的长城线地区内的农村都“集团化”起来，并且把警备道路和警备电话网也加以强化。特别是由汤河口经过琉璃庙到四海治去的这条汽车道路，有一段比高三百米以上的大分水岭，在这种非得爬着过去不可的险峻岩壁上修筑工程。从一九四一年夏天直到冬天，每天都有一千名左右的附近农民在警察和当地部队的刺刀威吓下，被役使着修建这段长达六公里的道路。

从一九四二年一月起，设置无人区这件事就成为山上荣副县长在当时的一件最重要的工作。他曾指挥手下各科科长和警察队，跑到四海治、汤河口、南庙子、大水峪、渤海所、大庄户、琉璃庙等地。在当地日满军部队的协力之下，特别是在伪满洲国军步兵第八旅步兵第三十四团、第三十五团的掩护下，从四海治地区南下，更从西方到西北方这一平均宽约二十公里、长约一百公里的广大地区内，把住在这里很多年的无辜居民撵走，破坏了约一千两百户民房，掠占了他们的耕地和果园等约五百垧。这些居民中的约两百户逃往长城线以南去避难，盖起了小窝棚，还有的流浪到别的地方去，剩下来的人则被移往围场县去住。能够安住在那里的人口不过半数而已。

成为推行治本工作重点的兴隆县、青龙县以及后来的喀喇沁中旗各县的状况，更是极其严重。兴隆县的无人区的面积，如果把长城线地区和县内的山岳地区合计起来，能达到全县的三分之一那样广大的地域。就是在青龙县，也是从约四分之一的土地上把居民全给撵走，以致毁灭了他们的生活之道。在一九四二年底，在承德、兴隆、青龙各县内，在被人夺去活路的居民之中，把约半数的六千户农家完全像是运输家畜似的装在货车内，以“移民”为名而撵到北满的荒蛮之地。至于那些难民后来的景况如何，不难想象，恐怕其中大部分人家都离散了。就是留在热河的，也有两千户以上由于没有生活之道，只好跑到长城以南地区去而变为流民。

不但在南部各县是这样，自从一九四二年秋以来，当中国共产党的解放斗争扩展到热河中部地区的时候，日本帝国主义更忙乱地对喀喇沁中旗、承德县、隆化县、围场县、喀喇沁右旗、敖汉旗等地农民强制地进行了治本工作。各县都是以副县长为带头人，依次进行集团村落建设，从事在山岳地带设置无人区、修建汽车道路、安装警备电话、强化警察队、调查户口以及对居住证明书的取缔等工作。在北部和中部七个县、旗内，种植鸦片和强制供应等掠夺极为严酷。随着太平洋战争局势的进展，在一九四二年，掠夺来的鸦片数量已达到二百五十万两之多。除此之外，还从上述各县、旗内，掠取了约五万吨的粮食，并征去了三四千名的劳工。

一九四三年，当八路军的大部队在热河中心地区喀喇沁中旗、承德县界的光头山地区开始游击战时，青龙县、兴隆县不用说了，就是在承德、喀喇沁中旗内，副县长们认为用薄弱的警备力量在县内是行动不了的。特别是在一九四二年秋，承德的副县长米泽因为受到八路军的攻击而被打死之后，他们更把警备加强起来，经常和警察队在一起或是和日满讨伐队在一起行动；要不然就藏在县公署的深处，向部下发出“干”、“干”的号令来。他们对于自身的安全是煞费苦心的。与此同时，副县长趁着作战部队的战略行动而进行大举镇压。例如：一九四三年二月，喀喇沁中旗的参事官若尾政义，当他听说日满军队在光头山地区对八路军开始了攻击，就把平泉、黄土梁子的各警察署员动员起来，使之配合军队的行动，逮捕了五百余名在光头山南麓地区和八路军有联系的爱国人士和无辜居民。这是光凭警察力量不可能办到的事。然后把这些人带到黄土梁子警察署里去，用刑讯的方法加以威胁，禁止他们和八路军保持联系；并使之负担起每天把八路军的情报向他们作汇报的任务；同时预告他们将以该地区作为无人区而命其准备迁移。他还在六月间命旗内的警察全部出动，在讨伐部队的掩护之下，拼命去掠取鸦片，用搜查民宅、盘问搜检等方法，掠取了约五十万两的鸦片。一九四三年以喀喇沁中旗的光头山附近为中心，设置了无人区，与此接踵而来的则是在全旗内设置集团村落，因此致使农民丧失了约五百垧的土地，迫使约一千五百户人家迁移，致使出现了不计其数的流民。但是，旗公署却由于抢夺农民用血汗培植出来的鸦片而富了起来，在可以俯瞰平泉的小山之上，盖了一所在当时热河尚属罕见的两层砖砌的现代建筑。在里面的大沙发上高高坐着的若尾参事官，他心中只是想着：怎样使农民多种鸦片，怎样彻底地掠取，以及这件事对于自己的出人头地又是怎样的重要。

就这样，从一九四一年春直到“八一五战败”，在热河各县的副县长对于农民的镇压、掠夺、监禁，特别是伴随一九四二年秋以来的设置无人区而对于土地、房屋的掠夺，完全把农民的生活基础给破坏了，把约十万人民赶入流浪和饿死的灾祸深渊中去。但是这些无人区不但对中国人民的解放事业没能予以任何妨害，而且愈发加强了农民们对于八路军的支持和团结。于是农民们就一个个地站了起来加入到八路军里头去，对于日本帝国主义惨无人道的行为拿起枪来，为保卫祖国和乡土而进行斗争，终于迎来了最终的胜利。

供述三十三　从事防空和防卫工作的罪行

防空及其他的防卫工作

伪满洲国警务总局警务处处长　今吉均

一九四四年七月，关东军因为鞍山制钢厂遭到空袭而吃了一惊，于是在该年的八月，在总务厅内就设置了防空部而使之从事防空工作。在这以前，这项工作是由警务总局警防科来担任的。

防空工作分为军方防空和民间防空两种。用飞机、高射炮、烟幕等从事的防空由军方来担当，所谓民间防空是指进行监视岗、防空通信、灯火管制、建筑防空壕、消防、维护交通、救护、疏散城市人口、恢复原状、救济等工作。维持治安则普遍由主要城市和县的警备队来担任。

一九三九年在市和主要街镇内，成立了协和义勇奉公队使之从事防空工作。关于协和义勇奉公队的组织、培育虽由协和会来担任，但训练工作则由警察与之协力进行。

在省、市、县里，制订有警护计划，对于重要地区、重要地点和需要保护的物件等都有了规定。满铁、电工、电业等特殊会社则是各自独立地订出警护计划来，直接归关东军司令部领导。

防空部部长任命田村仙定来充当，在其下有三个部。第一部掌管防空计划、防空组织；第二部专司救护；第三部担当防空工程。更在防空部内附设一个防空训练所。到了战争末期，在奉天、鞍山、本溪湖、抚顺等主要军需工地里，有由地方派去的警备队前往应援。

防空和防空演习的罪行

伪满洲国国务院总务厅防空部事务官　进藤静雄

防空设备

在农村的主要防空设备，就是防空监视岗。它是以保护伪满洲国的军事设备和主要工厂等为目的的。这也是一个不给农民一文钱报酬而强迫其为帝国主义服务的例子。在农村里几乎都没有防空壕，受到空袭时，农民们除了赴山中、林间去躲避之外并无其他办法。

监视岗大都设在警察署所在地以及其他重要地点。但是，在伪满洲国铁路警护队置有特别监视岗的地方，纵是在警察署所在地也有不设监视岗的时候。监视岗的数目如下：

扶余县设有七个（扶余街、伯都纳、长春岭、三岔河、间赖蛆、小间棚子、吴家站），绥滨县设有五个（兼作边界监视岗——绥滨街、绥东、集贤、福兴、许家馆子），永吉县设有四个（永吉、乌拉街、天岗、岔路河），等等。

铁路警护队所设立的监视岗是在齐齐哈尔附近，例如塔哈、榆树镇、江桥等处。一个县平均设有五六个，伪满洲国有一百六十余县、旗，那么设置的防空监视岗约有一千个之多。担任监视岗位工作的人，除以警察官任岗哨长之外，其余的则是强制约十名左右的义务自卫团员或是铁路警察辅助员去担任。他们都是农村中的青年，是农村的主要劳动力。

在县、旗公署里，总是以训练监视岗员为名，每月都把这些人强制找来，使之服一天乃至三天的苦役。此外，在日本防卫军司令部照例举行的一年约有两次的防空演习时，都要把他们硬叫出来，每次都得服约一星期的苦役（演习前的准备和参加演习）。他们在一年中至少得有二十天左右被强制叫来。把一年的劳动日按二百四十天来计算，光为了有关防空的事情，就有十二分之一的天数被日本帝国主义给无偿占用了去。

此外，关于监视岗的设备，如建造瞭望楼、安装听音设备等，也都是役使街、村居民去做。在永吉县天岗山上设置的大马口铁的听音器，就花费了两千六百人的无偿劳动力。一九四四年七月二十九日从鞍山初次受到空袭时起，防空监视岗员每天都被强制叫去从事监视工作，至于自己家中的事情真是连插手的工夫都没有。

一九四四年八月以后，满洲航空株式会社和其他的日本帝国主义的重要公司都被迁移到通化方面的山中，当订下要建立地下工厂的计划时，其劳动力主要是来自当地人民的所谓勤劳奉仕（贡献劳力）。但在一九四五年日本帝国主义战败了的时候，从日军把数千名中国人当作勤劳奉公队员而加以奴役这件事，就可以类推出这种奴隶式的劳动是怎样地苛重了。

在鞍山制钢厂遭到轰炸之后，很多中国人想搬到别的地方去避难。但是，为使这一工厂的恢复工作得到保证，我遂严命对于要从鞍山、灵山、千山三个车站上火车的人，不准卖给他们车票。因此，在后来第二次、第三次空袭的时候，致使很多中国人死伤。

防空演习

伪满洲国当时所谓的民间防空，至一九四四年七月为止，是由国务院总务厅企划处第三部来管理的。到了一九四四年八月以后，同样还是由总务厅内的防空部来担任。企划处第三部每到年底便和关东军第四科进行联络，然后再制订关于所谓民间防空的基准——警护计划，之后便传达给各省，使其根据这一计划而制订具体的方案。一九四四年九月，以长春市、奉天省、安东省、锦州省、四平省、热河省为其管辖区域的防卫军司令部，又从关东军司令部里分了出来而移至沈阳，直到这时为止，曾在第四科管理防空业务的陆军大佐白川某又被调充该军的参谋长，所以之后对于警护计划的起草，就由他和防空部两方来进行。一九四五年度的警护计划，是在一九四四年的十二月初，在沈阳由白川参谋长和防空部的鹤参事官协商之后决定的。我也曾参与制定这个协议。

伪满洲国各县、旗的民间防空，是以县长为首的警护队本部来构成的，但在实际上则是副县长支配一切。因为在警护计划中，要把应保护的重要地区、重要地点标示出来，所以对部外的日本人都不能泄露，对于中国人更是要保密的了。所以把县长、省长任命为警护队本部长，不过是为了驱使中国人民从事劳役的一个幌子罢了。

关于防空演习，虽然各地区各有不同，但是每个防卫地区每年至少要实施两次。有的在春天，有的则是在夏天和秋天，日期是没有一定的，但是以在秋天的时候最多。不管它是在什么时候，反正是在那两至三回的防空演习中的约一个星期之间，街、村的居民差不多都得把他们的家庭生产停顿下来。农村最精壮的劳动力被赶去充当监视岗员。

在防空演习的日期被决定了以后，大约在三日之前就把街、村居民召集起来而组成什么救护班、消防班以及复旧工作班，等等。在锦州省还有什么出击班和盘问搜查班这样的名称。前者据说是训练对空投部队的行动；后者则说是为了要把从地上潜入进来的地下工作人员搜查出来，差不多把全体农民都给编到里面了。

大夫、护士、建筑工人、一般的店员和强壮的男子，差不多都被编入，在这段时间内，都得停止自己的工作而去从事演习。还有一种所谓家庭防空，则完全是属于全体妇女、儿童、老人和病人的事。这些人都得在“燃烧弹投下来了，发现负伤者了”的假设情况下，去从事几百次递送水桶的工作和被赶了出来去接受运送沉重的担架的训练。

在家庭防空演习的时候，警察官和协和会的义勇奉公队队员便走了过来，随随便便地跑进人们家中来放催泪瓦斯弹和发烟筒。为要浇灭它就让他们往上面泼水，因此屋内和衣服上都被弄得水淋淋的；等到练习避难动作的时候，则硬把病人和睡着了的小孩子塞进被雨水灌塌的湿乎乎的防空壕里去。到了晚上更甚，就发出警戒警报而使各家中的灯火发出暗淡的光亮来，如果是完全熄了灯或者是把光亮泄到外面去，那么就会有人向窗户投石块或是把窗户捣坏。在发出空袭警报时，则是只要有一点点光亮露了出来，那么窗户就会被破坏，或是遭到警察的逮捕。这时，在路上通行和在马路上吸烟也被禁止了。因为大家不知道什么时候会发出空袭警报来，所以所有店员、工人、农民到了夜间只好把一切工作停下来。一九四〇年当我在滨江省公署任警务股股长时，在九月里曾做了一次防空演习。当时发现在远离街外的一片野地中央的一家独房中射出油灯的光亮来，于是那家人就受到了警察官的严厉审问。

防空演习带给民众的主要危害：

1. 在实施演习期间，除了停止工作以外别无他法。特别是在农村，时常会遇到春耕、夏季除草期或是秋季收割期，因此受到的影响是很大的。

2. 因为强制病人、婴儿、孕妇等在演习中行动，以致损害了他们的健康。

3. 此外，为了守护日本帝国主义的工厂、矿山、军事设备等而被榨去的劳动力究竟有多少简直无法统计。

在白城县的防空演习的罪行

伪满洲国龙江省白城县副县长　岛村三郎

我于一九四〇年任白城县的副县长期间，在从五月起至十二月为止的八个月间，曾领导了三次防空演习。在六月进行这一工作时，因为之前一直高高坐在省公署内的缘故，以致对于防空演习的知识一点儿也没有，并且我自己对于这样的事也不怎么感兴趣，所以一切事情都完全交给总务科的伊藤去办。等到真正的演习来临，从龙江省公署来了许多事务官以下的相关职员并带有报馆记者，来这里视察实施情况了。到了这个时候，我还认为这一点点事情我还能不如别人？结果是被叫了去，受到了严厉的申斥，例如灯火管制做得简直不像话，防弹玻璃窗的设备也没有，监视岗的报告不迅速，等等。这还不算，在第二天的报纸上大书特书地写着："白城县的防空演习在全省的成绩是最不好的，这都是由于副县长不热心。"我这才觉得这可遭殃了，如果这样下去的话，那就非得把饭碗砸掉不可，十分狼狈，于是从第二天起便命令警察署长找人去挖防空壕，更命令把所有的玻璃窗都要糊上纸条，为不使灯光外泄须做好各种设备，就这样给予当地人民以很大的灾难。

在八月间进行的第二次防空演习中，我自己一马当先地在白城街上四处跑着，简直像个疯子似的呼喊着：“应当把燃烧弹扔到那里去！”“把催泪弹放到那个人家去！”“那家的灯光漏出来了！”我对于一些不合自己心意的人家，就把催泪弹丢到他家里去让他受些罪。夜间把整条街都配置上监视兵，自己则爬上了警察署的瞭望楼，旁若无人地指挥着一切：“嘿，那家的灯光露出来了，把这家人抓来！”等到把该家的主人抓到时，就让警察官狠揍他一顿。

听到防空演习这句话，也许会认为那不过是有关职员的一个演习。实际上它是一个把全县人民都动员起来的大规模的演习，在这期间（大约为三日），街镇居民和村内居民们差不多什么事都不能去做，在警察官监视之下非得过这样不愉快的生活不可。

第三次的防空演习是在一九四〇年的十月，那时我曾和独立守备队队长深野中佐分别坐上了战斗机（歼击机）对白城街进行了空袭演习，如使居民赴防空壕去避难以及往下投射燃烧弹等，做出了这样大规模的动作。我公然宣称“这是对大众的一种最好的训练”，并且为此而自鸣得意。这就是我所施行的“仁政”的一些内容！

供述三十四　对于国民党地下工作者的大镇压

伪满洲国奉天省营口市警察局特务科科长　佐藤明夫

当时的客观形势

在一九二九年的世界经济危机中，日本的国内经济发生了混乱，企业的倒闭以及农村的贫困日益加剧，向海外发展的论调随着统治者们的叫嚣愈发被煽动起来。在这样的形势下，被制造出来的阴谋就是一九三一年的九一八事变。

随之日本帝国主义就把侵略之手伸向全中国，并扩大对整个亚洲的侵略。把东北当作从事侵略的基地，进行了残酷的三光政策，更由于太平洋战局的进展，愈发强化对中国人的榨取和压迫，以致把中国人民的生活愈发陷到穷困不堪的境地。

当时，曾在日本东京与日本帝国主义接触过的中国留学生，燃起了与日本帝国主义作斗争的决心。东京法政大学的学生魏忠诚（辽宁人，又名魏庆春）就把留学生组织起来了。魏忠诚在大学毕业后，并没有回东北而在关内从事活动。

在一九三七年七七事变以后，魏忠诚被派到东北来。这时，那些曾在东京被他领导过的留学生们，都在东北各地的伪满洲国官厅、银行、公司等任职。

魏忠诚遂以沈阳为工作中心，把这些同志都集合起来，将沈阳、长春、吉林、哈尔滨等地的学生组织起来。他在学生和知识分子阶层中间，组织阅读革命作家巴金、萧军、茅盾等和俄国文学家托尔斯泰、果戈理、普希金等的作品，借此激发革命情绪。

对于在一九四一年十二月八日日本帝国主义所引发的太平洋战争，他们发出了“日本帝国主义的末日已近”的结论，于是在青年学生中间的抗日组织愈发壮大起来。这时，抗日联军的武装、游击活动，更使一般大众的反日情绪高涨，到处都可以看见宣传抗日的墙上文字。此外，伪满洲国军的起义、放火等的抗日地下活动，也渐渐发展成为半公开的形式了。利用暴力来作遮盖的“民族协和”的欺骗政策，这时已经完全败露，日本帝国主义的镇压活动愈发露骨起来。

国民党在东北的活动有省党部组织和专员组织两个系统，当时把这个唤作“双轨组织”。省党部组织有辽宁、吉林、黑龙江省的党部，此外还有铁路党部，当时的情报员有很多都是上了年纪的人。专员组织都是年龄自二十岁至三十岁上下的男女青年，是属于魏忠诚直系的，其组织系统非常严密，除了上下系统——直属系统以外，就是同志之间也极其隐秘，严守秘密这件事是他们特别致力之处。

在省党部方面，也似乎是归魏忠诚一手领导。自从一九四一年的所谓“一二·三〇”事件发生以来，日本帝国主义的宪兵不用说，就是伪满洲国的特务也拼命搜寻魏忠诚的行踪。

在沈阳，对以盛京医科大学为中心的侦查也在进行着。其详情虽不明，但是，为要搜查魏忠诚的行踪，竟对魏忠诚爱人的女友——在盛京医科大学工作——进行了跟踪，想借此来探知魏忠诚爱人之所在。这件事我是从当时在奉天省警务厅特务科当科长的今岛寿吉处听到的。可想而知，在盛京大学方面，当然还会有其他的侦查对象。

当时在沈阳，不但市警察厅特务科负责此事，就是省里的特务科也另有一个搜查班；地方保安局（分室）也曾站在各自的立场上对这个抗日地下工作者进行秘密的侦查活动。因此省特务科的特搜班对保安局的工作作风抱有反感；市特务科也对省特务科的专断行为吐露着不满……他们彼此之间经常由于争功夺利而闹出丑剧。

从一九四四年五月起，在奉天省内，进行了逮捕、镇压工作。当进入一九四五年的时候（二月抑或三月），在沈阳城内的街头逮捕了抗日地下工作者李季风（作家）等人。自此，魏忠诚的工作根据地就从沈阳移到长春去了。当沈阳的特务们拼命四处搜查的时候，那已经是迁移之后的事情了。

因为得不到关于这件事的情报而慌了手脚的沈阳特务，就与长春进行了联络。由于长春特务的阴谋活动，终于在五月二十三日，把魏忠诚及其领导下的工作干部逮捕了。根据当时所掠取的文件，警务总局特务署把魏忠诚在全东北的组织网完全弄清楚了，于是向其属下各有关人员发出命令，从五月底就开始了全面的镇压。

营口地方的状况

一九四四年六月一日晨（六时许），奉天省地方保安局（分室）的属官西泽茂富及其八名手下，突然到了营口，说是想要对抗日地下工作者进行逮捕，希望这里的所有组织都尽力予以援助。由于这一要求，行动便开始了。由分室派来的西泽茂富等从五月初起就在本溪、盖平、海城各县内做逮捕抗日地下工作者的工作，最后才到营口来的。

自日本帝国主义进行侵略以来，为了贯彻其掌握东北经济命脉的满铁的“大连一港主义”，营口就被置于不重要的地位。自张学良时代以来，它曾经是过去国民党党员的一个据点。而营口市的经济从早先起就得依靠渤海对岸的关内方面，在日本帝国主义进行侵略后，和日本的直接交易也是极少的。因此，七七事变对其影响很大，致使其经济发生了混乱，出入船只也大幅减少，市况也萧条起来。营口被剥夺了旧日繁荣，比其他地方要衰落得多。营口在以前曾有个叫王觉的人，领导着国民党的抗日地下工作（年代虽不详，但我认为是在七七事变以后的事情）。王觉曾是当时中文报纸《营口新报》的编辑，后来迁到长春，据说曾开了个书铺子。王觉和魏忠诚有很深的联系，在“一二·三〇”事件时被逮捕，后死在狱中。

在西泽茂富带来的名簿中，记载着二十几个人的姓名和工作地点。那一天是根据每月一日的惯例，为了祈求战胜，各团体都到“营口神社”去“参拜”的日子。于是就等候着渥美祥副市长从“神社”回来，向他报告了分室向这里提出的联络事项。当我接到了渥美的指示后，就指挥着十五名特务、五名营口市水上警察、五名刑事科科员以及分室的八名派送员共计三十三名人员，从六月一日下午起的四天之内，逮捕了三十五名中国人（其中包括从海城县警务科送来的说是和营口有关系的三个人）。

在其中有以《盛京时报》营口分局记者韩俊钊等为领导人的六七名党员和其他业余话剧工作者以及同情抗日人士的人们，而他们并没有作为一个地下情报员所应有的组织，也没有关于抗日活动的特别文件以及其他的物证，只是由于残酷的刑讯作出了屈打成招的供词。在该年的十二月，把这三十几个人都送往奉天高等检察厅去了。

被逮捕的人之中，有些是市公署职员、协和会的营口市本部职员、营口邮政局职员、税捐局职员、专卖署职员、营口造船工人、营口市的区长、刻图章商人、纺织工厂经理和五福堂（山东会馆、直隶会馆等五个省份的乡土团体的一种组织）的管理人员等。

对于被逮捕者的监视，为了防止泄露秘密，地方保安局曾指示说："须使用日本人!" 所以为了补充人员的不足，就从鞍山抽调一人，从辽阳市警察方面抽调两人来帮忙。拘留所也是借用原先关东厅时代的营口警察署遗留下来的拘留所，还借用了营口地方检察厅的拘留所。

以前营口警察署故址的建筑物是个三层楼，讯问和拷问一向都在这里进行。有一次在审讯中曾发生过分别从三层楼和二层楼的窗户跳下了人的事件，足见刑讯是怎样厉害的了。从三层楼窗户跳下的那个人，因骨折而成了残废，遂立即放其回家。从二层楼窗户跳下来的那个人，则只是尾骨受了伤，经过简单的治疗，仍把他拘留起来进行了审讯，最后还把他下了狱。

在地方检察厅的拘留所内；协和会市本部那个姓徐的职员逃走了。因此，就把姓徐的父亲拘押了约有十天，将他作为人质，但姓徐的还是没有被捉到。

因为被错抓而获得释放的人，有邮政局职员一名、市公署职员一名和税捐局职员一名，对于这些人也是予以长期的拘押并对之进行了拷打。还有韩俊钊这个人，他以前（年代不详，应在七七事变以前）曾给营口宪兵分队队长全泽某当过密探，曾受命向王觉接近，至于他替全泽做过怎样的活动虽然不清楚，但是可以认为他是受了王觉的影响才从事抗日活动的。

一九四四年其他地区的概要情形

1. 本溪湖

这是以煤铁公司职员为中心的一个专员组织，一般通称为"三三组织”（组织结构如下图），这是一个相当稳固的组织。

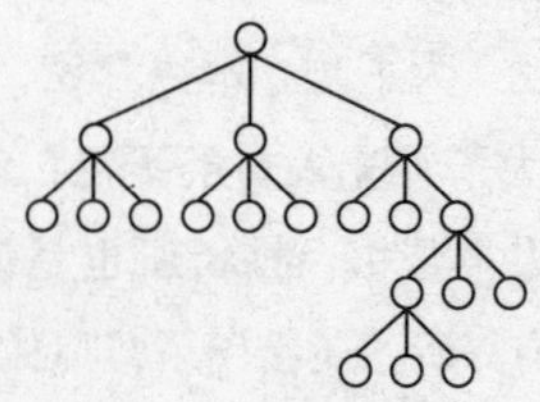

对于这一组织也是派遣了西泽茂富的手下着手加以逮捕。

2. 海城县

这里也是由西泽茂富手下着手逮捕的。我想主要是学生阶层居多。

3. 盖平县

这个县的抗日工作由一个叫于家麟的作家来领导。于家麟出生于地主家庭，天生驼背，虽然考上了中学，但终于因此而被退了学，受到喜爱的文学作品的启发和鼓舞进而从事抗日工作。他把盖平城内的学生组织起来成立了一个“读书会”，从读武侠小说起渐渐转到读革命作家的作品上来，让他们读托尔斯泰、果戈理和巴金、茅盾、萧军等人的作品，以图激励他们的抗日意识。

一九四五年的逮捕工作

1. 长春的状况

一九四五年三月间，魏忠诚自从把在沈阳的根据地移往长春后，在长春找到能够当作据点的房屋就成为首要之务。警察厅的特务（警务总局特务处的田畑清等所直接指导的）正在对某前国民党党员用威胁和利诱作为笼络手段，让他向从沈阳转移过来的抗日地下工作者们故意靠近，布置了一个阴谋之网。从沈阳来的地下工作者有人曾和这个叛变成为特务密探的人有过一面之缘，所以特务知道他们想找房子这件事，于是就把预先安好窃听器的房子通过这个密探之手给了他们。出入于这所房子的人一个一个地多起来了，魏忠诚也在其中的事情都被探听到了。于是，对于魏忠诚的跟踪也开始了。这时候由于下雨，致使这所房子漏得很厉害。所以，他们就在这所房子中商量要修理这所房子的棚顶。特务们听到了这个消息，认为一修理房子窃听器就会被发现，那么他们的阴谋就会暴露，于是侦查魏忠诚住址的活动更紧张起来，跟踪也更活跃起来。特务们认定了在南长春的宿舍街上挂有民生部属官标志的地方，于是就在五月二十三日的上午三时闯入了该家，逮捕了几名中国人，但是其中没有魏忠诚。败了兴的特务们就把那几个人捆绑上，仍旧在该房屋内潜伏着。到了天快亮的时候，有一个中国人走进来了，这个人就是魏忠诚。于是，搜翻了一阵后把文件之类的都给抢去了。立即把各省警务厅的特务科的有关特务召集在一起，奉天省特务科把森井派了来让他整理文件，于是森井就把和奉天省有关的地下情报员的组织表拿了去。五月二十六日，更在沈阳把有关市、县的特务都召集在一起。营口是我去的，我接过那份抗日地下工作者的组织表，接受了省特务科科长今岛寿古的指示："最迟也要在六月一日将他们一并逮捕！"

2. 营口地方的情况

从一九四四年底起，连续发生了原因不明的火灾，如营口造船厂的火灾、替日军建造木船的营口制材仓库的失火、营口市兴农合作社的仓库被烧成一片焦土等事件。此外，这时候有用东北经济建设委员会的名义发行的票面五十元的公债券。我们曾弄到手里一张。这是为了准备地下工作者的活动经费而发行的公债。但对于发行的地点谁都不知道，都在乱猜：是沈阳，还是营口呢？特务更是睁圆了眼睛在寻找着。但是认为线索指向兴农合作社火灾的放火嫌疑者，他是兴农合作社的中国人仓库管理员，由于他的交友关系，认为是中国人的某小学校长；至于债券的嫌疑者则是满洲中央银行营口分行管理债券工作的陈维宁等。但因为并没有什么特别的证据，所以姑且把他们当作嫌疑人来看待，只不过对他们继续加以侦查而已。

在上述情况之下，拿来的五十几名营口县党部组织名簿里的姓名，全都是些“党名”（别名），至于职业、住址、年龄等都是无从知道的。其中有一个叫张维生的执行委员，他是个银行职员，只有这一点是清楚的。

在营口中银分行有个陈维宁，因为在他姓名当中有个“维”字，所以就对他注了意，于五月二十八日秘密地把他加以逮捕，就从这一天起要把名簿中的住址、姓名着手弄个清楚。对于陈维宁的逮捕，是营口市防谍协会会员——中银营口分行行长日本人某帮了忙。他让陈维宁公出到沈阳，更制造出让他赴车站的半途中非要到分行长的家中去不可的事情来。于是就在他到分行长家来的时候，被埋伏好了的特务给逮捕了。这完全是做好了圈套让人去钻的一种阴谋手段，更利用黄昏的时刻把他带到曾经当作据点的英国人巴尼斯家中的二层楼上（巴尼斯在当时是被当作敌国人士来看待，在他自己家中被软禁）加以刑讯，把名簿上的各人真实姓名、住址、职业、年龄等项弄明白了约三分之二。陈维宁就是名簿中的张维生，是县党部的执行委员，日本语说得很流利，所以仅凭日本特务就把这些事调查清楚了。陈维宁起初是闭口不语的。后来，他供出了自己的爱人。她也是执行委员。但在后来，他说：“如果我不说，你们的特务就会把很多无辜的营口市民给捉去实施酷刑。所以，我就告诉你们吧！”由此判明了上面提到的小学校长就是县党部书记。于是就对在营口市当视学的日本人进行了威胁，命令视学让校长公出到盖平县，并让校长到视学的家中来一趟，然后就在视学家中把校长逮捕了，并通过校长把名簿上未曾弄清的地方全部搞明白了。

在这样的线索下，于一九四五年六月二日上午三时对全市开始了一网打尽的逮捕。事先对营口市警察局全员作了紧急召集，也对管下的营口市水上警察署全员进行了紧急召集，都归我来指挥。在该日的上午十点钟左右，差不多全数都已逮捕到，只有其中的一名，他是住在市郊外的营口航务局的属官，预谋在八点钟上班时将他逮捕，于是在过了八点钟之后，就向航务局的水原局长挂了个电话，问明了这个人的确是上了班，并说特务科这就派两个人去抓他，并请局长要对此保守秘密。当把特务派去了以后，航务局说在这之前曾有两位特务方面派来的人把他早已抓走了。于是，这派去的两个人就空着手回来了。由此看来，也许是在警察局内部，也许是在电话局内部，不管是在哪里，从事抗日的人在营口市内到处皆有。

于是，就把逮捕起来的约五十五名抗日地下工作者都关到在前营口警察署临时建造的拘留所内进行刑讯。到了七月底，奉天高等检察厅派到营口检察官、书记和翻译各四名，审讯之后受理了这一案件。那时的检察官是长春的地检次长吉冈、瓦房店地检次长横幕和抚顺地检的岛田等。

陈维宁是国民党县党部的执行委员，在他家中设有地下室，就是在那里用东北经济建设委员会的名义把公债印刷出来的。印刷由陈自己来担任，挖掘地窖也是他一个人干的，至于把挖出来的土运出去则是他的爱人帮的忙。

一九四四年底以来发生的火灾事件，则是在任县党部书记的小学校长的亲自指挥下做出来的。他曾叙述自己的抱负：“我虽是农家的长子，但从我的幼年时代起，农村的情况就日益疲惫起来，中国人民的生活日益穷困化了。这都是日本帝国主义的侵略使然。把我怎么样都可以，我认为除了抗日斗争以外是没有其他救国的方法的，所以才加入和领导了这一组织。我的目的就是救国和收复失地，要想实现这一目标只有和日本帝国主义作斗争！”

3. 一九四五年的逮捕工作

一九四五年，由于要将国民党地区组织一网打尽，在沈阳、本溪湖、辽阳、鞍山等市以及海城、盖平、营口、铁岭、法库、康平等县进行了大范围逮捕。各县的副县长把自己所指挥的特务、警察动员起来，为了侦查、逮捕、审讯而使出了他们的全部气力。这次的大逮捕差不多波及全东北的各县，特别是吉林、滨江、龙江各省的副县长和奉天省内的各副县长犯下了同等的罪行。

一九四五年逮捕李季风的情况

李季风是在“一二·三〇”事件时被逮捕的。之后，特务曾把他释放而想要利用他，但李季风从特务的监视下逃走藏匿起来了。于是，特务们就拼命地寻找他。恰巧在一九四五年初，曾经认识李季风的奉天省特务科员监督警尉松本在沈阳城内街头碰到了李季风，大白天就向他扑过去想要逮捕他。李季风就大喊“我就是国民党的李季风”而和松本格斗起来，过路的中国人都帮着李季风。但是，听到了松本警笛的伪满洲国警察赶过来支援，这才把李季风逮捕。当时的特务科科长今岛曾说：“逮捕的方法过于拙笨了。”

结　语

在一百六十余个县、旗中，在长达十四年的岁月中，在东北各地，对于中国人民，伪满洲国副县长和旗参事官们犯下了滔天罪行。在这里所叙述的罪行，也就是罪行的一个轮廓，也就是"九牛一毛"的程度罢了。现在把那些罪行加以概略的区别，大约可以分为下列五种类型：

第一，对那些向日本帝国主义的侵略统治进行反抗、为了保卫祖国而斗争的正义爱国者——抗日武装部队和团结在其周围的和平人民、共产党地下工作者，进行惨无人道的镇压。或使用武力，或利用"法律"——帝国主义者为了保护自己的权利而制造出来的，曾经杀害过无数的中国和平人民！我们曾强制中国人民向我们"屈服"；我们曾以"用中国人来打中国人"的手段来欺骗和平的中国人民；我们竟把它唤作什么"维持治安"，什么"思想应对方策"而恣意地给它安上个名字。总之一句话：扰乱了中国人民的和平生活。让他们吃苦的真正破坏治安的人到底是谁？就是这些副县长集团。还有，高高坐在中国人民的血汗结晶之上，用榨取和掠夺来维持自己的荣华富贵。像这种强盗根性和侵略思想，真应当受到全世界人民的制裁。

第二，为了给日本帝国主义侵略统治提供便利，并使中国人民的反抗意志消沉下去，或是利用鸦片去麻醉民族的良心，或是进行欺骗人的思想工作。例如让协和会站在前头所做的“五族协和”的骗人工作，如什么“青年训练”，再如什么“宣抚工作”等，都在中国人民之中留下了无法估量的毒害。还有什么学校教育、文化工作、建立神社等，这都是我们想尽一切办法要在中国人民之中撒下奴化思想种子的做法。

第三，榨取劳动力，使很多人受到磨难，遭到杀害。其中的代表性事例就是所谓的供应劳工，使中国人在日本人的监督下被奴役和杀害。

第四，掠夺了全东北的资源。前文所列举的第一项对于爱国者的残酷镇压、第二项欺骗人的思想工作、第三项的榨取劳动力等，这些全部都是为了要实现这个第四项而做的准备工作。其结果是副县长们为了日本垄断资本家所说的“怎样才能赚钱”这句话，才拼着命去工作的。我们从农民手中把粮食、棉花、鸦片和家畜等都给抢去了。我们还把矿山里的矿物、煤矿里的煤、农村中的壮丁、草原上的干草、森林中的木材以及河里、海里的东西，凡是可以拿到手的东西，不论是什么都把它抢了去。

这种进行掠夺的形象，就是我们这些日本人副县长的本质所在，也就是所谓“五族协和”“日满一德一心”的本质所在。不论是“牧民政策”也好，“哲人政治”也罢，都不过是为了要达成“怎样才能用狡猾的方法进行掠夺”的一些手段而已。

第五，把这些掠夺来的人力、物力资源“贡献”出来，使日本帝国主义对于全亚洲的侵略成为可能，使之在全中国的土地上去进行杀光、烧光、抢光的三光政策，使之去进行侵略性的太平洋战争等。这样的事，也是把日本人民驱赶到战场上去，使之去当炮灰，制造出众多的孤儿、寡妇来，把年老的母亲陷到悲恸中去。像在广岛投下来的原子弹，一举就夺去了十余万人的生命。这样的惨事，我们这些当过副县长的人，怎么能说“这与我们无干”呢！如果是还良心尚存的副县长，当看到现在日本人民的痛苦景况，怎能无动于衷呢！

所有副县长的罪行，都是为日本垄断资本的利益去服务的，都是资本主义的社会制度的产物。同时，也是想要借着维持、保护那种制度，好去赢得自己的地位和荣誉的副县长们，由于自己的积极、主动而干出来的事。

现在我们并没想在这里对“为什么资本主义的社会制度，在其本质上是会引起战争的；为什么资本的作用，为了追求利润而不择手段，必然要引起侵略殖民地的战争”这些问题在理论上加以研究，实际上也没有这种必要。我们之所以在这里大声疾呼并加以批判的缘故，就是因为只要资本主义存在一天，在世界上就还会存在再犯我们曾经犯过的侵略罪行的危险性。

作为过来人，我们对于这种危险性，是绝对不能放任其成为可能的。

现在，世界上的和平力量日益强大。人们对于战争的灾害都曾亲身体验过，都从心里憎恨着战争。世界人民对于摆在面前的核武器都坚决反对，绝对不允许再发生战争。一小撮战争贩子们的阴谋已在世界的各个角落里被揭穿，并受到斥责，正在一步步走向失败。以苏联为中心的和平力量，中国六亿人民的伟大力量，以及全世界爱好和平的人们，现在已经有了制止战争、不许再发生战争的实力。“以谈判来解决国际间纠纷”的日内瓦精神，现在已受到了全世界广大人民的支持；万隆会议精神已在所有地方粉碎了战争贩子们的殖民主义企图。

现在我们在这样的世界形势之中，身受着中国的温暖照顾，对于过去的丑恶罪行和其思想根源已作了深刻的反省。我们从可爱的孩子被杀害、父母被杀害了的受害人——中国人民那里，吃着一天三顿热腾腾的大米饭，身体都被养得胖胖的。什么运动、音乐，要不然就是电影等，使我们过着无忧无虑的生活。一九五六年二月，我们这些人被允许在沈阳、抚顺做了五天的参观，同伴中的半数以上的人甚至被允许坐上特别组成的卧铺车，赴北京、天津、汉口、杭州、上海、南京、长春、哈尔滨、鞍山等处做了六千四百公里的参观旅行。总之，有史以来，从未有过这样让犯人们做学习旅行的事情！

参观回来的人说："中国人民的心是崇高而伟大的！有位老大娘，对于哭着谢罪的我，竟有好几次亲手给我擦拭眼泪。我们在过去，为什么竟会把这样有高尚情懔的民众给杀掉?"我们在过去是受了骗，竟然盲信了"共产主义者是既没有血也没有泪的冷酷的人"这样的话。我们对于有这样高尚情操的民众，竟然认为是"人类之敌"而加以辱骂、侵犯、掠夺和杀害，可是我们却在受过我们祸害的中国人民那里得到这样亲切的待遇，这是我们现在亲身体验着的活生生的事实。我们曾认为像这样崇高的人民，只能是在神仙的幻想世界中去找，可是现在这样的事实却真切地摆在我们眼前，愈是待我们亲切，便愈发觉得被过去的罪行闹得心都在发痛，真是不能不做深刻的反省。

面对当今世界的发展趋势、中国的宽大待遇以及我们过去所犯的血淋淋的罪行等现实，我们对于什么是正、什么是邪有了清楚的认识。我们过去的一切都是错误的，都是罪恶的。现在我们对于自己所犯下的罪行就是有几条命也不够补偿，我们决心要由自己来担负责任。

"犯下了罪的人是应负这一罪行的责任的"，没有比这个道理再明白的了。这是世界上所有人民公认的真理，也是理所当然的事情。我们要对这一理所当然的道理，毫无保留地服从，不论被处以什么样的罪都愿意领受。不，不论怎样，这是非领受不可的。

因此，自从一八九四年中日甲午战争以来，对于中国人民一直犯下这样罪行的天皇和围绕着他的那一小撮垄断资本家以及军阀们，我们绝对不能允许他们“幸免”战争责任。

那些曾经在东北当过副县长的人们，现在又回到日本去了，他们现在都在做着什么样的事情呢？真是不能不担心。在其中，早就对自己的罪行作了深深的反省而负起罪责来，走向反对战争拥护和平道路的人，我们认为是有很多的。我们相信这些人一定会得到正义的人民的强力支持而正在从事着斗争，这是不容置疑的事。但是，我们也知道，像是根本龙太郎那样重新走上战争的道路，打算再把下一代的青年们引到错误的犯罪道路上去的人，还是大有人在的。

我们想对这些人说：“你们认为不进行战争，不去掠夺其他国家，日本民族就无法生存，你们一定要彻底丢掉上述想法。那并不是民族的生存之道，而是把日本民族引向毁灭，只不过是白白地喂肥了那一小撮的垄断资本家罢了。这样的事，你们是应该加以理解的！”

现在我们把同伴都集中在一起，在全部供述材料里，把罪行都暴露出来了。这是我们把自己的罪行，以最确实的证据，想对爱好正义的日本人民控诉所有的帝国主义者的罪行：“这些家伙还在想着去做那样的事，千万不要再受了这群家伙的骗！”

我们相信，唯有这样做，才是对中国人民、日本人民、世界人民负起自己罪行的责任，也是我们在当前所应采取的正确行动。我们在这里宣誓：只要活一天，我们就要背着这个挥之不去的罪行，继续和帝国主义作斗争！

本书全体撰述人
一九五六年十二月

编后语

让历史真实照亮现实

在国家出版基金规划管理办公室、公安部宣传局以及群众出版社相关负责人的决策和推动下，《我们在满洲做了什么——侵华日本战犯忏悔录》几易其稿，终于即将付梓印刷。看着散发着墨香的厚重的书稿，一种如释重负的感觉让身心轻松许多，一种油然而生的自豪感似乎能划破大地，一种莫名翻滚的惆怅似乎能溢出胸腔。透过这些似乎凝固的文字，我们无疑有一千个理由憎恨这些加害者；透过这些似乎跳跃的文字，我们当然还有一万个理由钦佩这些忏悔的灵魂。日本军国主义发动的战争让这些人由人变为魔鬼，受害国的宽宏大量又让这些人由魔鬼变成人。历史曾经黑暗，伪满洲国成为日本军国主义肆意横行的暗夜行路；历史曾经诡异，东北地区成为日本炮制所谓“王道乐土”的护身符；历史曾经喧嚣，中华大地成为东洋“牧歌政治”的试验场；历史曾经哭泣，血色残阳谱写了惨烈的抵抗运动的此起彼伏；历史曾经愤怒，四万万同胞最终迎来胜利的曙光。这些供述让历史真实照亮现实，既还原了那个不堪回首的时代真相，也照亮了未来的中日前程。在一些日本右翼政客否认侵略战争，在日本社会思潮日渐右倾化，日本政要突破和平宪法加快修宪步伐的今天，这些曾经的加害者的真实供述，从人性泯灭中复苏的深刻忏悔，无疑让上述日本右翼和右倾言论乃至行动挨了重重的板子，留下苍白而又无力的呻吟。历史不容篡改，正义终究获胜，前事不忘后事之师，以史为鉴面向未来。或许这部供述录不仅还原了战争的本来面目，更是提供了加害者如何加害和制造受害的全景图，提供了普通人兽性发作的演变过程。从这个角度，我们理应尊重这些曾几何时是敌人的作者，曾几何时又是军国主义受害者的日本人。你们在伪满洲国做了什么已无法改变，但你们改变了自己的灵魂，带着谢罪、赎罪和反省、自责的新生，你们让我们看到了蜕变后的大写的人。

抒发了如上感受，聊以作为后记的安慰后，还是回到本书编辑说明的应有之义上来。在本书编辑过程中，为了顾及读者的阅读方便，最大限度尊重历史和原供述完整性，体现书稿的历史性、信息性、真实性和连贯性，我们对一些专用名词引用、历史名词使用、既有格式活用等做了统一规范处理，还对一些原书稿中没有直接翻译的日语或协和语词汇进行了互译处理，并对旧有的与现代编辑处理不相吻合的语句与语病进行了与时俱进的处理。具体说明如下：

一、关于引用

文中引用既要尊重历史，同时也要反映那场战争的侵略与反侵略、正义与非正义的战争性质，同时还要将不同的简略说法做统一规范化处理。例如将“九一八事变”“九一八事件”“九一八”，统一规范为“九一八事变”；将“七七事变”“七七事件”统一为“七七事变”；将“八一五”统一为“八一五战败”；将“伪满洲国军”“伪军”“伪国军”统一为“伪满洲国军”；将“伪满洲国”“伪满”“伪满洲”统一为“伪满洲国”；将“伪政府”“伪民政部”“伪吉林省”“伪黑龙江省”“伪辽宁省”等统一为“伪满洲国政府”“伪满洲国黑龙江省”“伪满洲国吉林省”“伪满洲国民政部”等。其他行政机关名也以此类推。

二、关于特殊引用

对于书中大量出现的特殊引用，原则上在第一次出现时使用引号，再次出现时则不再使用引号。例如“自治指导员”“自治指导部”“参事官自治会”“参事官自治会馆”等。

对一些作者想要刻意强调，但实则不影响阅读，不需引用的地方，编辑也做了相应处理。例如“中央政府”“建国”“建国促进运动”“全国”“国务院”“讨伐”“参事官思想意识”等。

三、关于日文对应翻译

受时代背景局限，文中很多日文词汇没有翻译就使用的情况很多，在此，本书均做了规范纠正。例如：采用（日文）=录用（中文）；司会=支持；情势=形势；待机=待命；蜂起=起义；工事=工程；独占=垄断；组合=行业工会或行业组织；巡回=巡视；督励=督导；编成=组成；工作员=情报员或谍报员；供出=供应、提供；差别=歧视；输入=进口；输出=出口；收纳=缴纳；点检=检查或确认；住民=居民；公定价格=官方价格等。本书对个别来源自日文外来语的音译，原则上以翻译后的中文意思取而代之。例如："苦迭打"，将其直接翻译成“内部政变”或“内部斗争”等。

四、关于机构和规划名称

文中出现多次的机构或公司名称，除“南满洲铁道株式会社”简称为“满铁”以外，其他原则上均使用全称，为避免混淆不再简称。例如：满洲拓殖公社、满洲产业株式会社等。对于一些制度或规则、规划则按惯例加上了书名号。例如：《国兵法》《鸦片种植取缔法》《满洲开拓移民实施要纲》等。

五、关于特殊页下注

针对文中出现一些容易产生混淆的词汇和数量词词汇，本文采用页下注方式作了解释。例如：“国内”和“全国”均指“伪满洲国境内”；土地单位也通过页下注作了相应互算。

风物长宜放眼量。中日关系未来向哪里去，还存在很多不确定性和风险，历史问题和战争反省问题是其中的关键。希望本书能成为一面镜子，照出日本右翼势力那些否定历史和错误的战争认识的丑陋，以历史的真实照亮阻碍中日关系健康发展的桎梏，这也是本书在拥有厚重的历史史料价值的同时，具有特别重要现实意义的体现。

最后，感谢为出版本书的各界人士对相应格式的统一调整的理解和支持。特别要说明的是，在我社副总编辑李国强对全书稿再度进行认真审读之后，我们又特意邀请黑龙江省社会科学院东北亚研究所所长笪志刚研究员对本书作了审校，使本书的文本质量得到更进一步的提高。在此，对他们的辛勤工作致以诚挚的谢意和敬意。